Hans-Gerd Schwandt (Hg.)

Pluralistische Theologie der Religionen

Eine kritische Sichtung

Verlag Otto Lembeck
Frankfurt am Main

Die Beiträge von Burrows, Knitter und D'Costa wurden von Rudolf Ficker aus dem Englischen übersetzt.

Die Deutsche Bibliothek – CIP-Einheitsaufnahme

Pluralistische Theologie der Religionen : eine kritische Sichtung / Hans-Gerd Schwandt (Hg.). - Frankfurt am Main : Lembeck, 1998
ISBN 3-87476-331-5

Gesamtherstellung: Druckerei und Verlag Otto Lembeck
Frankfurt am Main und Butzbach
ISBN 3-87476-331-5

Inhalt

Vorwort

Der Satz, daß außerhalb der Kirche kein Heil sei, war in der Geschichte der christlichen Theologie nicht einfach nur Spiegel eines kirchlichen Triumphalismus; er versuchte vielmehr – wenn auch auf der Basis eines eurozentrischen Weltbilds – den Glauben an die letztgültige, universale Offenbarung Gottes in Jesus Christus im Blick auf die anderen Religionen zu formulieren. So hat zum Beispiel das II. Vatikanische Konzil in seiner Erklärung über das Verhältnis der Kirche zu den nichtchristlichen Religionen, „Nostra Aetate", das Wahre und das Heilige in den Religionen gewürdigt, gleichzeitig aber sein Bewußtsein zum Ausdruck gebracht, daß das Christentum „die Fülle des religiösen Lebens" in sich birgt.

Christlicher Glaube und christliche Theologie sind aber in einer pluralistischen Welt dazu herausgefordert, dieses Selbstverständnis neu zu überdenken. Die pluralistische Theologie der Religionen hat dies auf radikale Weise getan. Sie läßt nicht nur den exklusiven Christomonismus und Ekklesiomonismus der Tradition weit hinter sich – sie verabschiedet sich auch von einem inklusiven Verständnis der Heilsgeschichte, nach dem die Spuren von Wahrheit und von authentischer religiöser Erfahrung, die in den anderen Religionen zu finden sind, von der christlichen Offenbarung implizit immer schon umfaßt seien, da sich in ihr, über die Wahrheit der Religionen hinaus, die Fülle der Selbstmitteilung Gottes finde. Nach dieser kritische Revision könnten grundsätzlich auch die anderen Religionen den Anspruch erheben, göttliche Wirklichkeit – in jeweils verschiedener historischer und kultureller Ausformung – gleichwertig zum Ausdruck zu bringen.

Welche Konsequenzen hat ein solches Verständnis für die zentralen Aussagen des christlichen Glaubens? Relativiert es die Universalität der Erlösung in Jesus Christus – oder trägt es der Einsicht Rechnung, daß göttliche Wahrheit in menschlicher Geschichte immer nur gebrochen, in vielfältiger Weise aufscheint?

In drei Tagungen, die im Mai 1997 stattfanden, haben wir in der Evangelischen Akademie Hofgeismar, der Katholischen Akademie Hamburg und dem Bildungshaus St. Virgil Salzburg versucht, die vielfältigen Ansätze der pluralistischen Religionstheologie vorzustellen und eine kritische Sichtung ihrer gegenwärtigen Tendenzen vorzunehmen. Wir freuen uns, die Ergebnisse dieser Tagungen als einen Dialog ausgewiesener Experten präsentieren zu können.

Mag. *Ernst Fürlinger*, Bildungshaus St. Virgil, Salzburg
Dr. *Günter Gorschenek*, Katholische Akademie Hamburg
Dr. *Matthias Viertel*, Evangelische Akademie Hofgeismar

Hans-Gerd Schwandt

Im Besitz der Wahrheit?

Ansatz und Kritik einer pluralistischen Theologie der Religionen

Dr. Aadam Aziz, ein junger Arzt, frisch promoviert aus Heidelberg zurückgekehrt in seine Heimat Kaschmir, verlor an einem Frühlingsmorgen des Jahres 1915 seinen Glauben, als er sich beim Beten an einem frostgehärteten Erdklumpen die Nase aufschlug. „Drei Tropfen Blut kullerten aus seinem linken Nasenloch, wurden in der frostigen Luft sofort hart und lagen, in Rubine verwandelt, vor seinen Augen auf dem Gebetsteppich. Nachdem er sich ruckartig aufgerichtet hatte und wieder erhobenen Kopfes kniete, merkte er, daß auch die Tränen, die ihm in die Augen geschossen waren, sich verfestigt hatten; und in dem Augenblick, in dem er sich verächtlich Diamanten von den Wimpern wischte, beschloß er, nie wieder, weder für einen Gott noch für einen Menschen, die Erde zu küssen. Dieser Entschluß hinterließ jedoch ein Loch in ihm, eine Leerstelle in einer lebenswichtigen Kammer seines Inneren, und machte ihn anfällig für Frauen und Geschichte. Trotz seines unlängst abgeschlossenen Medizinstudiums war er sich dessen zunächst nicht bewußt, stand auf, rollte den Gebetsteppich zu einem dicken Stumpen, klemmte ihn sich unter den rechten Arm und blickte mit klaren, diamantfreien Augen über das Tal."[1]

In einem Artikel für den „Observer" griff Salman Rushdie im Januar 1989, als der Skandal um die „Satanischen Verse" gerade begann und im britischen Bradford die ersten Bücher brannten, diese Geschichte des Patriarchen aus seinem Roman „Mitternachtskinder" auf und bezog sie auf sich: „Auch ich besitze dieses Loch, das die Gestalt Gottes hat. Unfähig, die unbestreitbaren Absolutheiten der Religion zu akzeptieren, habe ich versucht, das Loch mit Literatur aufzufüllen. Die Kunst des Romans ist etwas, das mir ebensoviel bedeutet wie den Bücherverbrennern von

---

1 Salman Rushdie, Mitternachtskinder, München 1987 (Neuausgabe: SP 716), 12.

Bradford ihre Marke eines militanten Islam. In der Literatur erkunde ich die höchsten und die tiefsten Orte der menschlichen Gesellschaft und des menschlichen Geistes, und ich hoffe in ihr nicht die absolute Wahrheit, aber die Wahrheit der Erzählung, der Phantasie und des Herzens zu finden. Damit ist der Kampf um die *Satanischen Verse* in gewisser Weise ein Zusammenprall von Glaubensweisen. Oder, genauer, ein Zusammenprall von Sprachen. (...) Wie brüchig die Zivilisation doch ist; wie leicht, wie fröhlich ein Buch doch brennt! In meinem Roman versuchen die Charaktere, ganz und gar menschlich zu werden, indem sie sich den großen Tatsachen der Liebe, des Todes und – mit oder ohne Gott – des Lebens der Seele stellen. Draußen sind die Streitkräfte der Unmenschlichkeit auf dem Vormarsch. ‚Jetzt werden in Indien die Gefechtslinien abgesteckt', sagte einer meiner Charaktere. ‚Das Säkulare gegen das Religiöse, das Licht gegen das Dunkel. Es ist besser, du entscheidest dich, auf welcher Seite du stehst.'"[2]

„Die großen Tatsachen der Liebe, des Todes und des Lebens der Seele" – um nichts anderes als dies kreisen die Geschichten, die Menschen sich erzählen, um einander das eigene Leben zu erklären. In diesen Geschichten geht es um mehr als das, was der Alltag den Menschen bietet, sogar um mehr als das, was sie sich träumen lassen. Sie sind so schön und so schrecklich, so grausam und so hoffnungsvoll und widersprüchlich wie die Wirklichkeit und doch schießen sie über diese weit hinaus. Sie lassen Raum für Euphorie und Verzweiflung, für Anklage und Lobpreis. Sie halten die Vergangenheit offen, entwerfen Visionen der Zukunft und deuten in ihrem Licht die Gegenwart. Sie sind angetrieben von einer der tiefsten aller menschlichen Sehnsüchte: daß alles gut ende. Und doch sind sie Geschichten des Lichts *und* des Dunkels. Nicht *alles* endet gut in ihnen, nicht alles geht auf. Nicht in allen siegen die Guten und werden die Bösen bestraft. Nicht in allen hat das Leben das letzte Wort, nicht in allen ist Ostern. Und nicht alle behaupten von sich, sie seien vorbehaltlos wahr. Manche formulieren den Vorbehalt schon im ersten Satz: Sie konnten sich nur ereignen, „als das Wünschen noch geholfen hat", „als der Herrgott noch auf Erden wandelte", „als die Leute noch lange nicht so klug

---

2 Ders., Choice between light and dark, in: The Rushdie File, ed. by Lisa Appignanesi and Sara Maitland, London 1989, 75: „I, too, possess the same God-shaped hole. …". Rushdie spricht bezeichnenderweise von einem „clash of faiths" bzw. „clash of languages".

und verschmitzt waren, als sie heutzutage sind". Manche spielen mit der Lüge, der Täuschung und dem Nebel der Vergangenheit, mit dem Unmöglichen, dem Noch-nicht und dem Vielleicht – und doch sind sie wahrer als die, die Wahrheit für sich behaupten, in denen alles offen zutage liegt, die Geschichten des So-und-nicht-anders.

Auch die Religionen erzählen den Menschen Geschichten: Was das Leben ist und warum wir existieren; worum es im Leben geht, was gut und was schlecht ist; warum wir uns nach mehr sehnen als dem, was wir in begrenzter Zeit erreichen können – an Liebe, an Wissen, an Reife, an Leben überhaupt – und wie es um die Erfüllung dieser Sehnsucht bestellt ist. Durch diese Geschichten treten wir mit anderen Menschen in Verbindung; Menschen, die früher und unter ganz anderen Umständen gelebt und sich doch die gleichen Fragen gestellt haben, die ganz bestimmte Erfahrungen mit ihrer eigenen Lebensdeutung gemacht und diese Erfahrungen in Sätzen, in Geschichten formuliert haben: in glaubenden, in zweifelnden Sätzen, in Geschichten der Hoffnung, der Trauer, des Scheiterns, des Siegs. Mit ihnen konfrontieren wir unser eigenes Leben, wir versuchen es in ihrem Licht zu deuten und mit dieser Deutung unsere eigenen Erfahrungen zu machen. Wir schreiben sie fort, erzählen sie neu und geben sie weiter.

Im Streit um die pluralistische Theologie der Religionen geht es um diese Geschichten des Glaubens und um ihren Anspruch auf Wahrheit. Es geht um die Sprache, in der sie erzählt werden und um ihre Verstehbarkeit; es geht um die Bilder, die sie vom Leben entwerfen und wie diese Bilder in den Köpfen von Menschen ankommen, die zu einer anderen Zeit und in einem anderen Kontext leben. Es geht um den heiklen Prozeß des Weiter- und des Neuerzählens: Ob in den Geschichten, die wir gehört und gelernt haben, schon alles enthalten ist; wie wir die Wahrheit zu verstehen haben, die sie beanspruchen; wie wir sie weitererzählen können und wieviel von den Geschichten, die wir von anderen hören, schon in den unseren steckt oder eben erst in sie eingeht. Es geht schließlich um die Frage, ob sich – weitab vom beschworenen „Zusammenprall der Zivilisationen" – *in* den Zivilisationen selbst ein *clash of faiths* ereignen muß, wenn die verschiedenen Geschichten aufeinandertreffen: ein Zusammenprall zwischen den Glaubenden und den Nichtglaubenden, den Dieses- und den Jenes-Glaubenden, zwischen diesen und jenen Besitzern der Wahrheit, zwischen den Wissenden, den Besser-Wissenden und den Nicht-Wissenden. Das Richtige zu wissen, im Besitz der richtigen Geschichten zu sein, scheint sich ja am Ende dieses Jahrtausends immer besser in bare Münze umzusetzen. Der richtige Arzt oder Heilpraktiker, der richtige Therapeut oder Guru, die richtige Arbeit, das richtige Setting und schließlich: die richtige Lebensphilosophie oder Weltanschauung oder Religion sind Garanten eines glücklichen Lebens; sie siedeln ihre Besitzer auf der Sonnenseite an, von wo aus die anderen, die „auf der Kippe“ leben, nicht zu sehen sind. In den westlichen Zivilisationen geht dieser Zusammenprall – noch – ohne größeres Scheppern und Krachen vor sich, und der Katastrophenlärm zum Beispiel Afrikas wird lange schon von den Klängen unseres Glücks übertönt.

Geht es mit den Geschichten, die die Religionen erzählen, ebenso? Erweisen sich, wenn sie aufeinandertreffen, die einen als siegreich und wahr, während die anderen unterliegen? Wie wird in einem solchen Aufeinandertreffen die Frage nach der Wahrheit überhaupt gestellt? Kann die Wahrheit von Geschichten, die das Leben deuten sollen, überhaupt eine vollkommene, ausschließliche Wahrheit sein? Oder ist in ihnen das aufbewahrt, was Rushdie „die Wahrheit der Erzählung, der Phantasie und des Herzens“ nennt: Es ist *so und noch ganz anders*; dies ist *geschehen* und jenes *steht noch aus*, es muß *noch kommen*; dies ist *geschrieben* und jenes hat sich noch *kein Mensch auszumalen gewagt* ... – und, in theologischer Rede: Dies *hat Gott gesagt* und jenes *haben wir noch nicht gehört, noch nicht begriffen*? Wenn die religiösen Geschichten so zu verstehen, wenn sie so offen wären, dann müßten sie nicht kollidieren. Dies würde die Erzählenden, die Glaubenden, zu einem wirklichen Dialog befähigen – einem Dialog mit *Anders-* und mit *Nicht-*Glaubenden –; ein *sharing of stories* also statt eines *clash of faiths*.

Die Geschichten, die für Menschen zentral und von entscheidender Bedeutung sind, die Sätze, auf die sie ihr Leben bauen, sind in zerbrechlichen Worten formuliert; sie haben Brüche, Löcher des noch nicht Begriffenen, des Unerkannten. Damit wird nicht die Relativität der Wahrheit, wohl aber ihre Perspektivität und Relationalität behauptet: Die wahren Geschichten leben aus der Sprache, in den Bildern raum-zeitlich gebundener, endlicher Menschen. Diese Sprache bleibt nur dann lebendig, wenn sie auch Neues formulieren und in sich aufnehmen kann: Erfahrungen, die Menschen früher noch nicht machen, Deutungsangebote, die nur vor einem anderen geistesgeschichtlichen Horizont entstehen konnten. Dialog mit Andersglaubenden bedeutet dann: den anderen die eigene Glaubenssprache zu erklären, die ihre zu erlernen und sich die eigenen, glaubend gedeuteten Erfahrungen gegenseitig zu erzählen – in der Hoffnung, dabei auch diese eigenen Geschichten besser zu verstehen, Neues, Unerwartetes, noch nicht Begriffenes in ihnen zu entdecken und auf diesem Weg der Wahrheit gemeinsam ein Stück näherzukommen. Damit würde ernstgenommen, was eine wichtige, wenn auch oft geleugnete und vielleicht nie konsequent zu Ende gedachte Tradition der christlichen Theologie immer wußte: daß Aussagen über Gott nur *via negationis* überhaupt in die Nähe des Geheimnisses Gottes kommen, daß deshalb Theologie, Sprechen von Gott, und wäre es nur in einer unthematisch bleibenden Tiefendimension, immer apophatische Theologie sein muß. Eine Theologie der Affirmationen, die alles weiß, alles in sich einschließt, die sozusagen beim Heilshandeln Gottes immer schon „dabei war", ist saturiert im Bewußtsein ihres Besitzstandes.

Das Geheimnis Gottes und die Endlichkeit des eigenen Begreifens ernstzunehmen, hätte auch Konsequenzen für den Dialog mit Dr. Aadam Aziz und mit jedem Menschen, der sein eigenes *god-shaped hole* in sich trägt. Warum eigentlich sollten – zum Beispiel – das christliche oder das islamische Gottesbild genau die Umrisse dessen haben, was einem jungen kaschmirischen Arzt fehlt, seit er seinen Glauben verlor? Auch die Umrisse seines Unglaubens können dem, was ein Glaubender von seinem Gott erzählt, neue Konturen geben, sein Gottesbild schärfen und seine Erfahrung davon erweitern, was Gott sein könnte und was er nicht ist.

Die Beiträge in diesem Buch kreisen letztlich alle um diese Frage: was von Gott, von menschlichem Heil, vom Gelingen oder Scheitern jedes einzelnen, der gesamten Menschheit und des Kosmos zu wissen oder nicht zu wissen, was glaubend anzunehmen und liebend zu erfahren, in Praxis umzusetzen ist, und wie Menschen diese Art von Wissen formulieren, aufbewahren und tradieren – Menschen verschiedener geschichtlicher Epochen, verschiedener kultureller Prägung. Die Frage ist so schwierig, daß das bisher Gesagte über den Status rhetorischer Appelle nur dann hinauskommt, wenn es sich der Auseinandersetzung stellt, die in diesem Buch versucht wird – einer Auseinandersetzung, die notwendigerweise kontrovers, zum Teil auch polemisch ist, da es in ihr, aus christlicher Sicht, um das Zentrum des Glaubens geht. Die pluralistische Theologie der Religionen versucht, in Konfrontation mit den religiösen Traditionen der Menschheit und angesichts der Herausforderungen, vor denen die Menschheit heute steht, auch dieses Zentrum neu – wenn nicht zu erfinden, so doch – zu orten und zu formulieren. Dieser Versuch ist so heikel wie jeder andere, der die Notwendigkeit ernst nimmt, Glauben ständig neu auf eine Weise auszusagen, daß die Lebenssituation heute lebender Menschen in ihm vorkommt. Der gute Wille, in diesem Prozeß des Neuformulierens das Unaufgebbare, das die eigene Identität ausmacht, nicht zu verlieren, ist noch kein Garant dafür, daß der Versuch auch gelingt. Andererseits würde die Angst vor dem Verlust der Wahrheit christliches Sprechen vom Heil weltlos machen, wenn sie es den Glaubenden untersagte, in Kommunikation miteinander, mit Anders- und Nichtglaubenden sich in ihren Plausibilitäten in Frage stellen zu lassen. Sie läßt zudem Glauben zum Besitz von Wahrheiten verkommen und macht die Glaubenden zu satten Besserwissern, die nichts mehr wundert, nichts erschüttert, aber auch nichts erfreut.

Auf der gemeinsamen Basis dieser Einsicht kommen die Autoren dieses Buchs in ihrer Auseinandersetzung mit dem Grundanliegen der pluralistischen Religionstheologie gleichwohl zu ganz unterschiedlichen Ergebnissen. Die unter *Ansätze* zusammengefaßten Aufsätze von *Reinhold Bernhardt, Perry Schmidt-Leukel, William R. Burrows* und *Paul F. Knitter* sind von ihren Voraussetzungen her wie in ihrer Methodik und in ihrer Zielrichtung ebensowenig homogen wie die *Kritik* der pluralistischen Theologie durch *Hans-Martin Barth, Johannes Brosseder* und *Gavin D'Costa.* Die *Modelle* eines interreligiösen Dialogs von *Francis X. D'Sa, Klaus Otte* und *Daniel Jeyaraj* präsentieren nur eine kleine Auswahl der Felder, auf denen sowohl die Ansätze als auch die Kritik dieser Theologie der Religionen in einem seinerseits konstruktiven Dialog miteinander weiterzutreiben wären.

Reinhold Bernhardt zeichnet die Entstehung der pluralistischen Religiontheologie vor ihrem historischen und theologischen Hintergrund nach und bestimmt dann die Frage nach der Universalisierung oder Pluralisierung der Christologie als das Zentrum der Auseinandersetzung um ihre Adäquatheit. Er selbst plädiert für eine an frühchristlichen Mustern orientierte Manifestations- oder

Repräsentations-Christologie, die für pluralistische Deutungen durchaus offen wäre.

Perry Schmidt-Leukel nimmt einige für den Dialog mit der pluralistischen Theologie äußerst wichtige terminologische Klärungen darüber vor, was mit den Begriffen Exklusivismus, Inklusivismus und Pluralismus gemeint und was mit ihnen nicht gemeint ist. Diese Klärungen zeigen nicht nur, daß der Wahrheitsbegriff der pluralistischen Theologie nicht im Widerspruch zum traditionellen Wahrheitsbegriff steht, sondern sie sind darüber hinaus von großer theologischer Relevanz. Wenn, wie Schmidt-Leukel zeigt, die pluralistische Theologie *Apophatik, Symbolik, Perspektivität* und *Funktionalität* einer jeden theologischen Aussage ebenso ernst nimmt, wie jegliches Sprechen von Gott das tun muß – unabhängig davon, wo es sich im Dialog der Religionen verortet –, wenn sie diesen Grunddaten einer theologischen Hermeneutik in ihrer Reflexion sogar ein besonderes Gewicht gibt, dann besteht kein Grund, sie für unvereinbar mit der theologischen Tradition zu halten.

In seinem Beitrag *Globale Verantwortung und Religionspluralismus* macht *William R. Burrows* einen Vorschlag zur Versachlichung der Diskussion um die Theologie Paul Knitters und bestimmt den richtigen Ort für die Auseinandersetzung mit ihr. Wer nicht genügend beachtet, daß dieser Ansatz nicht primär von der soteriologischen Zentralstellung Jesu Christi, sondern vom Überlegenheitsgestus des Christentums gegenüber den anderen Religionen ausgeht und von dort aus seine Forderung nach einem gemeinsamen Engagement der Religionen angesichts der gegenwärtigen globalen Herausforderungen formuliert, der verpaßt die Chance, Knitters Vorschlag für eine Praxis des interreligiösen Dialogs auf seine Praktikabilität zu überprüfen. Hierfür aber ist die Christologie, so Burrows, die falsche Arena.

Paul Knitters Apologie einer pluralistischen Theologie und Christologie kommt dieser Forderung nach einer Räumung der christologischen Bastionen weitestgehend nach. In seinem Versuch eines „mittleren Wegs“ zwischen Relativismus und Imperialismus betont er die erkenntnistheoretische Kraft des Leidens von Erde und Menschen. Diese müsse die Religionen zu einer Solidarisierung führen, die Priorität vor der Wahrung der eigenen Identität oder der Betonung der religiösen Vielfalt hat. Eine dieser Praxis adäquate und zudem der Botschaft Jesu entsprechende *regnozentrische* Christologie eröffnet für Knitter einen Raum, in dem sich die Religionen über ihre gemeinsame Sendung zur Befreiung der Erde verständigen können.

Die christologischen Desiderate dieser Position bleiben aber, wie schon bei Bernhardt und Schmidt-Leukel, auch in den Aufsätzen, die sich mit der *Kritik* der pluralistischen Religionstheologie befassen, weiter Thema. Ausgehend von einer ernstgenommenen und auf alle Religionen bezogenen *Kontextualität* theologischer Aussagen sieht *Hans-Martin Barth* es nicht als ein Hemmnis für den interreligiösen Dialog, sondern als dessen Voraussetzung an, wenn die Unterschiede zwischen den Religionen nicht ausgespart werden, sondern Thema des Geprächs bleiben. Trennend wäre dabei nicht die Christologie als solche, sondern deren Herauslösung aus der Theologie der Trinität: In ihr ließe sich vom Vater als Schöpfer aller Menschen (und ihrer Religionen) und vom Geist als dem sie durchwaltenden dynamischen Prinzip auf eine Weise sprechen, die auch den Sohn dem Verständnis anderer Religionen näherbrächte.

Johannes Brosseders konstruktive Kritik der pluralistischen Theologie warnt davor, daß christliches Sprechen von Gott den zentralen Satz vom in Jesus Christus universal geschenken Heil nicht regionalisieren und Andersgläubige aus der eigenen Glaubenssprache nicht ausschließen dürfe – und wäre es im Interesse eines (falsch verstandenen) Dialogs. Er betont außerdem den fundamentalen Unterschied des interreligiösen Dialogs zur ökumenischen Theologie und zum christlich-jüdischen Gespräch. Als ein von der pluralistischen Theologie dringend noch zu besetzendes Terrain nennt er die Auseinandersetzung mit der Religionskritik und dem Phänomen der Religionslosigkeit.

Gavin D'Costa lokalisiert, ausgehend von einer scharfen Trennung zwischen dem Christentum und der europäischen Moderne, den theologischen Ansatz Paul Knitters in einer von ihm als durchgängig areligiös und antimetaphysisch angesehen Aufklärung. Die von Knitter für den Dialog der Religionen aufgestellten Kriterien wären demnach sachfremd und ideologisch, da sie, in ihrer Vorordnung der Ethik vor der Dogmatik, nach D'Costas Überzeugung den Wahrheitsanspruch theologischer Aussagen aufgeben. Gegenüber Knitters „repräsentativer" besteht D'Costa auf einer klassisch „konstitutiven" Christologie, in der die ganze menschliche Geschichte mit ihrem Heilsverlangen und den verschiedenen religiösen Heilszusagen einschlossen ist.

„Christus – Buddha – Krishna" bietet ein *Modell* des interreligiösen Dialogs, das *Francis X. D'Sa* am Gespräch zwischen Inklusivis-

mus und Pluralismus bzw. zwischen Gavin D'Costa und Paul Knitter überprüft. Er erinnert die Gesprächspartner an die Einsicht, daß ein sprachlicher Ausdruck, der Anspruch auf Wahrheit erhebt, die Erfahrung von Wahrheit selbst niemals wirklich adäquat formuliert, sondern immer nur die Abstraktion einer sprachlich nicht faßbaren Ganzheit enthält. Über menschliche Seinserfahrungen, existentiell bejahten Lebenssinn, kann nicht in begrifflicher, sondern nur in symbolischer Sprache kommuniziert werden; auch diese tendiert zwar auf Universalität, sie ist aber, da sie von Beziehungsqualitäten ausgeht, immer auf den Kontakt mit anderen Bedeutungsuniversa angewiesen. Die gegenseitige Relativierung von in menschlicher Sprache formulierten Absolutheiten erhält die Absolutheit des unaussprechlichen Geheimnisses aufrecht.

Klaus Ottes Reflexion fordert, aus seiner Beschäftigung mit östlicher Philosophie heraus, neue hermeneutische Kritierien für die im Bezug auf den interreligiösen Dialog bislang noch nicht thematisierte Präsenz des *Absoluten* in den Religionen; dies vor allem deshalb, weil diese Präsenz im europäisch-abendländischen Konstrukt eines Absolutheitsanspruchs weitgehend verdeckt wird. Durch diese Herangehensweise werden, in Konfrontation mit Paul Knitter, die zentralen Aussagen des christlichen Glaubens in ihrer interreligiösen Offenheit deutlich.

In seinem Beitrag über die tamilische Bhakti-Frömmigkeit in Südindien und ihren in der Auseinandersetzung mit dem Christentum entwickelten Beitrag zur *Weltverantwortung* führt *Daniel Jeyaraj* vor, wie sich eine Begegnung von Religionen tatsächlich zunächst auf dem Gebiet der Praxis ereignet und dabei ganz allmählich die Basis für ein Gespräch über die religiösen Inhalte gelegt wird. Dogmatische Übereile würde hier einen wirklichen Dialog über die eigene religiöse Identität gar nicht erst zustande kommen lassen.

Dieses Buch mit seinen Ansätzen und Modellen und mit seiner Kritik spiegelt den gegenwärtigen Stand und den Prozeß der Diskussion um die pluralistische Theologie der Religionen wider. Verdächtigungen und Polemik, Sackgassen der Argumentation und konstruktiver, von Sympathie geprägter Streit gehören in diese Auseinandersetzung ebenso wie ein ernsthaftes gemeinsames Nachdenken darüber, was christliches Sprechen vom Heil beitragen kann zur Suche aller Menschen nach einer Wahrheit, die frei macht. Daß dabei auch Desiderate, offene Fragen, ein weites Feld noch zu bearbeitender Themen und Aspekte deutlich werden, ist für die pluralistische Theologie besonders wichtig. Ernsthafte Kritik zwingt zu biederer, unspektakulärer, dem Thema verpflichteter Arbeit, die jeder Theologie gut tut.

Eine realistische Einschätzung interreligiöser Praxis, die den Dialog über theologische Inhalte zwar nicht ersetzen, wohl aber ihn vorbereiten und ihm wesentliche, auch inhaltliche Impulse verleihen kann, scheint mir in der Zukunft besonders wichtig zu sein. Modelle schon funktionierenden Dialogs wären hier in verstärktem Maß theologisch zu reflektieren. Darüber hinaus kommt der Auseinandersetzung mit der ganz offensichtlich noch nicht erledigten Frage nach der Stellung Jesu Christi eine zentrale Bedeutung zu. Die sowohl bibeltheologisch als auch dogmengeschichtlich fundierte Ausarbeitung einer repräsentativen Christologie steht noch aus. Eine Schärfung des hermeneutischen Prinzips der Apophatik aller theologischen Aussagen schließlich würde wesentliche Impulse liefern für die gemeinsame Auseinandersetzung der Religionen mit den Inhalten, die ihre Identität ausmachen: Können die Sätze, in denen Religionen das formulieren, was nach ihrer Erfahrung das Heil von Menschen begründet, vor der Einsicht bestehen, daß menschliches Reden von Gott immer mehr verbirgt als es entdeckt? Eine in der theologischen Reflexion ernstgenommene *via negationis* könnte die pluralistische Theologie auch davor bewahren, die religiöse Selbstversorgermentalität der „Postmoderne" ihrerseits noch zu bedienen. Theologische Aussagen sind Bruchstücke und bleiben es. Auch dann, wenn sie sich, aus verschiedenen Traditionen kommend, aus großer Entfernung aufeinander zubewegt und sich dabei gegenseitig neue Aspekte des Göttlichen eröffnet haben, ist das, was sie zeigen, nicht das Göttliche in seiner ganzen Fülle. Wenn diese Einsicht im interreligiösen Gespräch ernst genommen wird, dann entlastet das den Pluralismus vom Zwang, die verschiedenen religiösen Traditionen bis ins kleinste miteinander in Einklang zu bringen. Dennoch gibt es zu diesem Dialog der Religionen, gerade angesichts einer Menschheit, die bei allem Wissen und Können immer mehr dem Obskurantismus anheimfällt, keine Alternative.

Reinhold Bernhardt

Die Herausforderung

Motive für die Ausbildung der „pluralistischen Religionstheologie“

Zwei Schlaglichter aus dem Vatikan:
In seinem Bericht „Zur Lage von Glauben und Theologie heute“, den er im Mai 1996 in Guadalajara in Mexiko abgab, steckte Kardinal Ratzinger die Frontstellungen der Glaubenskongregation für die Zukunft ab. Nachdem man die Befreiungstheologie mit ihrem allzu diesseitigen und politisierten Erlösungsverständnis nun als gescheitert betrachten könne, sei „der Relativismus zum zentralen Problem für den Glauben in unserer Stunde geworden“ – so Ratzinger.[1] Wo begegnet ihm solcher Relativismus? Zuerst und vor allem in den Entwürfen einer „pluralistischen Theologie der Religionen“. Der aus dem multireligiösen Birmingham stammende, ursprünglich evangelikale Presbyterianer John Hick und der an der katholischen Xavier-Universität in Cincinnati lehrende, ursprünglich bei den Steyler Missionaren (S.V.D.) ausgebildete Paul F. Knitter gelten als die Hauptvertreter. Beide haben durch die intensiv erlebte Begegnung mit Menschen anderen Glaubens ein immer stärkeres Unbehagen an den traditionellen theologischen Aussagen über andere Religionen empfunden und sich auf die Suche nach einer neuen „Theologie der Religionen“ gemacht.

Im Jahre 1076 wandte sich Anazir, der König Mauretaniens, mit einer Bitte an Papst Gregor VII. Der muslimische Herrscher bat den Papst darum, einen Bischof in Nordafrika nach christlichem

---

1 Zur Lage von Glaube und Theologie heute. Vortrag von Joseph Kardinal Ratzinger beim Treffen zwischen der Glaubenskongregation und den Präsidenten der Glaubenskommissionen der Bischofskonferenzen Lateinamerikas in Guadalajara/Mexiko im Mai 1996, in: L'Osservatore Romano (Wochenausgabe in deutscher Sprache) vom 22.11.96, Nr. 4, S. 8–10; auch in: Internationale Katholische Zeitschrift Communio 25 (1996) 359–384.

Brauch zu ordinieren. Und der Papst gab ihm darauf folgende bemerkenswerte Antwort: „Wir (Christen und Muslime) bekennen und glauben an den einen Gott, freilich in unterschiedlicher Weise, täglich loben und preisen wir den Schöpfer der Zeiten und den Lenker dieser Welt. Denn wie der Apostel sagt: ER ist unser Friede, der aus beiden eins gemacht hat (Eph 2).“[2]

So groß der Unterschied zwischen Gregors Theologie und den Programmentwürfen einer „pluralistischen Religionstheologie“ auch sein mag – in diesem Zitat spricht der mittelalterliche Papst ganz in ihrem Geist und Sinn.

Welches ist dieser Geist und Sinn? Aus welchen Motiven ist die pluralistische Religionstheologie entstanden? Dieser Frage will ich im ersten Teil meines Beitrages nachgehen. Und ich werde dabei zwei Bündel von Motiven ausweisen – ein eher historisch-situatives und ein theologisches. Im zweiten Teil wende ich mich dann jener Frage zu, die im Zentrum der Kontroverse um die pluralistische Religionstheologie steht: der Frage nach der Christologie. Es geht mir dabei zunächst nicht darum, eine eigene Position zu vertreten[3], sondern eine Darstellung des pluralistischen Modells zu geben, dem ich in kritischer Sympathie gegenüberstehe. Mein Anliegen ist es, fair über die Hintergründe des umstrittenen religionstheologischen Projekts zu informieren. Solche Information tut not, um die zum Teil polemisch und emotional hochbesetzt geführte Diskussion um dieses Thema zu versachlichen und auf ein Niveau zu heben, das der Bedeutung der anstehenden Fragen entspricht.

---

[2] Gregor VII., Ep.III,21 ad Anazir (Al-Nasir), regem Mauretaniae, in: E. Caspar (Hg.), Das Register Gregors VII., I. Buch I-IV, Berlin/Dublin/Zürich 3. Aufl. 1967, 288. Der Brief wird in der „Erklärung über das Verhältnis der Kirche zu den nichtchristlichen Religionen“ („Nostra aetate“) als Fußnote zu Art. 3 über die Muslime zitiert. – Siehe J. Zehner, Der notwendige Dialog, Gütersloh 1992, 9.

[3] Meine Position eines „mutualen Inklusivismus“ habe ich entwickelt in: Philosophische Pluralismuskonzepte und ihre religionstheologische Rezeption, in: G. Riße, H. Sonnemans, B. Theß (Hg.), Wege der Theologie: an der Schwelle zum dritten Jahrtausend (FS H. Waldenfels), Paderborn 1996, 461–480, bes. 474ff; Prinzipieller Pluralismus oder mutualer Inklusivismus als hermeneutisches Paradigma einer Theologie der Religionen?, in: P. Koslowski (Hg.), Die spekulative Philosophie der Weltreligionen. Zum Gespräch der Weltreligionen auf der Expo 2000 Hannover (Philosophische Theologie 10), Wien 1997, 17–31.

I. Welche historischen Entwicklungen und theologischen Motive haben die Suchbewegung nach einer neuen „Theologie der Religionen" ausgelöst?

In den letzten drei Jahrzehnten hat sich weltweit in großen Teilen der Christenheit eine atemberaubende Bewegung der Öffnung für die Weisheit und Spiritualität nicht-christlicher Religionen vollzogen – aber auch eine massive Gegenbewegung, die sich unter dem Leitwort der „Synkretismusabwehr" formiert. Nicht das Bewußtsein der Vielfalt von Religionen ist dabei das Neue, sondern die *theologische Anerkennung* dieser Vielfalt – pointiert formuliert: die Entdeckung der Realpräsenz Gottes in den nicht-christlichen Religionen und Kulturen. Diese Anerkennung hat tiefgreifende Konsequenzen für die Theologie – besonders für die Christologie.

Die *Gründe für die Revision des theologischen Urteils über die nicht-christlichen Religionen,* wie sie sich seit Mitte der 60er Jahre ereigneten, sind vielfältig; ich nenne zunächst acht geschichtliche bzw. geistesgeschichtliche Entwicklungen, die in großen Teilen des westlichen und fernöstlichen Christentums seit Mitte der 60er Jahre dieses Jahrhunderts zur Suche nach einer neuen „Theologie der Religionen" geführt haben. Die Entwürfe der pluralistischen Religionstheologie sind *eine* der Reaktionen darauf. Ich versuche also zunächst, den Horizont nachzuzeichnen, in dem sich die pluralistische Religionstheologie gebildet hat und stelle sie damit in den größeren Zusammenhang der „dialogischen Wende", wie sie sich vor ca. 30 Jahren sowohl in der katholischen Theologie und Kirche (besonders im Vaticanum II), als auch in der ökumenischen Bewegung (mit der Etablierung des ÖRK-Dialogprogramms, institutionalisiert in der Dialogabteilung) vollzogen hat.

(1) Das *Ende des politischen, kulturellen und religiösen Eurozentrismus:* Mit dem Ende des Zweiten Weltkrieges war die Zeit des eurozentrischen Imperialismus, der die Welt auf die europäischen Großmächte verteilen und die europäische „Zivilisation" in alle Welt tragen wollte, endgültig vorbei (nicht vorbei war und ist die Zeit des *ökonomischen* Euro- und US-Amerikanozentrismus). Die Kulturen und die Religionen Asiens und Afrikas wurden zunehmend als traditionsreiche kulturelle und religiöse Großmächte wahrgenommen.

(2) Parallel dazu trat die *Schuld* ins Bewußtsein, die die europäischen Kolonialmächte und die in ihren Machtbereichen missionie-

renden Kirchen auf sich geladen hatten. Hinzu kam – ganz besonders für deutsche Christen – das Einsehen der Schuld, die das Christentum aktiv (durch theologische Untermauerung) oder passiv (durch sein selbstzentriertes Schweigen) an der Vernichtung der Juden in der Shoa mitzutragen hatte. Je mehr zu Bewußtsein kam, daß sich darin nicht eine spontane Verirrung fanatisierter Menschen, sondern der entsetzliche Tiefpunkt eines jahrhundertealten Antijudaismus ereignet hatte und je stärker unter Theologinnen und Theologen die Einsicht wuchs, daß dieser Antijudaismus bis ins Neue Testament hineinreicht, umso unausweichlicher wurde die Konsequenz, daß nicht nur *ethische* Reue, sondern *theologische* Umkehr gefordert war: die Verabschiedung all jener Formen des christlichen Absolutheitsanspruches, die als geistiges Rüstzeug für solche Gewalt fungiert hatten.

(3) Die *Globalisierung* der Welt durch Telekommunikation, Reisemöglichkeiten und Migrationsbewegungen ließ die Welt zum „global village“ werden. Es kam dadurch für zahlreiche Christen zu einer Fülle neuer Begegnungsmöglichkeiten mit anderen Religionen. Und nicht wenige, die sich der Faszination vor allem der fernöstlichen Religionen einmal wirklich (d. h. existentiell, nicht bloß informationell) ausgesetzt hatten, konnten nicht anders als einzugestehen: Es gibt tiefe Spiritualität und ehrwürdige Weisheit, es gibt sinnerfülltes, ganzheitlich gelingendes und in diesem Sinne „heiles“ Leben auch in anderen Religionen.

Die Globalisierung betraf und betrifft aber auch die Schattenseiten des ökonomischen und technischen Fortschritts: die weltweite Vernetzung und gegenseitige Abhängigkeit in den weltumspannenden Problemkomplexen der Ökonomie (Hunger und Ungerechtigkeit), der Ökologie (Klimakatastrophe), des Weltfriedens (Rüstung und Krieg), der Überbevölkerung usw. Auch die Religionen – besonders die Religionen mit universalem Anspruch – waren gefragt, welche ethischen Potentiale sie diesen Entwicklungen entgegenzusetzen haben. Die Globalität der Probleme muß mit einer globalen Weltverantwortung beantwortet werden.

(4) Als Gegenbewegung zur weltweiten Globalisierung vollzog sich in vielen Teilen der Welt eine kulturelle, religiöse, aber auch ethnische und politische *Regionalisierung:* eine Rückbesinnung auf die „regionalen“ ethnischen, kulturellen und religiösen Identitäten von Völkern und Gemeinschaften; in den arabischen Ländern beispielsweise durch eine deutliche Abkehr von westlichen und öst-

lichen Kulturstandards und die Suche nach einem dritten – dem islamischen Weg. Ähnlich in Indien, Südostasien und in vielen Ländern Afrikas.

(5) Als zu Beginn der 70er Jahre die nahezu 200 Jahre alte *Vision des Abendlandes zerbrach,* die Zukunft der Menschheit durch wissenschaftliche Forschung, wirtschaftliches Wachstum und technische Effektivierung positiv zu gestalten, geriet die gesamte westliche Kultur in eine tiefe geistige Orientierungskrise, die bis heute anhält. Eine neue Suchbewegung nach zukunftstragenden geistigen Ressourcen und Visionen setzte ein. Viele fanden solche spirituellen Ressourcen in den östlichen Religionen, vor allem im Zen-Buddhismus. Aber auch das Naturverhältnis der Stammesreligionen schien Quellen zu öffnen, aus denen neue Impulse fließen konnten.

(6) Vom abendländischen (besonders europäischen) Christentum hingegen wurden solche Impulse kaum noch erwartet. Es schien keine prophetische Kraft mehr von ihm auszugehen. Die ehemals christlichen und nun weitgehend säkularisierten Länder des Westens waren in eine tiefe materialistische Sinnkrise geraten. Nicht zuletzt durch ihre jahrhundertealte Bindung an die Zivilisation des Abendlandes und seine politischen Ordnungen waren die *Kirchen* in vollem Umfang in diese Sinnkrise verstrickt. Ihre Botschaft hatte einen dramatischen *Plausibilitäts- und Relevanzverlust* erlitten. Auf einen Säkularisierungsschub in den 70er Jahren folgte die Renaissance der Religionen – doch nicht als Renaissance des traditionellen Christentums, sondern als Faszination für die Religionen des Ostens (besonders den Buddhismus) und für neue religiöse Bewegungen (die sich auch oft aus den Traditionsquellen der östlichen Religion speis(t)en).

(7) Die *Historisierung, Kontextualisierung und Pluralisierung der gesamten Geisteskultur unserer Zeit,* besonders seit den 80er Jahren: Im Bewußtsein der meisten Europäer und Nordamerikaner (keineswegs nur der Philosophen) gibt es nicht mehr *die* Wirklichkeit, sondern eine Fülle gleichzeitiger Wirklichkeitsentwürfe: „Was für *mich* wahr ist, muß nicht auch für *dich* wahr sein." Nur *innerhalb* dieser Entwürfe, dieser Perspektiven, dieser Sprachspiele ist Wahrheit bestimmbar und verifizierbar. Wahrheit ist kontextrelativ, sie gilt unter bestimmten Bedingungen, für bestimmte Orte und Zeiten; sie ist historisch bedingt. Wahrheit ist perspektivenrelativ, d. h. sie bringt immer nur eine partikulare *Sicht* der Wirklichkeit zum Aus-

druck. Wahrheit ist *standortgebunden,* d.h. das kulturelle Milieu, in dem Sprecher und Hörer einer Mitteilung leben, ihre Schichtenzugehörigkeit und ihr Geschlecht haben Einfluß auf die mitgeteilte und auf die gehörte Wahrheit.

(8) Von ganz anderer Art ist eine weitere Entwicklung, die zur Neubestimmung des Urteils über andere Religionen zwingt, obwohl ihre Bedeutung noch immer nicht voll realisiert oder sogar bestritten wird: Zum ersten Mal in seiner Geschichte steht das Christentum vor der Tatsache, daß es – soweit unser Blick reicht – eine *bleibende* Vielfalt von Religionen und Kulturen gibt. Das Christentum scheint an den Grenzen seines quantitativen Wachstums angelangt zu sein. Noch auf der Weltmissionskonferenz in Edinburgh 1910 war man der festen Überzeugung, daß innerhalb *einer* Generation die Welt christlich sein würde. Heute wissen wir: Vor 10 Jahren waren ein Drittel der Weltbevölkerung Christen (1,64 Mrd.). In 10 Jahren werden es höchstens noch ein Viertel, vielleicht nur noch ein Fünftel sein. Bei aller Vorsicht, die man Religionsstatistiken entgegenbringen muß, zeigen sie doch eine nicht zu verleugnende Tendenz. Dieses Bewußtsein aber ist in der Christentumsgeschichte noch nie dagewesen. Es ist eine theologische Provokation allererster Ordnung.

Mit diesen acht Entwicklungen verloren und verlieren die alten *theologischen Muster zur Beurteilung der nicht-christlichen Religionen* an Plausibilität: das Modell des Exklusivismus und das des Inklusivismus – Ausschließung und Einschließung, Abwehr und Assimilation.

Ich will im folgenden diese beiden Modelle kurz charakterisieren. Denn sie bilden den Hintergrund, von dem sich die pluralistische Religionstheologie absetzt. Dabei stellt sich die Frage, welcher logische Status den beiden Positionen zukommt. In meinen Augen handelt es sich eher um religions*psychologische* und *ethische* Modelle als um religions*theologische* Konzepte. Die Begriffe „Exklusivismus" und „Inklusivismus" bezeichnen zunächst *Grundhaltungen,* denen man immer dort begegnet, wo ein Mensch auf etwas ihm Fremdes trifft. Im Kontext der Religionsbegegnung umschreiben sie Grundeinstellungen im Umgang mit nicht-christlichen (theoretischen und praktischen) Religionsformen und ihren Anhängern. Und im Kontext der Religions*theologie* stehen sie für *Idealtypen* oder *Tendenzen* der Lehrbildung, nicht aber für konkrete Lehrentwürfe.

Nach dem Modell des religionstheologischen *Exklusivismus* darf allein das Christentum als „religio vera", als wahre und damit als alleinseligmachende Religion gelten, weil allein die Christusoffenbarung das Nadelöhr ist, durch das der Weg zu Gott führt. Alle anderen Religionen sind aus der Gotteserkenntnis, aus Heil und Erlösung ausgeschlossen – wie es in dem berühmten, ursprünglich allerdings gar nicht im Blick auf nicht-christliche Religionen formulierten Wort Cyprians zum Ausdruck kommt, daß außerhalb der Kirche kein Heil zu erlangen sei: „nulla salus extra ecclesiam". Im Protestantismus war es dagegen weniger ein ekklesiozentrischer als vielmehr ein christozentrischer Absolutheitsanspruch, der diese Haltung theologisch begründete: „nulla salus extra Christum" könnte man formulieren – oder kurz: „solus Christus". Die exklusive, „ausschließende" Haltung betont die *alleinige* Heilsnotwendigkeit des christlichen Glaubens. Es gibt *einen* Weg zu Gott – den Christus-Weg.

Das *inklusive* Modell behauptet demgegenüber nicht die *Alleingeltung* des Christentums, sondern seine qualitative *Überlegenheit* über die anderen Religionen. Dieses Modell geht davon aus, daß Gottes Offenbarung universal ist, daß sie dem dafür offenen Menschen aus den Werken der Schöpfung entgegenspricht und daß Gott die Samenkörner seiner Wahrheit in die Herzen aller Menschen eingesenkt hat. Doch die Fülle dieser Wahrheit – daran gibt es keinen Zweifel – liegt allein in Christus und in *der* Religion, die seinen Namen trägt. Die allgemeine Offenbarung ist noch nicht heilswirksam. Sie bereitet vor auf die allein heilsrelevante Offenbarung in Christus und hat auf diese Weise die Funktion der praeparatio Evangelii (Euseb). Während die nicht-christlichen Religionen nach dem Exklusivmodell kompromißlos verworfen wurden – als Finsternis, als gotteslästerliche Irrlehre, als Werk des Antichrist –, kann man ihnen nun einen mehr oder weniger positiven Wert zubilligen. Sie sind nicht aus Gottes Wahrheit und Heil *ausgeschlossen* (das wäre die „exklusive" Position), sondern darin *eingeschlossen* (daher die Rede vom „inklusiven" Modell). Doch enthalten sie nur Teilwahrheiten und bedürfen der vollen Wahrheit des Christentums.

Aus dem Ungenügen an der traditionellen Behauptung der Alleingeltung oder der Überlegenheit der christlichen über die anderen Religionen ist – vor dem Hintergrund der oben skizzierten Herausforderungen – das Modell des religionstheologischen *Pluralismus* entwickelt worden, von dem Armin Kreiner – katholischer Fundamentaltheologe an der Universität Mainz – sagt, es sei

„eines der interessantesten, konsequentesten und provokantesten theologischen Unternehmen der Gegenwart.“

Das *pluralistische* Modell grenzt sich programmatisch von Exklusivismus und Inklusivismus ab, verwirft den in diesen Modellen implizierten christlichen Absolutheitsanspruch und postuliert demgegenüber, daß sich die großen, traditionsreichen Religionen der Welt auf authentische und heilseröffnende Erschließungen Gottes gründen, daß es sich bei ihren Lehren und Lebensformen nicht um falsche oder minderwertige, sondern um anerkennungswürdige weil potentiell wahrheitshaltige [4], d. h. vom kreativen und versöhnenden Geist Gottes durchdrungene Erscheinungen handelt (was keineswegs ausschließt, daß sich in ihnen – wie im Christentum – auch viel Unheilvolles findet). In den zentralen Anliegen der Religionen gibt es strukturelle Analogien („Familienähnlichkeiten“): die Durchbrechung der individuellen und kollektiven Selbstbezüglichkeit (Egozentrik), des in-sich-gekrümmten-Herzens, wie Luther sagte, die Öffnung für Schichten der Wirklichkeit, die hinter ihrer empirischen Oberfläche liegen, die Achtung vor dem Leben, die Verpflichtung auf elementare Lebensregeln, die menschliche Gemeinschaften vor ethischer Korruption bewahren usw.

Von einer Gleichheit oder Gleichwertigkeit der Religionen kann und soll keine Rede sein. Gerade in ihrer Verschiedenheit, die dem jeweiligen kulturellen Kontext entspricht, manifestiert sich Gottes transformierende Strahlkraft in ihnen. Die Religionen sind kontextuell verschiedene Inkulturationsformen des einen, vom göttlichen Seinsgrund ausgehenden Erlösungsimpulses. Sie stehen immer in der Gefahr, sich selbst – als religiöse Formen – mit der ihnen letztlich uneinholbar vorausliegenden Wirklichkeit des göttlichen Urgrundes zu identifzieren. Doch dessen dynamische Wirksamkeit sprengt auch seine eigenen religiösen Gestaltwerdungen, wo sie sich in sich selbst verkrümmen und absolute Wahrheitsansprüche für sich selbst erheben. Es sind und bleiben *menschliche* und damit *relative* Antworten auf den Ruf des Absoluten.

---

[4] Ich setze hier nicht einen intellektualistischen Begriff von Wahrheit voraus, der sich auf propositionale Aussagen bezieht, sondern einen theoontologischen, der die Realpräsenz Gottes (in welcher Form und welchem Grad auch immer) bezeichnet. Weil diese Realpräsenz aber immer als eine letztlich Heil schaffende zu denken ist, kann ich mich der oft in diesem Kontext geforderten Unterscheidung der Wahrheits- von der Heilsfrage nicht anschließen.

Weil es diese Strukturanalogien gibt, die auf die Wirksamkeit des Seinsgrundes schließen lassen, kann man unterstellen (eine empirisch evozierte Hypothese!): Es gibt eine Pluralität von heilshaften menschlichen Antworten auf die Wirklichkeit des Göttlichen in ihren unterschiedlichen Repräsentanzen. – Das ist die Grundthese der pluralistischen Religionstheologie, wie sie vor allem J. Hick vertreten hat.[5] P. Knitter setzt dagegen einen eigenen Akzent, der stärker vom Geist der Befreiungstheologie durchdrungen ist und zu einer „Befreiungstheologie der Religionen" führt.[6]

Das Christentum braucht seinen Anspruch auf Einzigartigkeit des in Christus vermittelten Heilsweges nicht aufzugeben, es soll aber anerkennen, daß es daneben andere einzigartige religiöse Wege zum heilschaffenden Grund allen Seins gibt. So kann und soll es zu einer Heilspartnerschaft der Religionen kommen, in der sich die Religionen im offenen Dialog in prinzipieller theologischer Gleichberechtigung begegnen. In ihrer Begegnung soll ein Verhältnis der Parität herrschen, nicht der Gleichheit, wohl aber der Ebenbürtigkeit.

Das *pluralist model* nimmt die Beziehungsbestimmung zwischen den Religionen also nach einem „transzendental-dialogischen" Postulat vor: nach dem Dialogprinzip selbst, das immer und unverzichtbar schon im Vollzug vorausgesetzt sein muß, wenn es zu einer echten (nicht einseitig strategischen bzw. instrumentellen) Begegnung zwischen Menschen und Auffassungen kommen soll. Inhalt dieses Postulats ist der praktische Grundsatz der Gegenseitigkeit, der Gleichberechtigung der Partner, der Anerkennung der Wahrheitsfähigkeit des anderen.

Diese ethisch-pragmatische Grundbedingung der gegenseitigen Anerkennung aber muß nun auch für einen Dialog der Religionen vorausgesetzt werden, wenn er gelingen soll. Daraus ergibt sich der

---

5 Nach Hick stehen die Religionen im *pluralist model* nebeneinander als unterschiedliche „Räume" der Interaktion zwischen Gott und den Menschen; oder – wie er sagt – als „alternative soteriologische 'Räume', innerhalb derer – oder 'Wege' auf denen – Männer und Frauen Erlösung/Befreiung/letzte Erfüllung finden können" [J. Hick, Gotteserkenntnis in der Vielfalt der Religionen, in: R. Bernhardt (Hg.), Horizontüberschreitung. Die Pluralistische Theologie der Religionen, Gütersloh 1991, 62f].

6 Siehe dazu: R. Bernhardt, Ein neuer Lessing? Paul Knitters Theologie der Religionen, in: EvTh 49 (1989), 516–528.

Grundsatz der Gegenseitigkeit in der theologischen Beziehungsbestimmung zwischen den Religionen.

Gegen diesen Versuch, die prinzipielle Gleichberechtigung der Religionen „transzendental-dialogisch“ zu begründen, läßt sich einwenden, daß hier ein unzulässiger Argumentationsschritt, eine *metabasis eis allo genos* vollzogen wurde. Für eine dialogische Beziehungsgestaltung in der Begegnung der Religionen ist das transzendental-dialogische Postulat der Gegenseitigkeit in der Tat unabdingbare Voraussetzung – sonst gestaltet sich diese Begegnung wie die zwischen der Katze und der Maus. Etwas anderes ist es aber doch, das Dialog-Prinzip auf die *Ebene der theologischen Beurteilung* zu heben und so den Religionen schon vor Eintritt in den Dialog sakramentale und heilsvermittelnde Wirksamkeit zu attestieren. Wo das geschieht, dominiert das religionsdialogische Interesse das theologische Urteil. Damit aber würde dem Dialog gerade die Grundlage entzogen, da es in ihm doch um theologische Wahrheitsansprüche geht.

So wird der pluralistischen Religionstheologie denn auch oft vorgeworfen (besonders von Ratzinger und G. D’Costa), sie übernehme einfach die relativistische Philosophie des postmodernistischen Beliebigkeitspluralismus in die Theologie und sanktioniere ihn damit noch, wo sie ihn eigentlich von der Christusbotschaft her kritisieren müßte. Dieser Eindruck kann entstehen, wenn man die pluralistische Religionstheologie allein als Reaktion auf die beschriebenen acht Entwicklungen sieht und ihre *theologischen Anliegen* nicht in Rechnung stellt. Es kann dann so scheinen, als sei sie Produkt dieser Entwicklungen und ein unkritisches Kind des postmodernen Zeitgeistes.

Daher will und muß ich nun ein zweites – *theologisches* Motivbündel – benennen, das zeigt, daß hinter den Entwürfen einer pluralistischen Religionstheologie eminent theologische Anliegen stehen. Erst von daher kann man dann auch dem Einwand entgegentreten, die pluralistische Religionstheologie verdanke sich nur dem falsch verstandenen Bemühen, Dialogfähigkeit auf Kosten der christlichen Identität zu erkaufen. Eine Position aber, die von vornherein die Grundsubstanz des christlichen Glaubens zur Disposition stelle, sei dialogunwürdig und könne nicht mehr ernst genommen werden – so die Kritiker.

Welches sind nun also die *theologischen* Motive, die in den Konzepten der pluralistischen Religionstheologie wirksam sind? Es ist die Überzeugung

- von der Universalität des heilschaffenden Wirkens Gottes,
- von der radikalen Transzendenz Gottes, der allen religiösen Vorstellungen uneinholbar vorausliegt, und
- von der Gerechtigkeit und Güte als dem Grundzug seines Wesens.

(1) Die Überzeugung vom *universalen Heilswillen Gottes,* die auch für Karl Rahner eine zentrale Rolle spielte, besagt: Gott gewährt seine Gnade prinzipiell unbedingt, d.h. ohne jede Vorbedingung von seiten der Menschen. Also doch auch ohne eine bestimmte Religionszugehörigkeit, ohne religiöse „Werke", auch ohne „Glaubenswerke". Es ist zunächst und zuerst „gratia praeveniens" – vorauslaufende Gnade.

Dieses theologische Motiv ist also eine „Verlängerung" des christlichen Heilsuniversalismus, wie er in der Geschichte der christlichen Theologie eine lange Tradition hat[7] (weshalb die katholischen Vertreter des *pluralist model* wie P. Knitter beanspruchen, die Theologie Rahners über ihn hinaus zum konsequenten Ende zu führen).

(2) Die Betonung der radikalen *Transzendenz Gottes,* wie sie vor allem bei John Hick heraustritt, ist ein Erbe der Calvinischen Tradition: Gott liegt allen religiösen Formen uneinholbar voraus. Keine Religion und keine Offenbarung kann beanspruchen, die Wahrheit Gottes ganz und vollkommen in sich zu schließen. Keine Religion und keine Offenbarung kann beanspruchen, den einen und einzigen Weg zu Gott darzustellen. Denn bei aller *Authentizität* der Manifestationen Gottes – es sind eben doch immer nur *Manifestationen* oder *Repräsentationen* des Gottes, dessen Wesen unerschöpflich ist.

Man kann darin die zu letzter Konsequenz ausgezogenen Linie der Theologie Barths mit ihrer These vom unendlichen qualitativen Unterschied zwischen Gott und den Menschen wiederentdecken oder P. Tillichs „protestantisches Prinzip", welches fordert, die Unterscheidung zwischen Gott und den religiösen Vorstellungen von Gott unbedingt ernstzunehmen.

---

[7] Siehe dazu K.-H. Menke, Art. „Heiluniversalismus", in: $LThK^3$, Bd. 4, 1995, 1349–1351.

(3) Die *Betonung der Güte und Gerechtigkeit Gottes* – wie sie für Jesu Gottesverständnis grundlegend war – führt zum Auftrag, eine universale Ethik der Güte und Gerechtigkeit zu entwickeln und Lebensformen zu kreieren, in denen sie gelebt wird. Angesichts der globalen Weltprobleme ist das deutliche Zeugnis der Religionen in der Lehre und vor allem in der Praxis erforderlich. Nicht ein Gegeneinander, sondern ein Miteinander, wenn es auch aus sehr verschiedenen religiösen Begründungen motiviert und legitimiert ist, scheint dringlich geboten.

Vor allem P. Knitters Anliegen ist es, diese praktische Seite der interreligiösen Kooperation zu betonen und zu fördern. Die Parteinahme für die Armen wird dabei geradezu zu einem (pragmatischen) Wahrheitskriterium – zum Maßstab für die „Evaluation" einer Religion. Spätestens hier zeigt sich, daß die pluralistische Religionstheologie keineswegs alles und jedes, was im Gewand der Religion daherkommt, für gleich gültig (und damit letztlich für gleichgültig) erklärt. Sie enthält ein stark religionskritisches Motiv, dem sie alle religiösen Erscheinungen unterwirft. Nicht das „anything goes" eines grenzenlosen Beliebigkeits-Pluralismus ist Maß und Ziel der Pluralistischen Religionstheologie, sondern die pluralismuskritischen Prinzipien der Befreiung der Unterdrückten, der Schaffung gerechter Lebensverhältnisse, der Bewahrung der Schöpfung.

Man kann diesen pragmatischen Ansatz als Ausführung dessen sehen, was sich schon in Lessings berühmter und immer noch tiefgründiger Ringparabel angedeutet findet: Religiöse Wahrheit entscheidet sich nicht an der Steilheit von Wahrheits- und Absolutheitsansprüchen, sondern am Tun des Rechten und Gottwohlgefälligen – ganz im Sinne des biblischen Wahrheitsbegriffs *(emet)* und ganz im Sinne von Mi 6,8: „Es ist dir gesagt, Mensch, was gut ist und was der Herr von dir fordert: Nichts anderes als dies: Recht tun, Güte und Treue lieben, in Ehrfurcht den Weg gehen mit deinem Gott".

Von diesem eher pragmatischen Ansatz aus (Knitter spricht von „Orthopraxie" statt „Orthodoxie") gelangt die pluralistische Religionstheologie in einen Überschneidungsbereich mit Konzepten von Theologen wie Hans Küng, die sich von ihr abgrenzen und – in den Augen der „Pluralisten" – auf dem inklusivistischen Ufer des Rubikon bleiben wollen.

II. Die Christologie der pluralistischen Religionstheologie

Ich möchte in Form einer systematischen Zwischenüberlegung den Versuch unternehmen, die drei nun dargestellen religionstheologischen Modelle – Exklusivismus, Inklusivismus und Pluralismus – als idealtypische Grundoptionen in ein Verhältnis zueinander zu setzen. Dabei werden sie verstehbar als unterschiedliche Ableitungen aus zwei theologischen Axiomen, die in jeder christlichen Religionstheologie aufeinandertreffen und vermittelt werden müssen.

Das zentrale theologische Problem, das sich einer christlichen „Theologie der Religionen" stellt, liegt in der Verarbeitung der Spannung zwischen: (1) der Universalität des Heilswillens Gottes und (2) der christozentrischen Partikularität des Heilsweges. Aussage (1) lautet: Gottes Heilswille betrifft alle Menschen, Aussage (2): Gottes Heil ist gebunden an Tod und Auferstehung Christi, des menschgewordenen Gottessohnes.

Das Grundproblem einer „Theologie der Religion(en)" liegt in der Spannung zwischen folgenden beiden theologischen Postulaten:

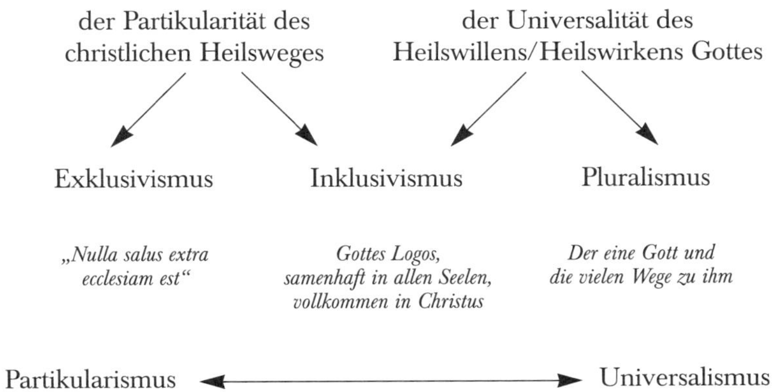

Die Grafik zeigt, daß es im Prinzip zwei Möglichkeiten gibt, das theologische Axiom vom allgemeinen Heilswillen Gottes einzulösen: (1) durch Universalisierung der Christologie und (2) durch ihre Pluralisierung.

(1) Die Strategie der *Universalisierung* denkt Christus als allumfassendes Heils- und Versöhnungsprinzip Gottes – so umfassend, daß nichts und niemand davon ausgeschlossen bleiben kann. Ob sie es im Glauben erfassen oder nicht: Alle Menschen sind in ihrer Existenzausrichtung auf diesen „größeren Christus" hin angelegt – sie sind „anonyme Christen", wie Karl Rahner gesagt hat. Auf dem Zweiten Vatikanischen Konzil spielte diese katholische-allumfassende Christologie eine wichtige Rolle. Und auch in der ökumenischen Bewegung gab es einen Ansatz, der in diese Richtung wies und eine breite Diskussion auslöste: Auf der III. Vollversammlung des Ökumenischen Rats der Kirchen in Neu Delhi waren die Delegierten fasziniert von der Vision einer „kosmischen Christologie", die im Anschluß an den Epheser- und den Kolosserbrief entwickelt worden war: Christus ist der „größere" Christus, der Logos Gottes, sein allumfassendes Wirkwort. Der systematische Grundgedanke dieser Universal-Christologien ist die deutliche Unterscheidung der göttlichen von der menschlichen Natur Christi. Die göttliche ist allumfassend und sie reicht unendlich weit über die menschliche hinaus. Als Belegstelle für diesen „christozentrischen Universalismus" läßt sich 1 Tim 2,4f anführen: „Gott will, daß alle Menschen gerettet werden" (allgemeiner Heilswille Gottes) – „Denn es ist *ein* Gott, es ist auch *ein* Mittler zwischen Gott und den Menschen, der Mensch Jesus Christus, der sich selbst als Lösegeld für alle gegeben hat" (Partikularität des durch Jesus eröffneten Heilsweges).

(2) Die Strategie der *Pluralisierung* der Christologie entspringt dem gleichen Motiv, die Universalität des Heilswillens auszusagen. Doch tut man das hier nicht auf dem Weg des christozentrischen Universalismus, sondern indem man eine Mehrzahl von Repräsentanten (Mittlern, Offenbarern) Gottes anerkennt – „Christusgestalten" neben Christus. Man muß nun nicht die Offenbarungen der anderen Religionen in den „größeren", universalen, kosmischen Christus hinein aufheben, man muß Christus nicht nach Maßgabe der klassischen Inkarnationstheologie von seiner Gott-Natur her verstehen. Man kann vielmehr ganz beim historischen Jesus von Nazaret bleiben und ihm andere historische Erschließungen Gottes zur Seite stellen. Hier ist es nicht der größere Christus, sondern der *Deus* semper maior, der als Letztwirklichkeit das Prinzip der Einheit der Offenbarungsgestalten verbürgt. Deshalb wird eine pluralistische Christologie letzlich immer

eine theozentrische Christologie sein – auch wo sie einen Soteriozentrismus lehrt.

Die Pluralisierung der Christologie impliziert nicht, alle diese Gottesrepräsentationen seien gleich oder gleichartig oder gleichwertig. Dieser problematische Gedanke wurde und wird erst von den Kritikern an das pluralistische Grundkonzept herangetragen. Es gibt keine Urteilsperspektive, von der aus eine solche Gleichheit festzustellen oder zu behaupten wäre.

Zu welcher materialen Ausformung gelangt nun eine „pluralistische" Christologie?[8]

John Hick vertritt die Auffassung, daß in Jesus von Nazaret, in seiner Lehre, in seinem Leben, Leiden, Sterben und Auferstehen, *nicht* die ganze Fülle des Wesens Gottes „restlos" offenbart ist. Auch die zentralen Offenbarungen anderer Religionen sind Manifestationen des einen Gottes. Gottes Wort und Gottes Geist haben sich in Jesus Christus *einzigartig* in geschichtlicher Konkretion repräsentiert, ohne daß diese *eine* die *einzige* Repräsentanz sein müßte. Das ewige Wort Gottes, sein universal wirkender Geist erschöpfen sich in keiner seiner Gestaltwerdungen – auch nicht in der Christusoffenbarung.

Um diesen Gedanken weiter zu entfalten, zieht Hick die Unterscheidung zwischen *totus Deus* und *totum Dei* heran, die sich schon bei Petrus Lombardus (Sent.III, 22,3) findet: Der göttliche Logos, so sehr er auch ganz (totus) in der Person Jesu präsent war, geht doch darin nicht auf (non totum). Der Logos ist größer als der historische Jesus. Im historischen Jesus *manifestiert* (offenbart) sich der Logos. Im Satz „Jesus ist der Christus" besagt das „ist" also keine Identität, so daß sich auch sagen ließe: „der Christus ist Jesus".

---

8 Ich gehe im folgenden aus von: J. Hick, The Metaphor of God Incarnate, London 1993. Die Ansätze von L. Swidler, P. Knitter und S. Ogden habe ich dargestellt und diskutiert in: Deabsolutierung der Christologie? in: M. v. Brück, J. Werbick (Hg.), Der einzige Weg zum Heil? Die Herausforderung des christlichen Absolutheitsanspruches durch pluralistische Religionstheologie, (QD 143), Freiburg u. a. 1993. Mit Hick habe ich mich auseinandergesetzt in: Der Absolutheitsanspruch des Christentums. Von der Aufklärung bis zur Pluralistischen Religionstheologie, Gütersloh 1990, 1993², 199–225. Siehe außerdem: Zur Diskussion um die Pluralistische Theologie der Religionen, in: Ökumenische Rundschau 43 (1994), 172–189.

Schubert Ogden formuliert es so: Das Christusereignis ist für Gottes Heilshandeln nicht *konstitutiv,* sondern *repräsentativ*.[9] Konstitutiv für dieses Heilshandeln ist allein Gottes uranfänglicher, endloser und universaler Heilswille, der alle Wirklichkeit übergreift, um sie über sich hinauszuführen. In Jesus hat er eine einzigartige Darstellungsform gefunden, die aber nicht zur einen und einzigen Möglichkeit und Wirklichkeit der Heilsereignung verabsolutiert werden kann. In diesem Sinne stellt das Christusgeschehen die „Offenbarung" Gottes dar. In dieser Darstellungs-„Funktion" liegt seine Bedeutung, weniger im gott-menschlichen *Wesen* Jesu Christi.

Christus ist nach Hick nicht die eine und einzige *Quelle,* aus der Gottes kreativer und heilschaffender Geist strömt. Doch ist er die für Christen (und nicht nur für sie!) – universal normative *Manifestation* dieses Geistes und damit das für Christen (und nicht nur für sie!) unhintergehbare *Kriterium* zur Beurteilung religiöser Wahrheitsansprüche, zur Entscheidung der Frage also, ob eine religiöse Erscheinung als Gestalt des Gott-Geistes gelten kann. So haben wir in Christus eine Norm zur Unterscheidung der Geister, die universal gilt, auch wenn ihr andere universal-geltende Normen aus anderen Offenbarungen gegenüberstehen.

Der christliche Urteilsmaßstab für die Unterscheidung der Geister wird dabei nicht zuerst und allein das nominelle Christusbekenntnis sein, sondern „die Gesinnung, die in Jesus Christus war" (Phil 2,5), wobei „Gesinnung" hier nicht psychologisch, sondern theologisch zu verstehen ist. Diese Gesinnung der Selbstentäußerung, der bedingungslosen Hingabe, der Öffnung für Gott und die Menschen – die Jesus ans Kreuz gebracht hat – kann sich aber auch fernab vom expliziten Christusbekenntnis finden. So stellt Hans Kessler, dem man sicher nicht nachsagen kann, „Pluralist" zu sein, ein religionsübergreifendes „Kriterium für die Erkenntnis von Gottes Handeln in der Geschichte überhaupt" auf: „die Konformität mit Jesu Handeln des Sich-selbst-Überschreitens auf Gott und die anderen zu in uneigennütziger und unbeschränkter Solidarität"[10]. Wo sich in einzelnen Ereignissen, Prozes-

---

[9] S. Ogden, Gibt es nur eine wahre Religion oder mehrere? in: ZThK 88, 1991, 81–100.

[10] H. Kessler, Der Begriff des Handelns Gottes. Überlegungen zu einer unverzichtbaren theologischen Kategorie, in: H. U. v. Brachel, N. Mette,

sen und Zuständen oder auch in komplexen Geschehenszusammenhängen und Strukturen jene Solidarität repräsentiert, die aus dem Wesen Gottes fließt, weil sein Wesen nach 2 Joh 4,7f.16 Agape ist, kann die Wirksamkeit des Gottgeistes unterstellt werden. „Ubi caritas, ibi deus est" – „et agit", wie Hans Kessler treffend hinzufügt.[11]

Eine Christologie wie die von John Hick, die eher eine Inspirationschristologie als eine Inkarnationschristologie ist, hat eine lange Tradition, die bis in die ältesten judenchristlichen Christusdeutungen reicht: Hier wurde Jesus als der mit Gottes Geist Gesalbte und in diesem (funktionalen) Sinn als Sohn Gottes bekannt. Das schloß nicht aus, daß es auch andere Söhne Gottes gab. Das ganze Volk Israel konnte als Sohn Gottes bezeichnet werden – ebenso wie einzelne Gerechte. Erst im Geistesklima der hellenistischen Metaphysik kam es zur Ausbildung der alexandrinischen Inkarnationschristologie mit ihren exklusiven Zügen.

Der grundlegende Vorwurf, der gegen diese Christologie immer wieder erhoben wird, lautet: Sie ist nicht in Einklang zu bringen mit den zentralen Aussagen des Neuen Testaments über Jesus Christus, so daß sie biblisch nicht begründbar ist. Kann man übersehen und übergehen, daß die Evangelisten und besonders Paulus, am meisten aber Johannes, keinen Zweifel daran lassen, daß der Weg der Menschen zu Gott und Gottes zu den Menschen über den Sohn Gottes führt: „Es ist kein anderer Name, durch den wir gerettet werden" (Apg 4,12). Christus spricht: „Ich bin der Weg, die Wahrheit und das Leben, niemand kommt zum Vater denn durch mich" (Joh 14,6). „Wer da glaubt und getauft wird, wird errettet werden; wer aber nicht glaubt, wird verdammt werden" (Mk 16,16). „Wer an Christus glaubt, wird nicht gerichtet; wer aber nicht glaubt, ist schon gerichtet, weil er nicht geglaubt hat an den Namen des eingeborenen Sohnes Gottes" (Joh 3,18). Karl-Josef Kuschel aus Tübingen formulierte es so: „Wenn es die Bibel nicht gäbe, wäre ich Pluralist."

(Hg.), Kommunikation und Solidarität. Beiträge zur Diskussion des handlungstheoretischen Ansatzes von Helmut Peukert in Theologie und Sozialwissenschaften, Freiburg/Schweiz, Münster 1985, 122.

[11] Ebd. – 1 Joh 4,7f.16 kann als zentrale Bestimmung nicht nur des Wesens, sondern auch des Wirkens Gottes gelten. Siehe dazu: H.-J. Klauck, Der erste Johannesbrief (EKK 23/1), Zürich u. a., 247f.

Was halten Vertreter der pluralistischen Religionstheologie diesem Einwand entgegen? Ich rekonstruiere ihre Argumentation in drei aufeinander aufbauenden Schritten:

- Zunächst setzen sie die Erträge der historischen Bibelforschung voraus. Die steilen christologischen Aussagen besonders des Johannesevangeliums verstehen sie nicht als verbalinspiriertes Wort Gottes *über* Jesus, sondern als Bekenntnis seiner Anhänger *zu* ihm.
- Sie stellen diese Aussagen damit in den Kontext ihrer Entstehungssituation(en). Fragt man nach dem „Sitz im Leben", in dem die schroff exklusivistischen Aussagen des Neuen Testaments stehen, dann zeigt sich, daß sie alle in Verfolgungssituationen, also im „status confessionis" gesprochen worden sind. Wo diese Situation nicht mehr gegeben ist, werden zumindest die exklusiven Spitzen dieser Aussagen reformuliert werden können und müssen.
- Die Vertreter der pluralistischen Religionstheologie beziehen drittens die Erträge der sprachanalytischen Philosophie mit ein und fragen, um welche Art von Sprachgebrauch es sich bei solchen Aussagen handelt. Dabei zeigt sich, daß diese nicht als *rationale* Sachwahrheit, sondern als *existentielle* Beziehungswahrheit aufzufassen sind – nicht als allgemeingültige Feststellung von Fakten, sondern als persönlicher Ausdruck eines intensiven „commitment" (in Ermangelung eines treffenden deutschen Ausdrucks; am ehesten: ganzheitliche Hingabe, Selbstverpflichtung). Als solche lassen sie sich nicht ablösen von den Erfahrungen der Personen und Gemeinschaften, die sie ausgesprochen haben. Es sind eben Wahrheiten des Glaubens, nicht des Schauens, keine Richtigkeits-, sondern Wichtigkeitsurteile. Vergleichbar vielleicht dem „Wichtigkeitsurteil", das ein Liebender seinem/r Geliebten zulegt. Man denke nur an die Geschichte vom Kleinen Prinzen: Unter den vielen Rosen des Feldes bekennt er sich zu „seiner" und ist überzeugt, daß sie einzigartig sei. Ein Vergleich, den man allerdings nicht pressen darf – wie viele Kritiker es tun, um ihn ad absurdum zu führen.
  In der Exklusivbehauptung hat sich die Glaubensgewißheit der ersten und späterer Christen einen Superlativ gegeben. So weist Piet Schoonenberg nach, daß alle Titel, die Jesus beigelegt wurden, ihm auf einmalige, unübertreffbare Weise zuerkannt worden sind. „Er ist *der* Prophet, der in die Welt kommen mußte

(Joh 6,14; 7,40; 7,52) und damit der neue und größere Mose, *der* Messias und *der* Menschensohn, der ‚letzte Adam' (1 Kor 15,45). Vor allem ist Jesus aber *der* Sohn Gottes, der ‚eigene' Sohn bei Paulus (Apg 20,28; Röm 8,32), der ‚vielgeliebte' bei den Synoptikern (Mk 1,11 par; Mk 12,6 par), der ‚einzige' bei Joh (1,14; 1,18)."[12]

Alle diese Überlegungen führen zur Forderung, die Exklusivaussagen über Christus in die grundlegende Botschaft von und über Jesus einzuordnen. Und das ist die Botschaft von der allumfassenden Menschenliebe Gottes. Christus ist Verkünder dieser Botschaft. Mehr noch: Er ist lebendiges Symbol dieser Botschaft. Er ist das Sakrament und die Ikone Gottes. Von Gottes Liebe war er so vollkommen erfüllt, daß man sagen konnte: Diese Liebe hat in ihm Gestalt angenommen. Die „Pluralisten" trauen Gott die Größe und die Souveränität zu, sich auch in anderen Gestaltwerdungen zu bekunden, was der einen Gestaltwerdung in Christus nichts, aber auch gar nichts von ihrer Einzigartigkeit nimmt.

Damit ist einem hermeneutischen Gebot Rechnung getragen, das generell für den Umgang mit der Bibel gilt: Man kann christologische Aussagen nicht als unmittelbare Ableitung aus isolierten Bibelstellen gewinnen. Man kann nicht Einzelsätze aus ihrem Kontext reißen und systematisieren, d.h. zu allgemein- und immer-gültigen Wahrheiten erheben. Genau dadurch werden sie nur allzu oft zu Irrtümern. Zu Irrtümern allerdings, die viel Blut fordern können, wie die Wirkungsgeschichte der judenfeindlichen Stellen 1Thess 2,15 oder Joh 8,44 u. a. beweist. So wie man aus diesen Versen die Feindschaft zwischen Juden und Christen jahrhundertelang theologisch begründet hat, so hat man, wo es um die nichtchristlichen Religionen im allgemeinen ging, mit Vorliebe die beiden Verse Apg 4,12 und Joh 14,6 herangezogen. Und dabei dienten diese Stellen nicht selten der Bestätigung von abwehrenden Einstellungen, die schon vorher feststanden.

So wie die Bibel keine direkten Antworten auf die Fragen moderner Gesellschaftspolitik (etwa der Rolle der Frau) bietet, so auch keine direkten Antworten auf die Frage, ob der Koran authentische Offenbarung Gottes ist oder nicht. Von Christen ist eine Urteilsbildung nach Analogie dessen gefordert, was in der Bibel als

---

12 Piet Schoonenberg, Der Geist, das Wort und der Sohn. Eine Geist-Christologie, Regensburg 1992, 51.

Norm gelingenden, gottwohlgefälligen Lebens beschrieben ist. Nach Analogie der Gesinnung, die „in Jesus Christus war“ und die sich in der „überreligiösen“ Art erwies, in der Jesus Nicht-Juden begegnete – dem römischen Hauptmann von Kapernaum (Mt 8), der Syrophönizierin (Mt 15) oder der samaritanischen Frau am Brunnen (Joh 4).

Die Antwort der pluralistischen Religionstheologie auf die Frage nach der biblischen Begründbarkeit ihrer Christologie würde ich folgendermaßen zusammenfassen: Der Ansatz der pluralistischen Religionstheologie rekurriert auf eine Manifestations- bzw. Repräsentationschristologie, wie sie im frühen Christentum durchaus geläufig war. Es ist eine Christologie, in deren Mittelpunkt die Reich-Gottes-Botschaft des historischen Jesus steht. Diese Manifestations- bzw. Repräsentationschristologie ist *anschlußfähig* für eine pluralistische Deutung. Es läßt sich aber nicht sagen, daß eine solche pluralistische Deutung in ihrer Intention läge. Es gibt religionsphilosophische Überlegungen, die sie stützen, aber keine *biblischen* Belege dafür. Das gewichtigste biblisch-theologische Argument für die skizzierte „pluralistische“ Christologie liegt in der Verkündigung und der Praxis Jesu, in dem Gottes Heilswille religionsübergreifende Gestalt angenommen hat.

Die „pluralistische“ Christologie läßt sich also nicht auf dem Wege unmittelbarer Ableitung aus einzelnen biblischen Aussagen begründen, wohl aber aus der zentralen Einsicht Jesu in das Wesen Gottes: daß Gott allumfassende und bedingungslose Liebe ist, wie sie sich in Jesu Leben und Sterben und in seiner Verkündigung gezeigt hat.

Perry Schmidt-Leukel

Das Problem divergierender Wahrheitsansprüche im Rahmen einer pluralistischen Religionstheologie

Voraussetzungen zu seiner Lösung

1. Worum geht es in der Theologie der Religionen?

Trotz der zunehmenden Aufmerksamkeit, die heute der sogenannten „Theologie der Religionen“ entgegengebracht wird, herrscht nicht unbedingt Einmütigkeit darüber, was hiermit eigentlich gemeint ist. Es gibt Theologen, die unter „Theologie der Religionen“ vor allem eine praktische Aufgabe verstehen, denen es also primär darum geht, bestimmte Formen des interreligiösen Zusammenlebens und der interreligiösen Beziehungen zu thematisieren. Andere Theologen – und hierzu zähle ich mich selbst – verstehen „Theologie der Religionen“ primär als eine theoretische Aufgabe.[1] Insofern „Theologie der Religionen“ vom Standpunkt des Christentums aus betrieben wird, geht es dabei m. E. um die Doppelfrage: Wie versteht das Christentum die anderen Religionen; und wie versteht es sich selbst angesichts der anderen Religionen? Ganz allgemein gesprochen könnte man sagen: Die Aufgabe einer „Theologie der Religionen“ besteht vor allem darin, eine theoretische Deutung der religiösen Vielfalt zu geben.

Diese primär theoretische Aufgabenstellung hat selbstverständlich auch praktische Bezüge. Denn die Frage, wie man die religiöse Vielfalt einschätzt, besitzt gewisse praktische Auswirkungen. Wer die Vielfalt der Religionen als nicht wünschenswert betrachtet, wird auch eine Praxis befürworten, die zumindest als Fernziel die

---

1 Vgl. hierzu auch meine Beiträge: P. Schmidt-Leukel, Worum geht es in der „Theologie der Religionen“?, in: IKZ 25 (1996) 289-297; ders., Skizze einer Theologie der Religionen, in: G. Riße, H. Sonnemans, B. Theß (Hg.), Wege der Theologie: an der Schwelle zum dritten Jahrtausend (FS H. Waldenfels), Paderborn 1996, 447–460.

Überwindung der religiösen Vielfalt anstrebt. Man wird also beispielsweise bestrebt sein, durch Mission letztlich alle Menschen zu Mitgliedern der eigenen Religion zu machen. Wer hingegen religiöse Vielfalt als einen Wert betrachtet, wird sich von solchen Zielsetzungen verabschieden und statt dessen versuchen, von dieser Vielfalt zu profitieren, indem er daraus beispielsweise neue Einsichten für sein eigenes religiöses Leben gewinnt. Doch bei diesen praktischen Aspekten handelt es sich eben meines Erachtens um Konsequenzen eines primär theoretischen Standpunkts, nämlich der jeweiligen Einschätzung bzw. Deutung religiöser Vielfalt.

Bei der religionstheologischen Aufgabe besteht nun eine erste Schwierigkeit darin, daß es bekanntlich unmöglich ist, Religion oder Religionen in einer Weise zu definieren, die dem gesamten faktischen Sprachgebrauch des Wortfeldes „Religion" gerecht wird. Dennoch spielt im Umkreis der als „religiös" bezeichneten Phänomene ein Merkmal eine wichtige Rolle: In Religionen werden bewußt oder unbewußt Überzeugungen gepflegt. Diese Überzeugungen beinhalten (1) Annahmen über die Beschaffenheit der Wirklichkeit, (2) Werturteile und (3) Handlungsanweisungen.[2] Eine grundlegende Überzeugung bezieht sich auf die Existenz einer „höchsten" oder „letzten Wirklichkeit". Der amerikanische Religionsphilosoph William Christian hat die religiöse Grundüberzeugung als jene Annahme charakterisiert, derzufolge es etwas gibt, „das wichtiger ist als alles andere im Universum."[3] Für die sogenannten säkularen Religionen oder „Pseudo-Religionen" (P. Tillich) mag dieses etwas, das wichtiger ist als alles andere, ein politisches Ideal sein oder ein Volk, eine Rasse usw. In den großen Weltreligionen wird dieses etwas jedoch als eine Wirklichkeit betrachtet, die alle endlichen und begrenzten Wirklichkeiten übersteigt, also als etwas, – um es mit der bekannten Formulierung des Anselm von Canterbury zu sagen – „über das hinaus Größeres nicht gedacht werden kann" (Proslogion 2).

---

[2] Vgl. hierzu W. A. Christian, Doctrines of Religious Communities. A Philosophical Study, New Haven/London 1987, 41ff, 161ff.

[3] „... a religious interest is an interest in something more important than anything else in the universe. (...) So, if M is religious, then for M there is something *m* such that, for any *n*, *m* is more important than *n*." W. A. Christian, Meaning and Truth in Religion, Princeton 1964, 60; vgl. auch ebd. 84ff, 243ff.

In dieser religiösen Grundüberzeugung fließen die drei genannten Arten von Überzeugungen zusammen. Das heißt, in vielen religiösen Traditionen findet sich (1) die Überzeugung, daß eine solche alles Endliche übersteigende, transzendente Wirklichkeit tatsächlich existiert, daß diese (2) den höchsten Wert bzw. das höchste Gut bildet, und daß sich (3) richtiges Verhalten an der Existenz und höchsten Werthaftigkeit dieser transzendenten Wirklichkeit zu orientieren habe. Hebt man dabei den soteriologischen Gesichtspunkt hervor, dann läßt sich zusammenfassend sagen, das Heil des Menschen bestehe darin, in der richtigen Haltung gegenüber dieser höchsten Wirklichkeit zu leben. So formuliert etwa Max Seckler den „theologischen Begriff der Religion" als „erlösende Beziehung zu Gott".[4] Im Anschluß an solche Überlegungen schlage ich vor, zur Bewältigung der religionstheologischen Aufgabe von der Frage auszugehen, ob Religionen die heilshafte Erkenntnis einer transzendenten Realität vermitteln.

Wenn man die Aufgabe einer Theologie der Religionen so versteht, dann lassen sich die möglichen Antworten und Positionen auf eine logisch umfassende Weise klassifizieren und zugleich definieren.[5] Dies läßt sich sehr leicht durch folgende Graphik veranschaulichen:

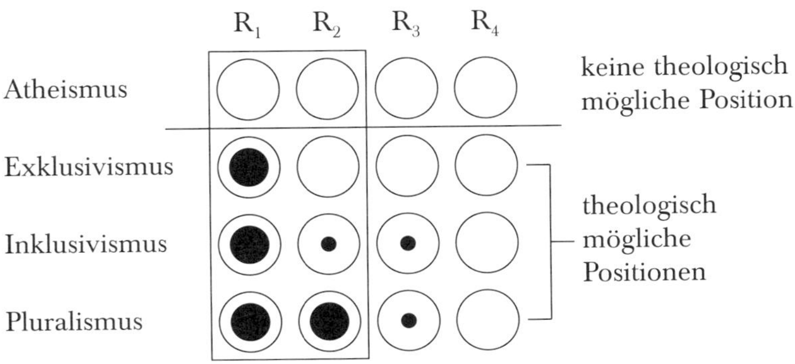

[4] Vgl. M. Seckler, Der theologische Begriff der Religion, in: Handbuch der Fundamentaltheologie Bd. 1. Traktat Religion, hg. von W. Kern, H.J. Pottmeyer, M. Seckler, Freiburg i. Br. 1985, 173–194.

[5] Vgl. hierzu die ausführliche Erläuterung dieses Schemas sowie die Diskussion der damit klassifizierten Positionen in meinen beiden Beiträgen zu: A. Peter (Hg.), Christlicher Glaube in multireligiöser Gesellschaft, Immensee 1996, 227–248, 351–380.

Die Außenkreise symbolisieren Religionen bzw. religiöse Traditionen. Die dunklen Innenflächen stehen für eine bestimmte Eigenschaft, die den Religionen zu- oder abgesprochen wird. In diesem Fall handelt es sich – wie gesagt – um die Eigenschaft: „Vermittlung heilshafter Transzendenzerkenntnis“. Wir erhalten dann folgende vier logisch mögliche Positionen:

(0) Da wäre zunächst der atheistische bzw. naturalistische Standpunkt, demzufolge heilshafte Transzendenzerkenntnis von keiner Religion vermittelt wird, weil es gar keine transzendente Wirklichkeit gibt.

(1) Es folgt die exklusivistische Position, wonach heilshafte Transzendenzerkenntnis nur von einer einzigen Religion vermittelt wird, nämlich der eigenen.

(2) Dagegen vertritt die inklusivistische Position, daß heilshafte Transzendenzerkenntnis zwar von mehreren Religionen vermittelt wird, aber nur von einer einzigen in einem alle anderen überbietenden Höchstmaß. Und naturgemäß wird man auch hier die eigene Religion als diejenige betrachten, die allen anderen überlegen ist.

(3) Als letzte Möglichkeit verbleibt der pluralistische Standpunkt, wonach heilshafte Transzendenzerkenntnis von mehreren Religionen vermittelt wird und zwar auch im gleichen Höchstmaß.

Nur innerhalb der pluralistischen Position wird anderen Religionen grundsätzlich die Möglichkeit einer echten Gleichrangigkeit zugestanden. Das pluralistische Urteil der Gleichwertigkeit muß dabei freilich keineswegs auf alle Religionen und alle religiösen Phänomene ausgedehnt werden. Gegenüber bestimmten Religionen oder – wie man dann wohl urteilen wird – Pseudo-Religionen kann eine exklusivistische und gegenüber wieder anderen eine inklusivistische Position eingenommen werden. Aber – und das ist für die Definition entscheidend – heilshafte Gotteserkenntnis gibt es auch in anderen Religionen als der eigenen in einem prinzipiell gleichen Höchstmaß.

Wenn bei dieser Einteilung eine graduelle Gestuftheit vorausgesetzt wird, dann kann diese sowohl in einem quantitativen als auch in einem qualitativen Sinn verstanden werden. Das heißt, die Überlegenheit hinsichtlich der heilshaften Transzendenzerkenntnis kann im Sinn einer größeren Fülle, höheren Deutlichkeit, stärkeren Wirksamkeit, besseren Adäquatheit usw. verstanden werden. Und dies gilt dann natürlich analog auch für das Urteil der Gleichwertigkeit, so daß hier – bei aller Verschiedenheit zwischen den Religionen – von einer prinzipiell gleichen Fülle, Deutlichkeit, Wirksamkeit, Adäquatheit usw. der von ihnen vermittelten heilshaften Transzendenzerkenntnis zu sprechen wäre.

Die Umrandung der definierenden Merkmale verdeutlicht, daß das Schema logisch umfassend ist. Das heißt, eine weitere logische Möglichkeit besteht nicht. Da die atheistische Option als theologische Position ausscheidet, verbleiben für eine christliche Theologie der Religionen somit nur die exklusivistische, inklusivistische oder pluralistische Option. Außerdem macht das Schema deutlich, wie ich diese Positionen definiere, bzw. was damit in meinem Sprachgebrauch nicht gemeint ist:

Als Exklusivismus bezeichne ich also nicht so etwas wie das grundsätzliche Aufstellen ausschließlicher Wahrheitsansprüche. Denn jeder Wahrheitsanspruch schließt selbstverständlich die Wahrheit seiner Bestreitung aus. In dieser Hinsicht wären alle vier Positionen ‚exklusivistisch', da sie ja die Wahrheit der jeweils anderen Positionen bestreiten.

Ebensowenig bezeichne ich als Inklusivismus den grundsätzlichen Vorgang einer christlich-theologischen Urteilsbildung über andere Religionen. In diesem Sinn wären ebenfalls alle drei theologischen Positionen (und in analoger Weise auch die atheistische Position) „inklusivistisch". Das heißt, es wäre dann genauso „inklusivistisch", einen Buddhisten als „verlorenen Heiden"[6], der von Gott nichts weiß, zu bezeichnen, wie seine Bezeichnung als „anonymen Christen"[7], der Gott nur implizit kennt, oder als einen, der in anderer, aber gleichermaßen heilshafter Beziehung zur göttlichen Wirklichkeit lebt.[8]

---

6 Vgl. z.B. K. Barth, Die Kirchliche Dogmatik I/2, Zollikon-Zürich ^{5}1960, 376 (mit Blick auf den Jôdo-Shin-Buddhismus): „Das alles können die Heiden auch lehren und sogar in ihrer Weise leben und als Kirche darstellen, ohne darum weniger Heiden, arme, gänzlich verlorene Heiden zu sein."

7 Vgl. z.B. K. Rahner (in: K. Rahner, K.-H. Weger, Was sollen wir noch glauben?, Freiburg i. Br. ^{3}1979, 121): „Wenn und insofern es dem historischen Buddha gelungen wäre, im Abtun alles Selbstischen die unendliche, weiselose Fülle der Gottheit, des ‚Nichts' des Endlichen zu erfahren, wie immer er auch diese Erfahrung reflex ausgelegt und verbalisiert hätte, dann wäre er eben anonym ein christlicher Heiliger."

Ich hoffe, daß mit diesen kurzen Bemerkungen einige chronisch auftretende Unklarheiten und unnötige Mißverständnisse ausgeschlossen sind. Außerdem bin ich der Überzeugung, daß damit auch die Kritik, die Gavin D'Costa jüngst gegen diese Klassifikation im allgemeinen und gegen die pluralistische Position im besonderen vorgetragen hat, gegenstandslos wird.[9] Und somit werde ich mich nun jenem Problem zuwenden, das ich als den sachlich gewichtigsten Einwand gegen eine pluralistische Religionstheologie ansehe.

2. Das Problem der divergierenden Wahrheitsansprüche im Rahmen einer pluralistischen Religionstheologie

Unbestritten gibt es in den Religionen der Welt zahlreiche unterschiedliche Wahrheitsansprüche, und nicht selten stehen Behauptungen innerhalb der einen Religion im impliziten oder expliziten Gegensatz zu denen einer anderen. So wird – um nur einige Beispiele herauszugreifen – im frühen Buddhismus der brahmanische Anspruch auf den Offenbarungscharakter der Veden verworfen, die upanishadische Lehre der Einheit von Welt und Seele als „Narrenlehre" tituliert und der Glaube, man werde durch Geburt zum Brahmanen, rundweg abgelehnt. Die vedânti-

---

8 Vgl. z. B. J. Hick, Disputed Questions, London 1993, 133: „The Buddhist and the Christian thus appear to be responding to a cosmic reality which affects them in essentially the same way – although this effect may also be expressed within different cultural contexts in different concrete ways."

9 Vgl. G. D'Costa, The Impossibility of a Pluralist View of Religions, in: Religious Studies 32 (1996) 223–232. D'Costas Kritik beruht im wesentlichen auf dem Einwand, eine pluralistische Position, die überhaupt irgendein Urteil über andere Religionen bilde, enthalte zwangsläufig „truth claims and criteria which will exclude as well as include" (ebd. 231). Daher sei sie als eine Form des Exklusivismus oder Inklusivismus zu sehen, eine genuin pluralistische Position sei jedoch in sich widersprüchlich und somit unmöglich. Aber pluralistische Religionstheologie, wie sie von mir definiert wird, hat nichts mit der generellen Bestreitung von Wahrheitsansprüchen und dem Verzicht auf kriteriologisch gesteuerte Urteilsbildung zu tun, sondern damit, daß unter die prinzipiell möglichen Urteile nicht nur das der Allein- und Höhergeltung fällt, sondern auch das der Gleichwertigkeit. Und dieser Punkt wird von D'Costas Kritik überhaupt nicht getroffen.

sche Lehre eines ewigen, unveränderlichen und mit dem göttlichen Brahman identischen Âtman scheint der buddhistischen Lehre von „anâtman" (Nicht-Selbst) und „anitya" (der Vergänglichkeit aller Dinge) zu widersprechen. Die im Hinduismus und Buddhismus verbreitete Lehre der Reinkarnation steht im Widerspruch zu der in den abrahamitischen Religionen verbreiteten Vorstellung von der Einmaligkeit menschlicher Existenz. Zwischen Christen auf der einen Seite und Juden und Muslimen auf der anderen gibt es gegensätzliche Auffassungen hinsichtlich der Faktizität von Tod und Auferstehung Jesu. Und während Juden und Muslime den Glauben verwerfen, Gott habe sich überhaupt in einem Menschen inkarniert, verwerfen Hindus den Glauben, Gott habe sich nur in einem einzigen Menschen inkarniert. In zahlreichen Religionen gibt es die Vorstellung eines zeitlichen Anfangs der Schöpfung, in anderen Religionen findet sich die Idee einer ewigen Anfangs- und Endlosigkeit des Daseins. Theistische Religionen gehen von der Existenz eines personalen Gottes aus, wohingegen andere Religionen zwar eine absolute Wirklichkeit annehmen, diese jedoch nicht mit personalen Begriffen bezeichnen. Ohne Schwierigkeit ließen sich diese Beispiele um eine Fülle weiterer Divergenzen zwischen religiösen Wahrheitsansprüchen vermehren.

Im Rahmen einer pluralistischen Religionstheologie[10] besteht das Problem divergierender Wahrheitsansprüche kurz gesagt darin, wie Gleichwertigkeit für religiöse Aussagen behauptet werden kann, die einander kontradiktorisch widersprechen, so daß es von vornherein ausgeschlossen ist, sie als gleichermaßen wahr zu betrachten. Sie könnten zwar als gleichermaßen unwahr betrachtet werden, doch dies liefe auf eine atheistische Position hinaus.[11] Wie aber sollen kontradiktorische gegensätzliche Behauptungen gleichermaßen wahr sein können?[12] Und die pluralistische Lösung dieses Problems besteht ganz allgemein gesagt darin, für jene di-

---

[10] Die folgenden Ausführungen basieren im wesentlichen auf der zusammenfassenden Darstellung dieses Problems in meiner Habilitationsschrift: P. Schmidt-Leukel, Theologie der Religionen. Probleme, Optionen, Argumente, München-Neuried 1997, 486–492.

[11] Vgl. hierzu B. Russell, Warum ich kein Christ bin, Reinbek bei Hamburg 1968, 13: „Ich halte alle großen Religionen der Welt (...) sowohl für unwahr als auch für schädlich. Aus logischen Gründen ist es klar, daß höchstens eine davon wahr sein kann, da sie zueinander im Widerspruch stehen."

vergierenden Aussagen, die von der pluralistischen These als gleichermaßen gültig betrachtet werden, einen kontradiktorischen Charakter zu bestreiten.[13]

Wenn jedoch für zwei oder mehrere Aussagen, die einander zu widersprechen scheinen, die Existenz eines Widerspruchs bestritten werden soll, dann müssen diese Aussagen so interpretierbar sein, daß der vermeintliche Gegensatz verschwindet. Die grundlegende Strategie der pluralistischen Religionstheologie zur Lösung des Wahrheitsproblems ist somit eine hermeneutische: Es geht um die Frage nach dem rechten Verständnis der einander scheinbar widersprechenden religiösen Aussagen.

Daß religiöse Aussagen unterschiedlich interpretierbar sind, ist eine Tatsache, die sich wohl kaum ernsthaft bestreiten läßt. Die großen religiösen Traditionen legen selbst ein breites Zeugnis davon ab, wie weit unter Umständen der Auslegungsspielraum sein kann, der hier konkret möglich ist.

---

[12] „Einer der naheliegendsten Einwände (gegen die pluralistische Religionstheologie; P.S.-L.) hängt mit der Wahrheitsthematik zusammen. Dieser Einwand geht von der Beobachtung aus, daß die in den verschiedenen religiösen Traditionen erhobenen Wahrheitsansprüche divergieren, miteinander konkurrieren oder einander sogar direkt widersprechen. Daraus wäre dann zu folgern, daß die pluralistische Behauptung einer Gleichwertigkeit offenbar fehlerhaft sein muß." A. Kreiner, Kritische Erwägungen zum pluralistischen Wahrheitsverständnis, in: A. Peter (Hg.), Christlicher Glaube in multireligiöser Gesellschaft, Immensee 1996, 253.

[13] Vgl. hierzu beispielsweise J. Hick, A Rainbow of Faiths, London 1995, 43: „... the differing belief-systems are beliefs about different manifestations of the Real. They're not mutually conflicting beliefs, because they're beliefs about different phenomenal realities." Oder W. C. Smith, Faith and Belief, Princeton [2]1987, 163: „The Truth is multi-faceted, and different groups have seen it in differing forms; yet each group was right, surely, in affirming that the truth that they saw was important." Oder F. Schuon, Von der inneren Einheit der Religionen, Interlaken 1981, 12: „Diese Lehrsätze widersprechen sich nur insofern, als sie entgegengesetzte Anblicke einer gleichen Wirklichkeit zum Ausdruck bringen; da jeder auf seine Weise wahr ist, müssen sie sich in einer tieferen Wahrheitsschicht berühren. So verhält es sich auch, mutatis mutandis, mit den Weltreligionen."

Wenn aber eine Aussage unterschiedlich interpretiert werden kann, dann ergibt sich die Schwierigkeit, wie sich die richtige Interpretation von der falschen Interpretation unterscheiden läßt. Die von der pluralistischen Religionstheologie vorgeschlagene Hermeneutik greift zur Beantwortung dieser Frage auf eine theologische Axiomatik zurück. Das heißt, ob die von pluralistischen Religionstheologen favorisierten hermeneutischen Vorschläge korrekt sind, hängt von bestimmten theologischen Voraussetzungen ab. Wer diese Voraussetzungen teilt, der wird auch die entsprechende Hermeneutik akzeptieren können. Wer dagegen die theologischen Voraussetzungen ablehnt, der wird auch die vorgeschlagene Hermeneutik als nicht sachgemäß verwerfen.

Die wichtigsten Grundsätze jener theologischen Hermeneutik und Axiomatik, auf die die pluralistische Religionstheologie rekurriert, lassen sich einander folgendermaßen zuordnen:

Theologische Axiomatik		Theologische Hermeneutik
(1) Transzendenz	⟶	(1) Apophatik
(2) Selbstoffenbarung	⟶	(2) Symbolik
(3) Erfahrung	⟶	(3) Perspektivität
(4) Heil	⟶	(4) Funktionalität

Inwiefern sich von diesen Voraussetzungen her das Problem der divergierenden Wahrheitsansprüche im Sinne der pluralistischen These lösen läßt, möchte ich im folgenden etwas näher verdeutlichen.

3. Erste Voraussetzung: Radikale Transzendenz bedingt Apophatik

Der erste axiomatische Grundsatz pluralistischer Ansätze ist die radikale Transzendenz der letzten Wirklichkeit. Die letzte Wirklichkeit überschreitet alle endlichen Wirklichkeiten in einem unendlichen Sinn. Sie ist der unüberschreitbare infinite Horizont, innerhalb dessen sich alle formhaft begrenzte Wirklichkeit bewegt. Sie ist – mit Anselm von Canterbury gesprochen – nicht nur „das, worüber hinaus Größeres nicht gedacht werden kann“ (Proslogion 2), sondern – wie Anselm weiter ausführt – sie muß als solche „größer sein als das, was gedacht werden kann“ (Proslogion 15).

Die axiomatische Transzendenz der letzten Wirklichkeit zieht somit unweigerlich den hermeneutischen Grundsatz nach sich, daß diese Wirklichkeit allein auf apophatischem, das heißt verneinendem Weg richtig bestimmt werden kann. Es geht also bei diesem hermeneutischen Grundsatz nicht darum, jeden Versuch einer Bestimmung der transzendenten Wirklichkeit abzulehnen. Es geht vielmehr um die These, daß der wahrhaft transzendente Charakter dieser Wirklichkeit nur dann richtig bestimmt ist, wenn von dieser Wirklichkeit alle endlichen Bestimmungen negiert werden, oder anders gesagt, sie ist nur dann richtig erfaßt, wenn ihre notwendige Unfaßbarkeit erkannt wird.

Scheinbar gegensätzliche Wahrheitsansprüche der großen religiösen Traditionen sind also zunächst daraufhin zu überprüfen, ob sie nicht doch in diesem zentralen Punkt konvergieren: nämlich darin, daß sie die notwendige Unfaßbarkeit dieser alle endlichen Beschreibungen transzendierenden letzten Wirklichkeit als deren einzig adäquate Bestimmung behaupten. Genau diese Behauptung läßt sich jedoch in den Transzendenzvorstellungen aller großen religiösen Traditionen finden. So ist es – um nur einige wenige Beispiele zu nennen – nach Thomas von Aquin „das Äußerste der menschlichen Gotteserkenntnis, zu wissen, daß wir Gott nicht wissen“ (De potentia 7,5 ad 14). „Es gibt nichts, was ihm gleicht“ heißt es im Koran (Sure 42,11), und nach Al-Ghazâlî „(kennt) kein anderer ... das Wesen Gottes, außer Gott selbst.“[14] In der Kena-Upanishad (1,3) wird das göttliche Brahman als das bezeichnet, „zu dem kein Aug’ vordringt, nicht Rede und Gedanke nicht“, und „nur wer es nicht erkennt, kennt es; wer es erkennt, der weiß es nicht“ (3,11). Das Tao-Tê-King beginnt mit den berühmten Versen: „Könnten wir nennen den Namen, es wäre kein ewiger Name. Was ohne Namen, ist Anfang von Himmel und Erde“ (Tao-Tê-King 1,1b–1,2a). Das buddhistische Nirvâna wird nicht nur als „das Ungeborene, Ungewordene, Ungeschaffene, Ungestaltete“ bezeichnet, dessen Existenz allein die menschliche Erlösung ermöglicht (Udâna VIII,3), sondern auch als etwas, „für das es nirgends Gleichnis gibt“ (Sutta Nipâta 1149), oder als „die Grenze des Erklärbaren“ (Majjhima-Nikâya 44).

[14] Al-Ghazâlî, Die Nische der Lichter, Hamburg 1987, 23.

Insofern nun in den verschiedenen Religionen auf je eigene Weise bekräftigt wird, daß es eine letzte, transzendente Wirklichkeit gibt, die aufgrund ihrer Eigenart alles menschliche Begreifen übersteigt, haben wir das erste Fundament der pluralistischen These erreicht: Die unterschiedlichen Wahrheitsansprüche im Hinblick auf die transzendente Wirklichkeit müssen sich dann nicht wirklich widersprechen, wenn und insofern sie in diesen apophatischen Standpunkt münden.

4. Zweite Voraussetzung: Offenbarung ermöglicht Symbolik

Der zweite axiomatische Grundsatz betrifft das Verständnis der Offenbarung. Es kommt dabei nicht auf den Terminus „Offenbarung“ an. Er kann durch andere Termini, wie beispielsweise „Manifestation“, ersetzt werden. Entscheidend ist hierbei vielmehr zweierlei: Erstens die These, daß der Inhalt von Offenbarung bzw. das, was sich manifestiert, nichts anderes ist als diese transzendente Wirklichkeit selbst. Und zweitens die These, daß Offenbarung oder Manifestation eine Relation bezeichnet – eine Relation zwischen dieser transzendenten Wirklichkeit und der endlichen Wirklichkeit des Menschen. Eine Offenbarung, die den Menschen nicht erreicht, wäre keine Offenbarung. „Offenbarung“ sagt somit etwas aus über die Ermöglichung jener menschlichen Transzendenzerkenntnis, die im ersten axiomatischen Grundsatz als gegeben und adäquat vorausgesetzt ist.

Das Verständnis von „Offenbarung“ als einer Selbstoffenbarung der transzendenten unendlichen Wirklichkeit an den endlichen Geist des Menschen zieht nun wiederum einen hermeneutischen Grundsatz nach sich: Die Rede von der transzendenten Wirklichkeit ist nur dann adäquat, wenn sie zum einen der Bipolarität von Offenbarung und zum anderen der metaphysischen Verschiedenheit der beiden Pole Rechnung trägt, das heißt der Relation zwischen der unendlichen Wirklichkeit Gottes und der Endlichkeit des Menschen. Religiöse Rede, die sich dieser Anforderung reflexiv bewußt ist, läßt sich auf vielerlei Weise bezeichnen – und die großen religiösen Traditionen haben entsprechende hermeneutische Konzepte entwickelt. Ich will hierfür der Einfachheit halber einen Terminus verwenden, der von verschiedenen Vertretern der pluralistischen Religionstheologie gelegentlich gebraucht wird: Symbolik.[15] Es geht mir nicht um ein eng definiertes, spezifisches Symbolverständnis. Als hermeneutischer Grundsatz soll „Symbolik" hier vielmehr ganz allgemein bedeuten, daß die religiöse Rede von der transzendenten Wirklichkeit mittels endlicher Bilder, Figuren, Formen und Gestalten auf die endliche Erkenntnis einer alle Endlichkeit übersteigenden transzendenten Wirklichkeit verweist. Die symbolische Rede enthält dabei einerseits einen wörtlichen, quasi non-symbolischen Anteil, der die Relation des Unendlichen auf das Endliche genauer bestimmt. Andererseits läßt die Symbolik diese Relation im unbeschreiblichen Unendlichen münden, das heißt, die symbolische Rede hebt sich in dieser Hinsicht in die apophatische auf.

Die Konsequenzen einer symbolischen Offenbarungshermeneutik für eine pluralistische Lösung des Wahrheitsproblems liegen auf der Hand: Es gibt keine prinzipielle Schwierigkeit, daß durch zahlreiche unterschiedliche, ja mitunter sogar konträre Symbole gleichermaßen gut die Relation zwischen der endlichen Wirklichkeit des Menschen und der unendlichen transzendenten Wirklichkeit vermittelt bzw. artikuliert werden kann. Weil – wie Frithjof Schuon treffend vermerkt hat – „die göttliche Wahrheit form- und schrankenlos" ist, „deshalb kann sie sich selbst auf lehrmäßiger Ebene in die verschiedensten Ausdrucksformen einkleiden."[16] Viele Christen werden heutzutage beispielsweise der Ansicht sein, daß Gott gleichermaßen gut als Vater wie als Mutter bezeichnet

---

[15] Vgl. beispielsweise F. Schuon, Den Islam verstehen, Freiburg i. Br. 1993, 72: „Es gibt folglich für die Kundgabe der göttlichen Weisheit zwei Pole: erstens die Offenbarung ‚über uns' und zweitens den Geist ‚in uns'; die göttliche Offenbarung liefert die Symbole, und der Geist enträtselt sie ...". W. C. Smith, Idolatry in Comparative Perspective, in: J. Hick, P. Knitter (eds.), The Myth of Christian Uniqueness, Maryknoll 1987, 64: „... in actuality religious life proceeds symbolically, with various mundane things serving particular groups or persons for centuries as symbolic representations or channels of the divine...". J. Hick bevorzugt die Bezeichnungen „Mythos" und „Metapher", konzediert allerdings die Nähe seiner Hermeneutik zur Symboltheorie Paul Tillichs. Vgl. J. Hick, Philosophy of Religion, 4th ed., Englewood Cliffs 1990, 86f; ders., A Rainbow of Faiths, a.a.O. 52.

[16] Schuon, Von der inneren Einheit der Religionen, a.a.O. 42.

werden kann. Wörtlich verstanden ist es jedoch ausgeschlossen, daß jemand zugleich Vater und Mutter ist. Im Hinblick auf Gott halten wir beides allerdings deshalb für kompatibel, weil wir uns – zumindest unterschwellig – der symbolischen Eigenart dieser Redeweise bewußt sind. Wenn aber Gott gleichermaßen gut als männliche wie als weibliche Person bezeichnet werden kann, kann Gott dann nicht auch gleichermaßen gut mit personalen wie mit nicht-personalen Begriffen bezeichnet werden? Treffen impersonale Bezeichnungen wie das „Eine ohne ein Zweites", das „Sein selbst", die „höchste Glückseligkeit", das „Todlose", usw. nicht ebenso gut auf die göttliche Wirklichkeit zu wie ihre Bezeichnung als „Vater" oder „Mutter"? Unter Voraussetzung einer symbolischen Hermeneutik (in dem vorhin erläuterten unspezifischen Sinn) ist diese Aussage zweifellos zu bejahen.

5. Dritte Voraussetzung: Erfahrung impliziert Perspektivität

Der dritte axiomatische Grundsatz hängt eng mit dem Verständnis von Offenbarung als einer Relation zusammen. Wenn „Offenbarung" jene Relation bezeichnet, in der der endliche Mensch der unendlichen Wirklichkeit Gottes gewahr wird, dann gibt es auf Seiten des Menschen eine Form der Erfahrung, die nichts anderes als die subjektive Seite des Offenbarungsgeschehens darstellt, den Offenbarungsempfang. Jene Erfahrung steht daher nicht im Gegensatz zur Offenbarung, sondern bildet einen integralen Bestandteil. Johannes Hessen hat diesen Grundsatz präzise formuliert: „Der Kern der Religion ist die religiöse Erfahrung oder das religiöse Werterlebnis. (...) In der religiösen Erfahrung kommt uns das religiöse Wertobjekt, das Heilige oder Göttliche, zum Bewußtsein. (...) Das bedeutet aber, daß das Heilige sich uns irgendwie kundtut. (...) Was vom menschlichen Standpunkt aus als religiöse Erfahrung erscheint, stellt sich vom Standpunkt Gottes aus als göttliche Offenbarung dar." [17]

Wenn sich jedoch Offenbarung nur auf dem Weg der Erfahrung ereignet, dann wird alles, was auf Seiten des Menschen Erfahrung ermöglicht, zugleich zum mitkonstitutiven Bestandteil von Offenba-

[17] J. Hessen, Der Absolutheitsanspruch des Christentums, München 1963, 28.

rung. Oder anders gesagt, wenn Offenbarung eine Relation zwischen Gott und Mensch ist, dann kommt diese Relation ohne den Menschen, ohne seine Erfahrung, in der er Offenbarung empfängt, nicht zustande. Es gibt nun aber schlechterdings keine menschliche Erfahrung, die nicht geprägt wäre von dem, was den konkreten Menschen ausmacht: sein jeweiliger historischer und sozio-kultureller Kontext und darin die Prägung durch seine religiösen bzw. weltanschaulichen Sinnsysteme; seine konkrete physische, psychische und mentale Verfassung in jenen allgemeinen Zügen, die der menschlichen Art zu eigen sind, und in jenen speziellen Zügen, die einem ganz bestimmten Individuum zukommen. Erfahrung ist geprägte Erfahrung, ist Wahrnehmung, die nur im Kontext eines interpretativen Rahmens geschieht. Erfahrung aber ist die Basis menschlicher Erkenntnis – auch der menschlichen Gotteserkenntnis.

Daraus ergibt sich der hermeneutische Grundsatz der Perspektivität aller menschlichen Erfahrung und Erkenntnis bzw. deren sprachlicher Artikulation. Ohne eine Berücksichtigung dieses Grundsatzes ist die religionswissenschaftlich und wissenssoziologisch orientierte Erschließung von Texten heute nicht mehr denkbar. Jede menschliche Aussage ist geprägt von der spezifischen, in ihr verwendeten Begrifflichkeit und von dem konkreten Kontext, in dem sie gemacht wird. Nur unter Berücksichtigung dieser Faktoren kann sie richtig verstanden werden. Gehören die Aussagen demselben Kontext an und bedienen sie sich derselben Begrifflichkeit, dann wird ihre perspektivische Begrenzung nur selten bewußt. Doch sobald andere Kontexte und andere Begrifflichkeiten ins Spiel kommen, ist die hermeneutische Einsicht in die perspektivische Verfaßtheit aller menschlichen Artikulationen unabweisbar evident.

Jede Erfahrung ist somit durch einen spezifischen Kontext geprägt und diese Prägung bedingt die perspektivische Verfaßtheit aller menschlichen Erfahrung. Daher impliziert Erfahrung Perspektivität. Diese Auffassung bleibt allerdings einer realistischen Epistemologie verpflichtet. Nicht Relativismus, sondern perspektivenrelativer Realismus wird hiermit behauptet. Es ist die eine Wirklichkeit, die von verschiedenen Menschen in unterschiedlichen Kontexten perspektivisch – und in diesem Sinne unterschiedlich – wahrgenommen wird. Übertragen auf die Offenbarung bzw. Erfahrung der transzendenten Wirklichkeit heißt dies, daß wir in der Religionsgeschichte unterschiedlichen Erfahrungen derselben transzendenten Wirklichkeit begegnen. Dies ist nicht zwangsläufig und nicht immer der Fall, läßt sich aber auch nicht ausschließen, sondern stellt eine realistische Möglichkeit dar. In diesem Fall – also dann, wenn sich die Divergenzen unterschiedlicher Wahrheitsansprüche auf die Divergenz der Perspektiven und somit auf unterschiedliche Aspekte zurückführen lassen – liegen keine kontradiktorischen Widersprüche vor. Denn ein kontradiktorischer Widerspruch ist nur dann gegeben, wenn die gegensätzlichen Behauptungen strikt unter demselben Aspekt auf den entsprechenden Sachverhalt bezogen sind.[18] Es muß daher – um bei den vorher genannten Beispielen zu bleiben – nicht als kontradiktorischer Gegensatz gedeutet werden, wenn die absolute Wirklichkeit in dem einen Fall als Person – also zum Beispiel als „Vater" – bezeichnet wird und in einem anderen Kontext als eine nicht-personale Wirklichkeit, beispielsweise als das „Todlose" – wie dies sehr häufig im Buddhismus geschieht. Denn die personale Bezeichnung ist eingebettet in den Kontext der jüdisch-christlichen Tradition, in der der Mensch und seine Transzendenzerfahrung primär in solchen Kategorien gedeutet werden, die aus der menschlichen Grunderfahrung interpersonaler Bezogenheit gewonnen sind. Dagegen ist die impersonale Bezeichnung der transzendenten Wirklichkeit als das „Todlose" bzw. die „Todlosigkeit" (amrta) eingebettet in den Kontext der buddhistischen Tradition, die den Menschen und seine Transzendenzerfahrung primär in solchen Kategorien deutet, wie sie von der menschlichen Grunderfahrung der Vergänglichkeit des Daseins geprägt sind.[19] Da die unterschiedlichen Bezeichnungen somit ihren jeweiligen Sinn aus unterschiedlichen Kontexten beziehen, müssen sie nicht zwangsläufig im Sinn kontradiktorischer Gegensätze verstanden werden.

---

18 Vgl. die klassische Definition des Widerspruchsverbots durch Aristoteles in Metaphysik § 1005 b: „es ist nicht möglich, daß dasselbe demselben in derselben Beziehung zugleich zukomme und nicht zukomme."

19 Vgl. hierzu: P. Schmidt-Leukel, Buddhismus und Christentum, in: Horin. Vergleichende Studien zur japanischen Kultur 2 (1995) 169–192; ders., „Den Löwen brüllen hören" – Zur Hermeneutik eines christlichen Verständnisses der buddhistischen Heilsbotschaft, Paderborn 1992, bes. 372–717.

6. Vierte Voraussetzung: Heil als Bezugspunkt einer funktional orientierten religionstheologischen Evaluation

Der vierte und letzte axiomatische Grundsatz betrifft den Sinn der Offenbarung: Offenbarung eröffnet Heil – Heil, das der Mensch durch die und in der Relation zur transzendenten Wirklichkeit erfährt. Indem die pluralistische Religionstheologie eine allgemein erfahrbare Dimension von Heil voraussetzt, legt sie ein Heilsverständnis zugrunde, das nicht von vornherein exklusiv an eine spezifische religiöse Tradition gebunden ist. Damit ist Heil jedoch keineswegs nur auf seine innerweltlich erfahrbaren Dimensionen beschränkt. Pluralistische Religionstheologen verweisen vielmehr darauf, daß das Heilsverständnis aller großen religiösen Traditionen eine postmortale bzw. eschatologische Dimension besitzt. Aber Heil bricht darin an, daß Menschen positiv auf die Erfahrung der transzendenten Wirklichkeit antworten. Und es gibt „Zeichen und Früchte" des Heils, denen eine hohe kriteriologische Bedeutung zukommt. In dieser Hinsicht trägt der vierte axiomatische Grundsatz vor allem normativen Charakter.

Mit dieser Normativität einer soteriologisch relevanten Kriteriologie ist nicht eo ipso eine singuläre Superiorität der diese Kriterien vertretenden religiösen Tradition (und damit also eine inklusivistische Position) verbunden. Daß solche Kriterien in einer bestimmten religiösen Tradition vertreten werden, schließt nicht aus, daß sie auch in anderen religiösen Traditionen faktisch akzeptiert oder zumindest prinzipiell akzeptabel sind, selbst dann, wenn deren Heils-Kriteriologien andere Schwerpunkte setzen. Mehr ist jedoch in kriteriologischer Hinsicht für eine pluralistische Religionstheologie nicht vorausgesetzt.

In dieser normativen Hinsicht bedingt das axiomatische Heilsverständnis einen letzten hermeneutischen Grundsatz: Religiöse Aussagen sind im Rahmen der Religionstheologie primär von ihrer soteriologischen Funktion her zu verstehen und dementsprechend zu bewerten. Dies beinhaltet besonders zwei Konsequenzen: Erstens wird damit die Klasse jener Aussagen begrenzt, auf die sich die religionstheologische Bewertung bezieht. Und zweitens wird damit das Kriterium benannt, von dem her sie zu bewerten sind. Nicht alle Wahrheitsansprüche, die faktisch in den religiösen Traditionen erhoben werden, sind also für die religionstheologische Evaluation gleichermaßen interessant. Unter dem soteriologischen Leitaspekt werden religiöse Aussagen nicht primär als philosophische oder wissenschaftliche Systeme beurteilt, sondern danach, ob der Weg, den sie weisen, auch aus christlicher Sicht als Heilsweg akzeptiert werden kann. Wenn aber Heil in der und durch die Beziehung zur transzendenten Wirklichkeit besteht, dann hat sich die religionstheologische Evaluation vor allem auf jene Aussagen zu konzentrieren, die im Rahmen des jeweiligen Kontextes von dieser Orientierung des Menschen auf die transzendente Wirklichkeit handeln. Ihre Beurteilung wird unter diesem soteriologisch-funktionalen Vorzeichen vor allem danach fragen, ob die jeweils nahegelegte Haltung jene existentiellen Früchte bezeugt, die auch gerade nach neutestamentlichem Maßstab als Zeichen einer heilshaften Transzendenzerkenntnis gelten können (vgl. 1 Joh 4,7).

Das bedeutet zugleich, daß für eine pluralistische Religionstheologie nicht alle divergierenden Wahrheitsansprüche ein Problem darstellen, sondern eben nur jene, die unmittelbar die heilsrelevante Gottesbeziehung betreffen. Nur für diese Aussagen impliziert die pluralistische Bewertung das Urteil der Gleichrangigkeit. Es gibt also in den Religionen durchaus eine Reihe von Aussagen über metaphysische und historische Sachverhalte, die zueinander in einem echten kontradiktorischen Widerspruch stehen, in einem Widerspruch, der sich nicht durch den Hinweis auf die Eigenart der transzendenten Wirklichkeit und den Modus ihrer Offenbarung aufheben läßt: zum Beispiel gegensätzliche Aussagen über die Frage, ob die Welt einen zeitlichen Anfang besitzt oder nicht, oder über die Frage der Reinkarnation, also darüber, ob der Mensch wiederholte irdische Existenzen haben kann oder nicht. Dennoch gefährden diese gegensätzlichen Wahrheitsansprüche nicht die pluralistische These, da diese These ja nicht behauptet, daß alles, was die Religionen sagen, gleichermaßen wahr sei, sondern eben nur jene Aussagen, die unmittelbar die heilshafte Gotteserkenntnis betreffen.

Angesichts der Unterschiedlichkeit der Menschen und der konkreten Kontexte, in denen sie leben und in denen sich die großen religiösen Traditionen entwickelten, ist jedoch durchaus mit einer Pluralität soteriologisch gleichermaßen adäquater Aussagen zu rechnen. Berücksichtigt man die Verschiedenheit der Menschen und ihrer Kontexte, dann können unterschiedliche religiöse Aussagen – selbst wenn sie scheinbar gegensätzlicher Natur sind – in ihrem jeweiligen Zusammenhang dennoch einer einheitlichen soteriologischen Zielsetzung gleichermaßen gut dienen. So könnte man beispielsweise der Meinung sein, daß es für die Frage der heilshaften Gotteserkenntnis in einem engeren Sinn relevant ist, ob damit eine Hoffnung über den Tod hinaus verknüpft ist, daß es dafür aber nicht von gleicher Bedeutung ist, ob man im Besitz der richtigen Theorie darüber ist, wie sich eine postmortale Weiterexistenz genau vollzieht.[20]

7. Schlußbemerkungen

Die Unterscheidung zwischen einer theologischen Hermeneutik und einer theologischen Axiomatik zeigt, wie es religionstheologischen Pluralisten gelingt, das Problem der divergierenden Wahrheitsansprüche zu lösen. Werden nämlich zu deren Interpretation die genannten hermeneutischen Grundsätze der Apophatik, Symbolik, Perspektivität und Funktionalität herangezogen, dann läßt sich – zumindest für eine ganze Reihe unter ihnen – ein prima facie kontradiktorischer Charakter plausibel bestreiten. Insofern diese hermeneutischen Grundsätze jedoch ihrerseits auf einer theologischen Axiomatik beruhen, wird weiterhin deutlich, daß die pluralistische Lösung des Wahrheitsproblems nicht – wie einige Kritiker meinen[21] – nur um den Preis einer Revision des traditionellen Wahrheitsbegriffs erkauft werden kann. Der Wahrheits- und Gültigkeitsanspruch der theologischen Axiome ist von kognitiv-propositionaler und normativer Art. Er tritt aber eben nicht in Gegensatz zu den genannten hermeneutischen Grundsätzen. Er wird von diesen vielmehr als deren interner Grund impliziert. Das heißt:

---

[20] Für den Versuch einer vorläufigen christlich-theologischen Auseinandersetzung mit dem Reinkarnationsglauben vgl. meinen Beitrag in: P. Schmidt-Leukel (Hg.), Die Idee der Reinkarnation in Ost und West, München 1996, 177–204.

[21] Vgl. beispielsweise, A. Kreiner, Ende der Wahrheit?, Freiburg i. Br. 1992, 385ff, 457ff; ders., Philosophische Probleme der pluralistischen Religionstheologie, in: R. Schwager (Hg.), Christus allein? Der Streit um die pluralistische Religionstheologie, Freiburg i. Br. 1996, 118–131; H. Netland, Dissonant Voices. Religious Pluralism and the Question of Truth, Grand Rapids 1991, 112–150; P. Griffiths, The Uniqueness of Christian Doctrine Defended, in: G. D'Costa (ed.), Christian Uniqueness Reconsidered, New York 1990, 157–173.

Apophatik besagt nicht Bestimmungslosigkeit, sondern setzt radikale Transzendenz als die höchste korrekte Bestimmung der letzten Wirklichkeit voraus. *Symbolik* impliziert, daß die im Offenbarungsbegriff ausgesagte Relation zwischen der transzendenten und der endlichen Wirklichkeit eine reale Relation ist, eine benennbare Weise der Immanenz, deren Artikulation jedoch aufgrund der unterschiedlichen ontologischen Eigenart der beiden Relata symbolischen Charakter tragen muß. *Perspektivität* besagt nicht, daß – im postmodern-relativistischen Sinn – das erfahrende Subjekt hoffnungslos in ein kulturspezifisches, solipsistisches Universum eingeschlossen ist und die eine Wirklichkeit in eine inkommensurable Multiplizität von Welten zerfällt. Solches würde nämlich gerade nicht mehr die Redeweise von einer perspektivischen Vielfalt rechtfertigen, die ja die Einheit der Wirklichkeit immer schon als den einenden Bezugspunkt der verschiedenen Perspektiven voraussetzt. Perspektivität impliziert selbst dann noch einen grundsätzlichen, allerdings perspektivenrelativen Realismus, wenn die intentionale Überschreitung der je eigenen Perspektive nie vollkommen sein kann, sich also nie vollständig aus der Perspektivität zu lösen vermag, sondern diese faktisch lediglich erweitert wird. Eine *funktionale* Betrachtung religiöser Aussagen unter soteriologischem Aspekt impliziert schließlich eine normative Vorstellung von dem, was als Heil gelten kann, und setzt Kriterien der gültigen Unterscheidung zwischen Heil und Unheil voraus.

Die genannten axiomatischen Voraussetzungen sind in der zeitgenössischen christlichen Theologie zwar nicht völlig unangefochten, genießen jedoch zweifellos eine breite Akzeptanz. Wenn man diese Axiome nicht teilt – wenn man also beispielsweise Gott als eine in menschlichen Begriffen faßbare Wirklichkeit ansieht, Offenbarung als göttliche Mitteilung eines klar umrissenen Korpus von übernatürlichen Propositionen betrachtet, der religiösen Erfahrung keinerlei Offenbarungsrelevanz zuspricht oder den Heilsbegriff völlig von einer Empirie der „Früchte“ und „Zeichen“ isoliert –, dann ist eine pluralistische Religionstheologie unmöglich. Sie wird dann am Problem der divergierenden Wahrheitsansprüche scheitern, weil die von den Pluralisten vorgeschlagene Hermeneutik unter den geänderten Voraussetzungen nicht mehr sachgemäß wäre.

Andererseits gilt jedoch, daß eine Akzeptanz der genannten axiomatischen Grundsätze jene entsprechenden hermeneutischen Voraussetzungen nach sich zieht, die eine pluralistische Lösung des Problems divergierender Wahrheitsansprüche ermöglichen. Es gilt jedoch auch, daß die genannten Voraussetzungen nicht zwangsläufig und quasi deduktiv eine pluralistische Position erfordern. Man kann alle acht axiomatischen und hermeneutischen Grundsätze teilen, ohne deswegen bereits eine religionstheologisch pluralistische Position beziehen zu müssen. Wenn man die genannten Voraussetzungen bejaht, dann ist es zwar nicht zwingend, aber möglich, eine pluralistische Position einzunehmen. Ob eine solche Position tatsächlich bezogen wird, hängt somit nicht allein von den genannten theologischen und hermeneutischen Voraussetzungen ab. Ausschlaggebend ist vielmehr einerseits die konkrete Einschätzung der einzelnen nicht-christlichen Religionen und andererseits die Einschätzung der alternativen religionstheologischen Modelle. Wer freilich zu der Überzeugung gelangt, daß eine exklusivistische oder inklusivistische Position unseren faktischen Kenntnissen der anderen Religionen nicht gerecht wird, dem ermöglichen die genannten Voraussetzungen den Übergang zu einer pluralistischen Religionstheologie.[22]

---

[22] Für eine ausführliche und vergleichende Diskussion der drei religionstheologischen Optionen vgl. meine Studie: Theologie der Religionen. Probleme, Optionen, Argumente, München-Neuried 1997.

William R. Burrows

Globale Verantwortung und Religionspluralismus

Das Problem von Partikularität und universaler Vision in Paul Knitters Theologie der Religionen

Einleitung

Der folgende Beitrag wird sich auf drei Themen konzentrieren: (1) wichtige Aspekte im Denken Paul Knitters auf dem Weg zu der Position, die er heute einnimmt: daß nämlich das Kriterium zur Bewertung der Glaubwürdigkeit des interreligiösen Dialogs die Fähigkeit der Weltreligionen sei, ein weltweit verantwortliches Handeln hervorzubringen; (2) einige Beobachtungen zu Paul Knitters Position als einer Vision, die von einem impliziten nordamerikanischen *pragmatisch* philosophischen Ansatz sowohl der Ziele als auch der Mittel des interreligiösen Dialogs gekennzeichnet ist; und (3) eine Bewertung von Paul Knitters Entwurf, wie er in seinem Buch *One Earth, Many Religions* (Eine Erde – Viele Religionen) (1995) dargelegt ist.

Ein Strom pragmatischer amerikanischer Philosophie zieht sich durch Knitters Werk und bildet eine Herausforderung, die man nicht wahrnimmt, wenn man sich zu sehr auf die theologische Angemessenheit seiner Position in Hinsicht auf die Endgültigkeit, die Universalität und Absolutheit Jesu als des Christus konzentriert. Die Gültigkeit dessen, was er vorträgt, beruht in der Tat nicht auf Positionen biblischer und dogmatischer Theologie, bezüglich derer ihm oft vorgeworfen wird, er behandle sie nicht angemessen. Meine eigene, äußerst kurze Beurteilung der Angemessenheit von Knitters Theologie gegenüber den innerchristlichen Grundlagen ist, (1) daß sie vielleicht keine völlig befriedigende, *umfassende* systematische Theologie der Religionen darstellt; daß sie aber doch (2) eine Reihe wichtiger Punkte hervortreten läßt, die dogmatisch eher konservative Theologien außer acht lassen; und daß

Knitter daher (3) als ein wichtiges Korrektiv gegenüber Theologien gelesen werden sollte, die die Orthopraxis außer acht lassen, weil sie anscheinend annehmen, Theologie habe ihre Pflicht erfüllt, wenn sie lehramtliche oder biblische Wahrheiten festhält.

1. Knitters Entwicklung: Von der Sorge um die „Rettung" der Nichtchristen zur globalen Verantwortung und kritischen Korrelation als Kriterien für interreligiöse Glaubwürdigkeit

Wie ich Paul Knitters Dissertation über Paul Althaus (1975) und sein erstes Buch *No Other Name?* (1985; dt.: Ein Gott – viele Religionen, 1988) verstehe, war die zentrale Problematik für den frühen Knitter die Frage des Heils und die Notwendigkeit, das zu überwinden, was er im Anspruch der Überlegenheit des Christentums als Arroganz seitens der Christen wahrnahm. Er beschäftigte sich insbesondere mit dem Anspruch, das Heil werde ausschließlich durch Christus vermittelt und erscheine ausschließlich oder hauptsächlich in der sichtbaren Gestalt des Christentums.

No Other Name? wurde ein sehr wichtiges Buch. Teil 1 und die ersten drei Kapitel von Teil 2 – in denen Knitter *populäre* und *theologische* christliche Haltungen untersucht – haben fast allgemeines Lob erfahren. Sogar Gelehrte und Kirchenleute, die nicht mit Knitters eigenen theologischen Positionen übereinstimmen, erkennen an, daß *No Other Name?* die Kategorien und das Vokabular bereitstellte, mit denen wir seit nunmehr über einem Jahrzehnt über eine christliche Theologie der Religionen debattiert haben. Es ist gleichwohl bedeutsam, daß Knitter das Wort *Haltungen (attitudes)* gebraucht, um zu konkretisieren, was er untersucht, obwohl es eigentlich meistens *Dogmen (doctrines)* sind, die er diskutiert. Das englische Wort *attitude* [Anm. des Übersetzers: hier mit *Haltung* übersetzt] bezeichnet die psychische Orientierung, das Vorverständnis, die bestehende Neigung eines Subjekts gegenüber einem Objekt. Einleitend möchte ich behaupten, daß Knitters unterschwelliges Ziel die Veränderung christlicher *Haltungen* gegenüber Menschen anderer Religionen ist. Seine Interpretation von *Dogmen* – das Gebiet, auf dem er am schärfsten kritisiert wurde – ist, für seinen Entwurf als ganzen sekundär. Irrt also die Mehrheit seiner Kritiker, wenn sie annehmen, daß die wesentliche Herausforderung

Knitters an die Welt der Religion eine *theoretisch-theologische* sei, während sie doch in Wirklichkeit eine Frage der *Praxis* und der *Haltung* ist? Zweitens, irrt Knitter vielleicht selbst, wenn er auf die Kritik mit einer Diskussion über theologische Fragen antwortet? Hätte er besser daran getan, sich schneller auf den Boden zu begeben, den er nun mit *One Earth, Many Religions* einnimmt? Hat also das, was Knitter – vielleicht sogar unbewußt – in den zwölf Jahren seit der Veröffentlichung von *No Other Name?* getan hat, für ihn selbst und für uns alle deutlich gemacht, welch entscheidende Bedeutung die praktische interreligiöse Zusammenarbeit für die Entlarvung von versklavenden Strukturen und Mächten und für die Befreiung der Menschheit und der Erde von diesen Strukturen und Mächten besitzt?

Ich will dies Schritt für Schritt angehen. *Erstens:* Als er in Kapitel 8 von *No Other Name?* sein „theozentrisches" Modell als Schritt über den katholischen „Inklusivismus" hinaus entwickelte, der ihn zur Annahme der Notwendigkeit einer „pluralistischen Theologie" führte, fand Knitter sich in einem theologischen Feuersturm wieder. Seit er seine Position vorgetragen hat, der Anspruch auf die universale Absolutheit der christlichen Heilsökonomie müsse dadurch relativiert werden, daß alle Traditionen als Wege zu Gott oder dem Urgrund, dem Zentrum, Ursprung und Ziel menschlichen Lebens anerkannt werden, ist dieser Sturm kaum abgeflaut. In seiner Analyse dessen, was einen echten Dialog begründet, betrachtet Knitter Jesus in seiner Beziehung zu Gott, dem Schöpfer-Vater der hebräischen und der christlichen Bibel. Wirklich wichtig aber ist für Knitter, daß Jesus eine *praktische Wahrheit über Gott und den Weg zur Fülle des Lebens* offenbarte. Für die breite orthodoxe christliche Tradition lag die Einzigartigkeit Jesu dagegen darin, daß er *ontologisch Jesus der Christus, der Retter, die hypostatisch ebenbürtige, inkarnierte zweite Person der Trinität ist, der, dessen österliches Mysterium den ordentlichen Weg des Heils für alle begründet.* Für Knitter ist Jesus der, der die zentrale Bedeutung Gottes und des Reiches Gottes lehrt. Das Reich Gottes ist es, was die Nachfolger Jesu in der Welt verwirklichen sollen. Knitters hauptsächlich synoptischer Jesus macht deutlich, wie wichtig es ist, am Kampf Gottes zur Befreiung der Menschheit teilzunehmen. Der Hauptwesenszug dieses Gottes ist sein Engagement für den Prozeß der Befreiung.

Gavin D'Costa hat behauptet, der Fehler der Pluralisten liege darin, daß sie der Theologie der Trinität und der Pneumatologie im Neuen Testament nicht Gerechtigkeit widerfahren ließen. In den christologischen und trinitarischen Reflexionen seines Buchs *Toward a Christian Theology of Religious Pluralism* (1997) attestiert Jacques Dupuis den pluralistischen Theologen, hinter ihrem Begriff des „Theozentrismus" verberge sich eine primitive, funktionalistische Christologie, die die Komplexität der Christologie und Pneumatologie hinter sich gelassen habe, welche von der Trinitätstheologie entwickelt worden sei. In der glänzenden Einleitung zu seinem Buch gibt Dupuis einen Überblick über die wichtigsten Entwürfe einer christlichen Theologie der Religionen bis Anfang 1997 und schreibt: „Die neue Perspektive ist nicht länger auf das Problem des ‚Heils' für die Angehörigen anderer religiöser Traditionen beschränkt oder gar auf die Rolle dieser Traditionen für das Heil ihrer Anhänger. Sie sucht im Lichte christlichen Glaubens tiefergehend nach der Bedeutung, die die Pluralität der uns umgebenden lebendigen Religionen und religiösen Traditionen in Gottes Plan für die Menschheit hat. Müssen all die religiösen Traditionen der Welt in Gottes Plan zusammenlaufen? Wo, wann und wie? (...) Die Frage besteht nicht mehr einfach darin, welche Rolle das Christentum den anderen historischen religiösen Traditionen zuweisen kann, sondern in der Suche nach der Grundursache des Pluralismus selbst, nach seiner Bedeutung in Gottes eigenem Plan für die Menschheit, nach der Möglichkeit gegenseitiger Konvergenz der verschiedenen Traditionen bei vollem Respekt vor ihren Unterschieden und in der Suche nach gegenseitiger Bereicherung." (10f)

Wenn Dupuis recht hat, dann hat sich der Schwerpunkt der Theologie der Religionen von dem Gebiet weg verlagert, auf dem die Debatte über Knitters Entwurf ausgetragen wurde.

Zweitens: Die biblische und dogmatische Tradition der Kirche mag *falsch* sein. Das ist natürlich seit Beginn der Aufklärung die Kritik der Gebildeten unter den Verächtern der Religion. Wenn man aber den Kern jener Tradition im Glauben annimmt – selbst wenn man sowohl Elemente „niedriger" oder „adoptianischer" als auch „hoher" oder „kenotischer" Christologie in verschiedenen Schichten des Neuen Testaments erkennt – dann muß man angemessen mit dem Zeugnis umgehen, das diese Tradition von Jesus und dem Geist als wesensgleichen Weisen oder Hypostasen oder Repräsentationen des Seins Gottes ablegt. Das Heil, und das ist die gute Botschaft der christlichen Tradition, gilt *für alle*. Es verwirklicht sich durch das österliche Mysterium des Christus, und es ist durch die allgegenwärtige Sendung des Geistes immer und für alle präsent. In diesem Zusammenhang besteht die Sendung der Kirche darin, dieses Heil als ihr Sakrament, als den Leib Christi in der Welt zu zeigen. Vor diesem Hintergrund gilt aber Dupuis Hauptfrage: Was macht *Gott* mit der Vielfalt der Religionen, die nicht zu verschwinden scheint?

Im Licht dieser Frage bleibt der wichtigste Teil von Knitters Herausforderung gültig. Wenn ich Knitters jüngste Bücher – *One Earth, Many Religions: Multifaith Dialogue and Global Responsibility* und *Jesus and the Other Names: Christian Mission and Global Responsibility* – im Licht von *No Other Name?* lese, bin ich von der Kontinuität seines Denkens in bezug auf einen wichtigen Punkt beeindruckt, den ich niemals bei seinen Kritikern erwähnt gefunden habe. Obwohl er die Sprache christlicher Theologie spricht und für die größere Angemessenheit der pluralistischen Theologie gegenüber Inklusivismus oder Exklusivismus argumentiert, scheint mir für Knitter – vielleicht unbewußt – eher ein Strang des typisch nordamerikanischen Pragmatismus wichtig zu sein, in dem er ein befreiungstheologisches Kriterium für die Echtheit von Religion und interreligiösen Beziehungen befürwortet. Nach ihm befinden wir uns, vor Beginn des dritten christlichen Jahrtausends, in einem *Kairos,* und die interreligiöse Herausforderung besteht nicht in erster Linie in einer Klärung theologischer Positionen. Es geht vielmehr darum, Bande der Einheit zu schmieden, um dazu beizutragen, die leidende Menschheit und die gefährdete Erde zu befreien.

Auch wenn Knitter für die Notwendigkeit theologischen Inklusivismus und Exklusivismus durch Pluralismus zu ersetzen und für eine „niedrige“ Christologie argumentiert hat, um – unchristliche – christliche Haltungen der Überlegenheit gegenüber anderen Traditionen zu überwinden, ist sein Hauptziel die Zusammenarbeit der religiösen Traditionen, um immanente, innerweltliche, auf das Reich Gottes gerichtete Ziele zu erreichen. Knitters drei wichtigste Bücher sind eine Odyssee, in der er versucht hat, eine klassische statische Soteriologie zu überwinden, nach der das Christentum *alle* wesentlichen Elemente besaß und daher anderen Wegen gegenüber unvergleichlich überlegen war. Das Ergebnis dieser Soteriologie war, daß andere Religionen in ihrer Heilsbedeutung und in ihrem Engagement für die Befreiung der Menschheit an den Rand gedrängt wurden.

Knitter eröffnet Zugänge zum Christentum, die mit Begriffen wie „niedrige Christologie“ und „liberale Theologie“ einigermaßen erfaßt werden. Aber gerechterweise muß erwähnt werden, daß er bereits in *No other Name?* damit rang, was er in *One Earth – Many Religions* die Notwendigkeit eines „global verantwortlichen, korrelationalen Dialogs zwischen den Religionen“ nennt – einen Dialog, dessen *materia prima* die Bemühung um eine lebendige Zusammenarbeit der religiösen Traditionen für die Befreiung der Schöpfung und des Menschen ist.

Knitter hätte es sich und seinen Lesern leichter gemacht, wenn er sich an die klare grundlegende Eingebung von *No Other Name?* gehalten hätte: daß er sich nicht primär mit der Christologie und der soteriologischen Zentralstellung Jesu als des Christus auseinanderzusetzen habe, sondern mit praktischen, psychologischen und sozial-psychologischen *Haltungen* der Überlegenheit. Diese rühren von *Fehlinterpretationen* der christlichen Lehre her und sind der Grund für die tragische Geschichte der oft negativen Beziehungen zwischen Christen, die auf ihren Auftrag bedacht waren, und Anhängern anderer Wege.

Mir ist bewußt, daß Knitter in *No Other Name?* ernsthaft für die Überlegenheit einer pluralistischen Theologie eintritt. Vielleicht ist es anmaßend vor mir, einfach zu sagen, daß ich die innertheologische Basis seiner Argumentation nicht überzeugend finde. In *One Earth, Many Religions* ist Knitters Strategie aber tatsächlich pragmatischer begründet. Er hält nicht mehr an der Metapher fest, die Wendung zum Pluralismus sei eine kopernikanische Revolution, bei der alle aufgeklärten Christen auf seiner Seite stehen müßten. Ich werde mich dem, was ich unter Pragmatismus verstehe, weiter unten zuwenden, muß aber hier schon sagen, daß er nicht einfach nur an Ergebnissen orientiert ist. Vielmehr geht er von der Einsicht aus, daß eine Person, die in den Dialog mit der Sicherheit des Wahrheitsbesitzes eintritt, keinen wirklichen Dialog führen kann. Der psychologische Imperativ der Offenheit erfordert wenigstens einen Verzicht auf exklusive Haltungen, und er rechnet mit der realen Möglichkeit, daß auch der andere Wahrheit mitzuteilen hat: „Ohne zu behaupten, daß alle Religionen *gleich* sind, glauben Christen mit einer korrelationalen Geisteshaltung, daß von Anfang an jeder Teilnehmer am Dialog der Gläubigen die *gleichen Rechte* aller anerkennen sollte. Das heißt, daß jeder Gläubige das volle Recht hat zu sprechen oder eine Behauptung aufzustellen und daß alle anderen Teilnehmer die *Pflicht* haben, ihren Verstand und ihre Herzen für die neue Wahrheit zu öffnen, die ihnen im anderen begegnen kann (...) Mit anderen Worten: Mit einer korrelationalen Theologie bestehen Christen auf der *Möglichkeit* und auf der *Wahrscheinlichkeit,* daß die Quelle der Wahrheit und der Veränderung, die sie den Gott Jesu Christi nannten, noch mehr Wahrheit und andere Formen der Veränderung zu offenbaren haben könnte, als in Jesus Christus manifestiert worden sind. Nur wenn Christen wirklich offen sind für die Möglichkeit (...), daß es viele wahre, heilbringende Religionen gibt und daß das Christentum einer von den Wegen ist, auf denen Gott unsere Welten berührt und verändert hat – nur dann kann echter Dialog stattfinden. (*One Earth, Many Religions,* 29f.)

Knitter argumentiert später, daß die Not der leidenden Armen und der leidenden Erde als Grundlage für eine global verantwortliche, korrelationale dialogische Beziehung zu anderen Religionen angesehen werden sollte. Dieser Dialog sollte zu einem Handeln führen, das die Menschen und die Erde befreit. Er bildet eine Art von *Kriterium zur Beurteilung der Echtheit des Christentums* und (wenigstens implizit auch) anderer religiöser Traditionen.

Kurz: Obwohl Knitters Christologie in *One Earth, Many Religions* eine „niedrige“ Christologie ist und seine Soteriologie hauptsächlich „innerweltlich“ und nicht eschatologisch, behält die Stoßrichtung seiner Arbeit immer noch ihre Gültigkeit: „Der Schmerz der Welt ist eine religiöse Herausforderung“ und „Leiden ist ein gemeinsamer Grund und eine gemeinsame Angelegenheit“. Darüber hinaus befindet sich Knitters Aufruf wenigsten auf zwei Ebenen in Übereinstimmung mit Implikationen des dogmatisch konservativeren Denkens von Jacques Dupuis: (1) eine Theologie der Religionen muß mit der Bedeutung der religiösen Vielfalt in Gottes Plan ringen; und (2) die Arbeit, die Christen und andere zur Befreiung der Menschen, insbesondere der Armen, leisten, baut auf einer „horizontalen Ebene“ das Reich Gottes.

2. Beobachtungen zu Knitters Entwurf als einer amerikanischen „pragmatischen“ Vision der interreligiösen Herausforderung

In den Augen vieler Europäer scheine ich Paul Knitter keinen Gefallen zu tun, wenn ich behaupte, sein Entwurf beruhe auf einer amerikanischen, „pragmatisch“ philosophischen Sicht. Möglicherweise liefere ich vielen Leuten, die schon mißtrauisch gegenüber seinem Entwurf sind, zusätzliche Gründe, daran zu zweifeln, ob er der Herausforderung einer Theologie der Religionen in der heutigen Welt angemessen ist. Ich glaube aber, daß es wichtig ist, Knitters Pragmatismus zu verstehen als einen integralen Teil seiner befreiungsorientierten Vorschläge, was das interreligiöse Gespräch am Ende des 20. Jahrhunderts und zu Beginn des dritten christlichen Jahrtausends ausmachen sollte.

Ein Zug Pragmatismus zieht sich durch viele Bereiche des kulturellen Lebens und der Philosophie in Amerika. Ich meine damit, daß *Ideen bezüglich ihrer praktischen Anwendung bewertet werden.* Dies wird gemeinhin als ein Zeichen amerikanischer Oberflächlichkeit und der Tendenz angesehen, theoretisches Denken zu vermeiden. Ich möchte statt dessen behaupten, daß ein solcher Pragmatismus ein wichtiger Bestandteil alles akademischen Gesprächs und Denkens ist.

Als formale Schule amerikanischer Philosophie entstand der Pragmatismus erst im 19. Jahrhundert. Aber schon vom 17. Jahrhundert an nahm das amerikanische religiöse Denken, das sich auf der einen Ebene um die Themen der reformierten Theologie, nämlich Gnade, Prädestination und freien Willen drehte, auf einer anderen Ebene eine latent pragmatische Wendung, die seitdem amerikanisches christliches Denken bestimmt hat. Ich würde sogar so weit gehen zu sagen, daß diese Wendung heutzutage amerikanischen Buddhismus, amerikanisches Judentum, amerikanischen Islam und vielleicht jede andere religiöse Tradition berührt und kennzeichnet, die die Kontextualisierung in den Vereinigten Staaten ernst nimmt.

Ein ziemlich anspruchsvoller Zugang zu theologischen Themen, wie z. B. der Prädestination, wurde von Jonathan Edwards, einem Philosophen des 18. Jahrhunderts, entwickelt. Er versuchte, die calvinistische Orthodoxie beizubehalten, aber sein größtes Interesse und sein größter Einfluß auf das amerikanische religiöse und philosophische Denken lagen nicht darin, wie er mit den quälenden Themen *Gnade, freier Wille* und *Prädestination* umging. Er bestand vielmehr in seiner gesamten Sicht des Seins, wonach Wahrheit, Schönheit und die Gemütsbewegungen der Freude und Liebe im gewöhnlichen Leben als praktische Erfahrungen Gottes angesehen werden. David Tracy hat mir einmal im Gespräch gesagt, dieser Aspekt des amerikanischen religiösen Denkens sei der deutschen Romantik verwandt und erkläre die Anziehung, die die Romantik auf viele Amerikaner ausübe. Jedenfalls waren die Amerikaner auf dem Wege, eine Welt zu entwerfen, in der das Natürliche und das Übernatürliche keine getrennten Reiche waren, sondern verbunden. Dementsprechend wurden die Religionsdiener – wie auch das Christentum selbst – danach beurteilt, wie sie zum Wohlergehen des Individuums und der Gesellschaft beitrugen, und nicht in erster Linie danach, wieweit sie mit der Schrift und dem klassischen Dogma übereinstimmten. Lehre ohne praktische Konsequenzen wurde oft als verdächtig angesehen.

Beim Übergang vom 18. zum 19. Jahrhundert war der Rationalismus und Skeptizismus amerikanischer Intellektueller in bezug auf *theologische Traditionen* nicht weniger anspruchsvoll als der europäische; aber im allgemeinen hatten sogar jene, die skeptisch hinsichtlich der Dogmen waren, Respekt vor den Kirchen als Kräften, der Moral und Tugend. Die amerikanische Aufklärung war – im ganzen betrachtet – niemals religionsfeindlich. Religiöse Überzeugungen lieferten ja gute praktische Ergebnisse, indem sie eine loyale, fleißige Bürgerschaft schufen. Sie verdienten daher einen respektierten Platz im öffentlichen Leben, und zwar genau zu der Zeit, als in vielen Teilen Europas die traditionellen Privilegien und Positionen des Christentums unterminiert wurden, weil – mindestens zu einem gewissen Grade – der praktische Beitrag der etablierten Kirchen zu einer fortschrittlichen sozialen Entwicklung nicht wahrgenommen wurde.

Der Begründer des amerikanischen Pragmatismus als eines Korpus systematischen Denkens und vielleicht sein größter Repräsentant ist Charles Sanders Peirce (1839–1914). Für Peirce bestand die Rolle der Philosophie darin, die Bedeutung von Ideen zu ermitteln. Eine Idee hatte für ihn keine Bedeutung in der realen Welt, wenn sie nicht anhand der Ergebnisse eines experimentellen Verfahrens dargestellt werden konnte.

William James (1842–1910) machte Peirce populär und wurde zu einer viel berühmteren kulturellen Gestalt als Peirce. Unter seinen Werken wurden zwei Bücher zu Standardwerken und einflußreichen Texten im amerikanischen intellektuellen Leben: *The Will To Believe* (1896) und *The Varieties of Religious Experience. A study in Human Nature* (1902). Bedeutsamer als die schönen Beobachtungen, die James über die Religion macht, ist für unsere Diskussion die Darstellung amerikanischer kultureller Haltungen gegenüber der Religion und des amerikanischen kulturellen Kanons bezüglich dessen, was als „annehmbare" Religion zählt. In dieser Hinsicht muß als erstes festgehalten werden, daß Religion – und religiöse Erfahrungen – als „normal" angesehen wurden; eine „gesunde" religiöse Haltung wurde als nützlich für die Entwicklung einer gesunden Persönlichkeit und Kultur betrachtet.

Man beachte aber, daß das, worauf James hinweist, auch eine andere, weniger attraktive kulturelle Haltung in Amerika offenlegt: Es macht nichts aus, *welche* religiöse Überzeugung man hat; wichtig ist nur, *daß* man glaubt und daß der Glaube einem dazu verhilft, in sozial akzeptabler Weise zu funktionieren. Die amerikanische Zivilreligion ist keine vollblütige biblisch-prophetische Religion, sie dient vielmehr dem Einschärfen kulturell akzeptierter Moralität. In James eigener Ära hatten jedoch die vom protestantischen Puritanismus geschaffenen moralisch-kulturell-religiösen Plausibilitäten noch Bestand. Andere Formen des Protestantismus – und bis zum 2. Weltkrieg sogar der Katholizismus und breite Teile des Judentums – identifizierten sich mit ihnen. Der christliche Hintergrund dieser Synthese wurde in der Gesellschaft kaum in Frage gestellt – auch wenn sie zu einem harmlosen Kodex des *Tue Gutes und vermeide das Böse* reduziert wurde. Die Herausforderung durch die heutige Vielfalt der Religionen war kaum vorstellbar, auch wenn Ereignisse wie das Parlament der Weltreligionen in Chicago 1893 scheinbar die Vielfalt der Religionen feierten. In Wirklichkeit dachte eine höchst selbstbewußte nordamerikanische Kultur – die sich besonders tugendhaft fühlte, nachdem sie als die reichste Macht der Welt aus dem 1. Weltkrieg hervorgegangen war – bis in die zwanziger Jahre, ihre eigenen und gewisse gemeinsame nordatlantische kulturelle Werte seien universal und es sei nur eine Frage der Zeit, bis sie überall in der Welt triumphierten.

Die Leiden der Armen wurden nicht wahrgenommen, es sei denn als ein negatives Zeugnis für die Überlegenheit der westlichen Werte. Nichtchristliche religiöse Traditionen wurden meistens als abergläubische Weltbilder beurteilt, die die wissenschaftliche Aufklärung wahrscheinlich nicht überleben würden; die praktischen Elemente in diesen Religionen waren nichts als ein fahler Widerschein der praktischen Ergebnisse christlicher Religiosität, die den Triumph der Vereinigten Staaten ermöglicht hatte.

Verstehen Sie bitte, daß ich übermäßig vereinfache und Ihnen nahezu eine Parodie des amerikanischen Tugendbewußtseins liefere. Dennoch hat das allgemeine europäische Urteil viel für sich, nach dem die amerikanische Kultur dazu neigt, übermäßig optimistisch und übermäßig von sich selbst beeindruckt zu sein. Wenn ich aber behaupte, mein Freund und Kollege Paul Knitter sei stark von der amerikanisch-pragmatischen Auffassung beeinflußt, daß die Heilsamkeit von Religion nach ihren praktischen Wirkungen beurteilt werden sollte, dann beschuldige ich ihn nicht dieser Form des Chauvinismus. Vielmehr hat die offensichtliche Not der Armen und der katastrophale Zustand der Erde Paul Knitter unter dem Einfluß der Befreiungstheologie dazu getrieben, aus dem Schatzhaus der christlichen und der amerikanischen Tradition eine biblisch-prophetische Position zu entwickeln, die die Vereinigten Staaten, andere industrialisierte Nationalstaaten, das Christentum und alle religiösen Traditionen herausfordert.

One Earth, Many Religions stellt auf drei grundlegende Weisen eine enorme Herausforderung dar:

- Unsere Welt befindet sich in einem kritischen Augenblick, in dem das Schicksal der leidenden Armen und die Gefährdung der verschmutzten Erde das gemeinsame Handeln von Menschen guten Willens erfordern. Wenn es dem interreligiösen Dialog nicht gelingt, eine Zusammenarbeit zwischen den Religionen hervorzubringen, werden die Religionen nach dem Urteil der meisten gebildeten Menschen die zentrale Prüfung ihrer Nützlichkeit nicht bestanden haben.
- Dieses praktische Scheitern wird dazu führen, daß die postmoderne Welt den spirituellen Visionen und transzendenten Realitäten mißtraut, die die Weltreligionen als Wege des Heils anbieten. Wenn dies geschieht, wird die Kraft der großen Traditionen, ihre Anhänger zur Buße und zu neuem Leben zu rufen, schwinden.
- In diesem Fall wird die Religion nicht verschwinden, aber sie kann von magischen, abergläubischen und eklektizistischen Kulten beherrscht werden, die als Zufluchtsorte vor den Schrecken einer immer mehr nach unten ziehenden weltge-

schichtlichen Spirale dienen, welche sowohl die Menschen als auch die gesamte Erde als Biosystem erfaßt. Knitters pragmatische Herausforderung an die Weltreligionen besteht darin, sich diesen Problemen in ihren vielfältigen Formen zu stellen.

3. Zur Bewertung von Knitters Entwurf: Das Problem der „universalen Vision" und der religiösen „Partikularität"

Ich gehe über den Text von Paul Knitters Werk hinaus, wenn ich Schlußfolgerungen ziehe, wie ich es oben getan habe. Ich freue mich darauf, von Paul und anderen zu hören, ob seine Bücher sie zu ähnlichen Schlußfolgerungen führen. Hier kehre ich jedoch zu der Frage zurück, ob nicht Knitters Kritiker, und vielleicht auch Knitter selbst, in die Irre gingen, als sie sich vornehmlich mit der dogmatischen Angemessenheit seiner pluralistischen Theologie der Religionen beschäftigten, wo doch der wichtigere Untertext, vielleicht sogar das Leitmotiv seines Werks, die prophetische, pragmatische und befreiungsorientierte Einsicht ist:

(1) daß die Dogmen der Christenheit *Haltungen* der Überlegenheit gegenüber anderen religiösen Wegen bestärkten, Haltungen, die im Licht unserer sozialen und ökologischen Situation trügerisch und irreführend sind; und
(2) daß diese historische Herausforderung eine Gelegenheit für den interreligiösen Dialog darstellt, innerhalb der verschiedenen religiösen Traditionen und innerhalb der Welt als unserer historischen Arena Reformen zu bewirken, die eine Verständigung und Zusammenarbeit zwischen den Anhängern der großen religiösen Wege ermöglichen und eine lebendige Form innerweltlicher, zeitlicher Befreiung und des Heils begründen.

Ich frage mich, ob Knitters Theologie den vollen Umfang der Probleme, die sich aus der eschatologischen Natur der christlichen Offenbarung ergeben, angemessen behandeln kann. Ich frage beispielsweise, ob das christliche Dogma, Gottes eschatologisches Heil in seinem Reich sei in Christus einzigartig und universal – „proleptisch" – verwirklicht, ein Hindernis für den Dialog ist. Ich vermute eher: Haltungen der Überlegenheit seitens der Christen – selbst wenn Begriffe wie die Endgültigkeit und Einzigartigkeit Christi beschworen werden – verraten lediglich, daß die Paradoxien und Ironien der Selbstoffenbarung Gottes durch den Tod Jesu von den Christen selbst nur oberflächlich aufgenommen worden sind. Der Charakter des zentralen Offenbarungsereignisses – Jesu Tod durch Kreuzigung – stellt jeden Triumphalismus in Frage. Triumphalismus ist extrem oberflächlich und des Stifters des Christentums unwürdig. Er stirbt außerhalb der Stadtmauern ehrlos als Ausgestoßener. Wenn Jesus durch seinen Tod Gott pragmatisch entdeckt und offenbart und neues Leben allein aus den Händen des Gottes empfängt, der Neues schafft – sollte dann nicht die Struktur christlicher Lehre solche Paradoxien widerspiegeln? Aber tut sie das?

Als ein amerikanischer Christ, der selbst tief vom Pragmatismus berührt ist, denke ich auch, daß die Herausforderung des interreligiösen Dialogs – genau wie von Knitter beschrieben – die beste Möglichkeit bietet, zu einem wahren Verstehen unserer religiösen Nachbarn zu gelangen und gemeinsam den *Schalom* zu verwirklichen. Einerseits mag Kardinal Ratzinger recht haben, wenn er den Skeptizismus gegenüber der religiösen Wahrheit als das zentrale Problem des Glaubens heute ansieht. Auf der anderen Seite hat Papst Paul VI., dem es in seiner Dialog-Enzyklika *Ecclesiam Suam* (1964, Nr. 96–111) ebenfalls um die Vermeidung des Relativismus ging, genau zu der Art des Dialogs über praktische Fragen ermutigt, die Knitter als Kriterium zur Bewertung religiöser Traditionen in unserer Zeit ansieht. Für Paul VI. bewegen sich Menschen guten Willens in konzentrischen Kreisen, je nachdem wie intensiv sie am Wesen und Ziel des Ganzen teilhaben. *Ecclesiam Suam* macht deutlich, daß nicht in jeder Begegnung die gesamte christliche Dogmatik des Heils präsentiert werden muß. In diesem Zusammenhang ist es Knitters Verdienst, daß er uns mit der harten Wahrheit konfrontiert, *die Religionen der Welt seien danach zu beurteilen, ob sie sich auf einen Dialog über das Schicksal der Armen und der gefährdeten Erde einlassen.* Die gemeinsame Arbeit für den Frieden der Menschheit ist ein besseres Kriterium, um ihre Echtheit zu beurteilen, als die spezielle westliche Begeisterung für theoretische Prinzipien.

Ich möchte diesen Beitrag mit der im Untertitel enthaltenen Frage beschließen: dem „Problem von Partikularität und universaler Vision in Paul Knitters Theologie der Religionen". Dies soll in Form einiger Fragen geschehen.

Mit dem Ausdruck „das Problem der Partikularität in Knitters Theologie" beziehe ich mich auf den spezifisch christlichen Charakter seines Entwurfs. Ich bin absolut sicher, daß er die zentrale Herausforderung des christlichen Auftrags angesichts des Elends der Armen und der gefährdeten Erde formuliert. Seine Definition der Ziele der christlichen Sendung ist zwar weniger christozentrisch als Robert Schreiters Entwurf *The Theological Meaning of a Truly Catholic Church* (1994), nach dem Versöhnung aller in Christus als das Zentrum dieser Sendung anzusehen ist. Funktional jedoch ist Knitters Entwurf ähnlich. Ich frage deshalb: *Werden Menschen aus anderen religiösen Traditionen zustimmen, daß das, was Knitter für das zentrale Problem im interreligiösen Dialog hält, für ihre eigenen Traditionen ebenso zentral ist wie für das Christentum?* Mir scheint, daß nur Erfahrungen im interreligiösen Dialog uns diese Frage beantworten werden. Vor dem Hintergrund einer jahrhundertealten Tradition westlicher Arroganz sollte sich die westliche Theologie allerdings davor hüten, die Tagesordnung des Dialogs bestimmen zu wollen.

Meine zweite Frage ist eng auf die vorhergehende bezogen, bezieht sich aber auf das Problem der „universalen Vision". Jede Weltreligion hat eine Vision, die es ihr erlaubt, andere religiöse Traditionen einzuschließen, sich mit ihnen zu befassen und sie zu verstehen. Da die Begegnung religiöser Traditionen nichts Neues ist, sind diese „Visionen" durch die Jahrhunderte geschärft worden. Wir sind uns heute bewußt, daß jede dieser Visionen in sich etwas Besonderes ist und daß ihre Universalität an einen kulturell und sprachlich vorgegebenen Komplex von Voraussetzungen, Vorverständnissen und Annahmen gebunden ist. Meine Frage ist deshalb: *Ist der interreligiöse Dialog über die Befreiung der Armen und die gefährdete Erde dazu geeignet, eine Vision hervorzubringen, die universaler als all die partikularen Visionen ist, die in den rund hundert Jahren der interreligiösen Begegnung in der modernen Welt diskutiert wurden?* Ich persönlich möchte dies glauben, aber ich habe den Verdacht, daß diese Hoffnung sich auf meine partikulare christliche Vision gründet, der Kosmos, Gott, die Natur und die Menschheit als Teil der Natur bildeten ein sinnvolles *Universum.* Von den Repräsentanten anderer religiöser Wege müssen wir erfahren, ob der interreligiöse Dialog, wie er von Knitter vorgeschlagen wird, eine vergleichbare Hoffnung bei ihnen weckt.

Um noch eine weitere Frage aufzuwerfen: Wenn die christliche Lehre vom Heil eine integrale innerweltliche, zeitliche Dimension besitzt, *ist es dann befriedigend, den Wahrheitswert des Christentums und anderer Traditionen danach zu beurteilen, wie nützlich sie für den Prozeß der Befreiung sind?* Oder anders: *Steckt hinter diesem pragmatischen Test vielleicht nichts anderes als der Moralismus der westlichen Kultur und ihre Unfähigkeit, sich mit Transzendenz, Spiritualität und Religion als besonderen Dimensionen menschlichen Lebens zu befassen, auch wenn diese keine praktischen Ergebnisse für die Lösung menschlicher Krisen haben?* Das zeitgenössische westliche Denken setzt Moralismus oft an die Stelle von Spiritualität oder Religiosität. Oft ist Moralität gemeint, wenn gesagt wird, jemand sei „religiös".

Schließlich: Läßt der interreligiöse Dialog, wie er von Knitter vorgeschlagen wird, erwarten, daß Christen und andere Gläubige in ihrem Gespräch die Bedeutung besser zu verstehen lernen, die – mit den schon zitierten Worten von Jacques Dupuis – „die Pluralität der uns umgebenden lebendigen Religionen und religiösen Traditionen in Gottes Plan für die Menschheit hat"? Und kann dieser Dialog zu dem beitragen, was Dupuis Konvergenz der religiösen Traditionen – „bei vollem Respekt vor ihren Differenzen" – nennt, und zu ihrer gegenseitigen Bereicherung geführt werden?

Paul F. Knitter

Apologie einer pluralistischen Theologie und Christologie

Die sogenannte pluralistische Theologie der Religionen, die sich in den vergangenen Jahrzehnten in den christlichen Kirchen entwickelte, hat eine sehr angeregte Debatte in Gang gesetzt. Dabei sind pluralistische Christen mit einer der größten Gaben des Heiligen Geistes begnadet worden: mit Kritikern. In den folgenden Bemerkungen möchte ich diesen Kritikern meinen Dank aussprechen, indem ich mit der größten Gabe zurückzahle, die ich geben kann: Ich nehme sie ernst. Aus diesem Grund nenne ich diese Bemerkungen „Apologie einer pluralistischen Theologie": eine Verteidigungsrede, die den Kritikern nicht einfach nur antworten oder sie zum Schweigen bringen, sondern die das Gespräch mit ihnen fortführen will.

I. Worüber reden wir? Pluralistische Theologie der Religionen

Doch zunächst wird es hilfreich sein zu klären, worum es in diesem Gespräch geht. Manchmal habe ich das Gefühl, man redet über die pluralistische Theologie der Religionen wie jene Blinden, die versuchten, sich über einen Elefanten zu unterhalten, der vor ihnen stand. Keiner von ihnen konnte ihn deutlich sehen; alle redeten nur auf Grund ihrer Eindrücke. Als einer der Dompteure des Elefanten will ich berichten, wie ich den Elefanten *pluralistische Theologie* „sehe". Meiner Ansicht nach gibt z. B. das weit verbreitete Verständnis, die Vertreter einer „pluralistischen Religionstheologie" erkennten die großen Weltreligionen als gleichrangige und vollwertige Heilswege an, kein völlig genaues Bild.

Ich spreche nicht nur für mich, sondern für viele andere sogenannte pluralistische Theologen, wenn ich darauf bestehe, daß eine pluralistische Theologie der Religionen nicht zuerst und hauptsächlich Pluralismus und Gleichheit vertritt. Das erste Anliegen der Pluralisten ist vielmehr *Gespräch* und *Zusammenarbeit*. Dialog ist, so könnte man sagen, das „höchste Gut", der „normative Wert" in der pluralistischen Religionstheologie. Pluralisten möchten einen authentischeren, produktiveren Austausch zwischen den Religionen fördern, anregen und ermöglichen – einen Austausch, der zur Verbesserung, vielleicht sogar zur Veränderung der Gläubigen führt, die im Dialog engagiert sind. Hier ist nicht der Ort, alle Gründe darzulegen, warum Pluralisten den Dialog als ihr „höchstes Gut" hochhalten. Für den Augenblick reicht es, zu erklären, daß sie es tun.

Aus diesem Grund habe ich mich in der letzten Zeit, zumindest in den Vereinigten Staaten und im englischsprachigen Raum, für das engagiert, was Konfuzius eine „Richtigstellung der Begriffe" nennen würde. Ich habe versucht, die Terminologie unseres Gesprächs zu verändern. „Pluralistisch" bezeichnet nicht eigentlich das, was die sogenannten Pluralisten vorhaben. Ein besseres Wort wäre – und hier beziehe ich mich auf Paul Tillich und gehe zugleich über ihn hinaus – der Begriff *korrelational*. Die Theologie, die ich zu beschreiben versuche, will zunächst eine echte *Beziehung* zwischen den Religionen fördern – und dadurch eine Ko-relation, ein beiderseitiges Geben und Nehmen, Reden und Hören, Lehren und Lernen, Herausfordern und Herausgefordertwerden. Von einer solchen Korrelation sollen die verschiedenen religiösen Gemeinschaften und die ganze menschliche Gemeinschaft profitieren. Über die Beziehung, in der Tillich die „Fragen" der menschlichen Erfahrung und die „Antworten" des Evangeliums sah, geht diese Korrelation zweier dialogisierender Religionen noch hinaus: beide Seiten haben Fragen und beide Seiten haben Antworten.

Wenn wir „Gespräch" oder „Dialog" als die primäre Absicht korrelationaler Theologen verstehen, dann werden auch die Begriffe „Vielfalt" und „Gleichberechtigung" deutlicher. Denn was ermöglicht ein solches Gespräch? Lassen Sie mich die Dinge vereinfachen, indem ich ein oft gebrauchtes Bild aus der amerikanischen Umgangssprache benutze: Ein wirkliches Gespräch zwischen zwei oder mehreren Partnern erfordert ein *geebnetes Spielfeld*. Es ist von Anfang an gelähmt, wenn einer der Partner mit der Überzeugung oder dem Anspruch in den Austausch eintritt, er besitze den einzigen, den besten, den endgültigen Zugang zur Wahrheit. Wie Raimon Panikkar gezeigt hat, ist es nötig, daß jede Seite zumindest davon ausgeht, daß auch die andere Seite etwas Wahres und Wichtiges mitzuteilen hat, damit sich ein Dialog ereignen kann.[1] Oder wie es Langdon Gilkey ausgedrückt hat: Wir müssen ein „ungefähres Gleichgewicht" aller Teilnehmer am Dialog bejahen, wenn der Dialog zu irgend etwas führen soll.[2] Wenn auch möglicherweise jede Religion etwas Einzigartiges zu sagen hat – d. h. etwas, das die anderen Religionen nicht haben – so ist doch keine einzige Religion aus sich selbst einzigartig. Wir sollten vielmehr mit einer „Komplementarität der Einzigartigkeiten" rechnen.

Von „Gleichberechtigung" oder „Gleichheit" der Religionen sprechen Pluralisten vor diesem Hintergrund. Sie behaupten nicht, alle Religionen – in ihrem Wesen als Religionen und in ihrer gegenwärtigen Verfaßtheit – wären in dem, was sie lehren oder tun, gleichermaßen gültig oder sagten das gleiche aus. Aber sie stellen fest, daß alle Teilnehmer am Gespräch gleiche Rechte haben müssen, um einen wirklichen Dialog führen zu können. Jeder von ihnen hat vielleicht etwas grundlegend Wichtiges zu sagen, das jeder andere hören soll. Aber keine Religion kann mit dem Anspruch in ein Gespräch hineingehen, die endgültige Antwort auf alle Fragen zu haben. Am Ende des Dialogs kann herauskommen, daß eine Religion auf eine besondere Frage eine bessere Antwort geben kann als alle anderen. Aber das kann man nur erfahren, wenn man nicht denkt, man wüßte es schon am Anfang!

Das ist der Grund für die Schwierigkeiten, die ich, so wie viele Christen, mit den sogenannten „exklusiven" oder „inklusiven" Theologien der Religionen habe. (Ich weiß, daß viele sich über die Enge oder Ungenauigkeit dieser Begriffe beschweren, aber im Augenblick sind sie die besten für das, was in der christlichen Theologie der Religionen vorgeht.[3]) Ich kann nicht erkennen, daß

---

1 Vgl. Raimon Panikkar, Faith and Belief. A Multireligious Experience, in: Anglican Theological Review 53 (1971) 225.

2 Vgl. Langdon Gilkey, Plurality and Its Theological Implications, in: John Hick & Paul F. Knitter (eds.), The Myth of Christian Uniqueness, Maryknoll 1987, 39–40, 44.

3 Ian Markham, Creating Options. Shattering the Exclusivist, Inclusivist, and Pluralist Paradigm, in: New Blackfriars 74 (1993) 33–41; Gavin D'Costa verteidigt diese Paradigmen in: Creating confusion. A Response to Markham, in: New Blackfriars 74 (1993) 41–47; aber in The Impossibility of a Pluralist View of Religions, in: Religious Studies 32 (1996) 223–232, hat er seine Meinung über diese Paradigmen geändert.

Exklusivismus oder Inklusivismus das für den Dialog notwendige geebnete Spielfeld zuließen – aber ich mag blind sein.

- Der Exklusivismus würgt schon allein durch sein Wesen jeden Versuch des Dialogs ab: In Wirklichkeit gibt es nur einen Sprecher; alle anderen sind Zuhörer. Wenn ein Exklusivist Sie zum Dialog einlädt, seien Sie vorsichtig: Es handelt sich um eine List zur Bekehrung.
- Der Inklusivismus wendet sogar eine noch attraktivere List an: Die einzige Wahrheit, die er in anderen Religionen erkennen kann, ist die Wahrheit, die er selbst schon besitzt; denn ein Inklusivist besteht darauf, seine Religion enthalte die Fülle der Wahrheit, die alle anderen vollendet oder einzuschließt. Letztendlich ist ein inklusivistischer Dialog einer, in dem die Katze eine Maus zum Gespräch in ihre Höhle einlädt – mit anschließendem Essen.

II. Warnungen, die in Kirche und Universität laut werden

Zwei verschiedene Gruppen von Kritikern weisen heute auf die Schwächen und Gefahren einer korrelationalen (pluralistischen) Theologie der Religionen hin: die kirchlichen Gemeinschaften einerseits sowie Wissenschaftler und Intellektuelle andererseits. Aus unterschiedlichen Gründen sind beide Seiten über korrelationale Theologien oder pluralistische Methoden des interreligiösen Dialogs zutiefst besorgt. Ich will ihre Bedenken und Warnungen so vorsichtig und sorgfältig wie möglich zusammenzufassen versuchen.

A. Die Kirche: Relativismus

Um meiner Zusammenfassung der kirchlichen Kritik größere Genauigkeit zu geben, beschränke ich mich auf römisch-katholische Formulierungen. (Es gibt auf diesem Gebiet jedoch einen erstaunlichen ökumenischen Konsens; protestantische Kritiker korrelationaler Theologien befinden sich in nahezu völliger Übereinstimmung mit Katholiken und umgekehrt!) Die jüngste offizielle Kritik wurde in der Missonsenzyklika Papst Johannes Pauls II., *Redemptoris Missio* (1991), geäußert; eine weltweit verbreitete Erklärung Kardinal Ratzingers vom Mai 1996 spitzt die Bedenken des Papstes noch zu.[4]

Ratzinger sieht im Blick auf das Christentum eine neue, größere Gefahr am Horizont, die nun an die Stelle der Befreiungstheologie mit ihren Verirrungen tritt: den Relativismus. Er ist „zum zentralen Problem für den Glauben in unserer Stunde geworden".[5] Ein solcher Relativismus lauert, so der Kardinal, in den Behauptungen oder zumindest in den Implikationen der neuen pluralistischen Theologien – besonders in denen von John Hick und Paul Knitter. Wesentlich für diese neuen Theologien ist, wie Ratzinger richtig beobachtet, die Ablehnung jeglicher absoluten oder endgültigen Wahrheitskriterien. Für Ratzinger öffnet dies dem Chaos die Schleusen: Im Spiel des Dialogs, in der Begegnung verschiedener Wahrheitsansprüche gibt es einen totalen Kontrollverlust. In einer krebsartigen Vermehrung von „Wahrheiten" können nicht nur zehntausend, sondern zehn Millionen Blumen blühen. Dies geschieht, weil es keine Richtlinien, keine Schiedsrichter, keine Quellen gibt, mit deren Hilfe man die Wahrheit bestimmen und Abweichungen bewerten könnte. Die Religionen und mit ihnen die Menschheit treiben im wilden Meer des Relativismus.

Kardinal Ratzinger weist meine These zurück, Kriterien zur Beurteilung von Wahrheitsansprüchen könnten aus der ethischen Praxis abgeleitet werden; ohne einen „absoluten" Ausdruck der Wahrheit gibt es für ihn keine Möglichkeit, gute oder wahre von böser oder irrender Praxis zu unterscheiden. „Knitter: Das Absolute kann man nicht begreifen, wohl aber tun. [Ich kann mich nicht erinnern, jemals dergleichen gesagt zu haben; der Kardinal gibt keine Belegstellen an.] Die Frage ist: Wieso eigentlich? Woher kommt mir das rechte Handeln, wenn ich überhaupt nicht weiß, was Recht ist? Das Scheitern der kommunistischen Regime beruht doch gerade darauf, daß man die Welt verändert hat, ohne zu wissen, was gut ist für die Welt und was nicht; ohne zu wissen, in welcher Richtung sie verändert werden muß, um besser zu werden. Die bloße Praxis ist kein Licht."[6] Aber der Relativismus ist nicht

---

4 Vgl. Joseph Cardinal Ratzinger, Relativism: The Central Problem of Faith Today, in: Origins 26 (1996) 310–317; dt.: Zur Lage von Glaube und Theologie heute, in: Internationale Katholische Zeitschrift Communio 25 (1996) 359–384.

5 Ratzinger, Zur Lage, a.a.O. 360.

6 Ratzinger, ebd. 363.

der einzige Grund, warum Ratzinger über die neuen korrelationalen Religionstheologien besorgt ist. Indem sie die *Möglichkeit aller absoluten Wahrheitsansprüche* in Frage stellen, fragen die Pluralisten nach dem *eigentlichen Anspruch des Christentums,* Gottes endgültiges, vollständiges, absolutes Wort zu besitzen. Ich habe den Verdacht, daß Ratzinger besonders über den Verlust absoluter Wahrheit für das Christentum, nicht aber für die gesamte Menschheit besorgt ist. Pluralistische Theologien, so befürchtet er zu Recht, gefährden den traditionellen Anspruch des Christentums, in Jesus Christus die endgültige, volle, unüberbietbare Offenbarung von Gottes Wahrheit empfangen zu haben. Pluralistische Christen hätten damit ein schön bemaltes, aber todbringendes trojanisches Pferd in die Mauern der Kirche gebracht. Sie entfesseln nicht nur die Flut des Relativismus, sie zerstören auch die christliche Identität. Sie entfernen das Steuerruder, das das christliche Schiff lenkte und ihm Richtung und Sinn gab: Gottes einzigartige und normative Offenbarung in Jesus Christus. Damit wird aber nicht nur die Kirche, sondern auch die Menschheit das hilflose Objekt eines jeglichen Windes. In den Worten Ratzingers: „Der Glaube und seine Praxis kommen entweder vom Herrn her durch die Kirche und ihre sakramentalen Dienste zu uns, oder es gibt ihn gar nicht.“ [7]

Aus diesem Grund hat Papst Johannes Paul II. in *Redemptoris Missio* die strenge Warnung geäußert, die neuen Theologien des Pluralismus setzten mit ihrer Anerkennung der vielen Offenbarer und der vielen Retter den missionarischen Eifer der Kirche herab und zerstörten ihn. Warum sollte man „hinausgehen und lehren“, wenn die anderen schon ihre eigenen Lehrer haben? Wie der Papst mit äußerster Deutlichkeit erklärt, ist die „endgültige Selbstoffenbarung Gottes [in Jesus] die Grundlage dafür, daß die Kirche in ihrem Wesen missionarisch ist.“ [8]

Nach Ansicht der Kirche vergiftet also der Relativismus als Frucht der korrelationalen oder pluralistischen Theologien das Lebensblut der traditionellen Christologie und Missiologie. Dies sind allerdings ernste Bedenken.

---

[7] ebd. 366.

[8] Redemptoris Missio, 5.

B. Die Universität: Imperialismus

Von vielen Kollegen in der Universität, sowohl aus den Fachbereichen Theologie und Religionswissenschaften als auch aus den Fachbereichen Philosophie und Politikwissenschaften, erfahre ich ganz andere, jedoch gleichermaßen ernsthafte Kritik. Ihr Problem mit den Pluralisten liegt darin, daß diese den Pluralismus nicht ernst nähmen. In ihrem Bemühen, die religiösen Gemeinschaften zusammenzurufen, in ihrem Verlangen, eine gemeinsame Basis für den Dialog zu legen, verwässern die Pluralisten demnach die Verschiedenheit der Religionen, sie deformieren, ja zerstören sie. Mit anderen Worten: Pluralisten ersticken die Unterschiede durch ihr Engagement für die Einheit. In ihrem Verlangen, jeden mit jedem ins Gespräch zu bringen, erkennen sie nicht wirklich, wie unterschiedlich alle tatsächlich sind.

Pluralistische Theologen wären also noch im süß riechenden Treibsand der Moderne gefangen; sie suchen nach einem universalen Ideal oder einer universalen Methode, die letztlich die Einheit des Ganzen ermöglichen. Sie erkennen nicht, wie postmoderne Denker es tun, daß Verschiedenheit niemals in eine endgültige Einheit gepfercht werden kann. Die Unterschiede sind *inkommensurabel.* In der Einheit des Dialogs, der von den Pluralisten angestrebt wird, würden alle Unterschiede zwischen den Religionen wenn nicht zerstört, so doch in einer Art von höherer einigender Energie miteinander verbunden. Eine solche Energie, darauf besteht die postmoderne Wissenschaft, gibt es nicht. Sie ist ein Luftschloß. Deshalb werden die Vielen in der Auseinandersetzung mit dem Einen stets das letzte Wort haben. *Die Vielfalt ist dominant,* und jeder Versuch, sie durch Koordination oder Dialog in eine Art höhere Einheit zu transformieren, wird nur durch Gewalt gegen die Vielfalt oder durch ihre Ausbeutung gelingen. Indem sie dies nicht erkennen, legen die pluralistischen Theologen ihre Naivität offen.

Aber diese religiöse und wissenschaftliche Naivität der Pluralisten wird zum Saatbeet schlimmerer Gefahren: Sie führt in unserer gegenwärtigen geopolitisch-ökonomischen Situation zum *Imperialismus.* Heute versuchen diejenigen Kräfte, die über den größten Teil des Reichtums und der Waffen verfügen, eine neue Einheit zu konstruieren, eine neue Weltordnung, einen neuen Dialog zwischen den Nationen. Doch hinter den noblen Aufrufen zu Kooperation und Dialog, hinter der neoliberalen Weltordnung (wie man sie in Lateinamerika nennt) lauert die Ausbeutung und die Beherrschung der Zwei-Drittel-Welt durch die Ein-Drittel-Welt. Dies sind die „Fakten", die „harten Realitäten" der neuen Weltordnung, die oft von den Architekten dieser Ordnung in den Regierungen und Universitäten Westeuropas, Nordamerikas und Japans *nicht gesehen* oder erkannt werden. Man muß wohl am Rande der neuen Weltordnung stehen, um zu sehen, was sie wirklich ist. Nur vom Rand aus kann man sehen, was die ganze neue Rede von „offenen Märkten", „freiem Handel", „gemeinsamem Diskurs", „freiem Austausch von Gedanken" wirklich bedeutet.

Wenn Kirchenleute und Gelehrte an dieser neuen Weltordnung teilnehmen wollen, indem sie nach einem neuen pluralistischen Dialog der Religionen rufen, dann können sie allzu leicht diesem imperialistischen Manöver in die Hände spielen. Wissenschaftler aus den Kreisen des interreligiösen Dialogs werden so zu Bauern für die Herren der neuen neoliberalen Welt. Bestenfalls sind die pluralistischen Theologen, die nach einem auf der Gleichberechtigung der Religionen basierenden Dialog rufen, Narren, schlimmstenfalls sind sie Ausbeuter und Imperialisten.

Was bleibt aber, wenn die Religionen in ihren Unterschieden wesentlich inkommensurabel sind und wenn jeglicher Versuch, diese Inkommensurabilitäten zu überwinden, zu einer imperialistischen Ausbeutung der Schwachen durch die Starken führt? Der einzige Dialog zwischen den Religionen, der diese Ausbeutung vermeidet, ist der auf bloßen Austausch von Information beschränkte Dialog. In ihm erfahren wir voneinander und können Mißverständnisse korrigieren. Mehr lassen die Mauern der Inkommensurabilität zwischen den Religionen nicht zu. Dialog in dem Bemühen voranzutreiben, die Unterschiede zwischen den Religionen auszugleichen, Urteile übereinander abzugeben, Lösungen oder eine Klärung der Wahrheit auf einer höheren Ebene zu suchen, was die Transformation eines Partners oder aller Partner im Dialog erforderlich machte – all dies bedeutet unvermeidlich Gewaltausübung; es ist der Versuch, eine Religionsgemeinschaft den Normen einer anderen zu unterwerfen. Die Religion aber, deren Normen normativ sind, wird diejenige sein, die über die ökonomische Macht verfügt – und für die Reise- und Hotelkosten aller Dialogpartner aufkommt.

III. Der mittlere Weg zwischen diesen Gefahren: Solidarität mit dem *Leiden* der Erde

Diese Kritik, die sowohl vom kirchlichen Lehramt als auch aus der Universität kommt, muß dankbar und ernsthaft gehört werden. Sie weist auf wirkliche Gefahren – auf wirklichen Schaden, der im Namen des Dialogs angerichtet wurde.

Aber ich bin auch davon überzeugt: Eine der beiden kritischen Positionen und Warnungen zu akzeptieren – Ratzingers Warnung davor, daß wir die glatten Hänge des Relativismus hinabrutschen und unsere christliche Identität verlieren, wenn wir keine Führung durch die absolute Wahrheit haben und die Warnung der akademischen Gemeinschaft, daß wir in den Imperialismus schliddern, wenn wir versuchen, aus der inkommensurablen Vielfalt von Wahrheiten eine universale Wahrheit zu formen – hieße, die Tür für größere Gefahren und vertane Gelegenheiten zu öffnen. Wenn ich am Beginn eines neuen Jahrtausends auf unsere Welt sehe und den Zustand der Religionen wie auch den der Nationen betrachte, dann glaube ich – und vertraue, mit vielen anderen, darauf –, daß es einen „mittleren Weg" zwischen dem Relativismus und dem Imperialismus gibt – einen mittleren Weg zwischen der Furcht der Kirche vor dem Verlust von Identität und der Furcht der Wissenschaften vor dem Verlust der Vielfalt.

Die Religionen sollten aufhören, aufeinander und auf sich selbst zu schauen, und beginnen, genauer und mit mehr Mitgefühl auf die Welt um sich herum zu sehen, um diesen Weg zu finden. Die Leitpfähle und Wegmarkierungen für den mittleren Weg zwischen Relativismus und Imperialismus können nicht innerhalb der Religionen oder zwischen ihnen gefunden werden, sondern nur außerhalb ihrer selbst.

Dieser mittlere Weg – oder dieser gemeinsame Grund, Ausgangspunkt oder Kontext – für einen authentischen interreligiösen Dialog, der zwischen den Klippen des Relativismus und des Imperialismus hindurchführen kann, muß in der unbezweifelbaren, schrecklichen, universalen Wirklichkeit des *Leidens* von Menschen und Umwelt gefunden werden, das auf unserem Planeten und unter seinen Lebewesen grassiert. Solidarität mit dem Leiden auf der Erde und mit der leidenden Erde kann einen mittleren Weg eröffnen.

A. Die Wirklichkeit und Universalität des Leidens der Schöpfung und des Menschen

Das Leiden, von dem ich spreche, ist nicht eine Art „natürliches" oder „unvermeidliches" Leiden – ein Leiden, das aus „natürlichen Ursachen" resultiert oder zum Erwachsenwerden, zum Fehlermachen, zum Lernen gehört. Ich beziehe mich vielmehr auf etwas, das ich „ökologisch-humanes Leiden" nennen möchte: das Leiden, das die Menschen, andere Lebewesen und das Ökosystem selbst quält und 1.) von Menschen, 2.) unnötig verursacht wird. Ich meine das Leiden eines verhungernden Kindes in Ruanda, eines Obdachlosen in Washington D.C., verschmutzter Flüsse in Osteuropa, abgeschlachteter, ihrer Stoßzähne beraubter Elefanten in Afrika, der verletzten Ozonschicht über uns.

Dieses Leiden der Schöpfung und des Menschen erscheint in verschiedenen Formen:

- als physisches Leiden, hervorgerufen durch eine Art der Armut, die – wie Jon Sobrino sagt – tötet, zerstört, entmenschlicht;
- als psychisches Leiden, das Menschen von anderen Menschen, Klassen von anderen Klassen, Nationen von anderen Nationen, einem Geschlecht vom anderen Geschlecht zugefügt wird und das sie zu Opfern macht;
- als physisches und psychisches Leiden durch militärische Gewalt; ein Leiden, das immer mehr um sich greift durch das erschreckende Wachstum lokaler Konflikte, durch militärische Auseinandersetzungen, die keinen Unterschied zwischen Zivilisten und Soldaten kennen, durch den zunehmenden Waffenhandel;
- als Leiden der Umwelt durch die Kommerzialisierung der Natur. Wir zerstören nicht nur unsere gegenwärtigen Lebensmöglichkeiten, sondern auch die Fähigkeit des Planeten, zukünftiges Leben zu erhalten und zu nähren.

B. Verantwortung geht vor Vielfalt

Wenn ich dieses durch Menschen verursachte sinnlose Leiden zu verstehen versuche, dann fühle ich mich gezwungen, eine ziemlich un-postmoderne Behauptung aufzustellen: Alle Religionen müssen und sie können sich von diesem Leiden „beansprucht" oder „herausgefordert" oder „gerufen" fühlen, und sie können sich daher zur Solidarität mit den Leidenden entscheiden. Menschen aus allen religiösen Traditionen müssen, weil sie es können, etwas gegen dieses Leiden tun. Ich mache damit eine universale Aussage, eine „Meta-Aussage", die, wie ich glaube, auf alle Religionen zutrifft. Sie ist jedoch eine doppelte Aussage, da sie behauptet: Eine religiöse Gemeinschaft, die nicht in irgendeiner Form auf das Leiden der Schöpfung und des Menschen reagiert und nichts für dessen Linderung tut, ist

- keine authentische Religion
- und sie ist ihren eigenen Lehren, ihrer eigenen Tradition untreu.

Der eine Aspekt dieser Aussage resultiert aus meinen ethischen Überzeugungen, die in den ethischen Überzeugungen anderer Menschen einen Widerhall finden und durch sie bestätigt werden können, gleichgültig, was ihre religiöse oder kulturelle Prägung ist. Der andere Aspekt beruht auf einer empirischen Aussage, die ich hier nicht ausführen kann[9]: Die Untersuchung von religiösen Traditionen, die über Jahrhunderte fortbestanden haben – sowohl der sogenannten „Weltreligionen" als auch der indigenen Religionen, sowohl der „großen" als auch der „kleinen" Traditionen –, zeigt, daß sie alle auf verschiedene Weise und aus verschiedenen Gründen Menschen dabei helfen wollen, *in dieser Welt* zu leben und ihre Lebensbedingungen diesseits des Todes zu verbessern. Deshalb können alle Religionen etwas gegen das Leiden der Schöpfung und des Menschen tun, das mittlerweile das gesamte irdische Wohlergehen bedroht – und es gibt Zeugnisse für diese Fähigkeit.

Ich behaupte nicht, *jedes* Mitglied einer religiösen Gemeinschaft reagiere in dieser Weise auf das Leiden der Schöpfung und des Menschen; aber ich behaupte, daß es innerhalb der verschiedenen Traditionen viele Menschen geben *kann* und daß es viele *gibt,* die so reagieren. Ich behaupte auch nicht, alle Religionen reagierten *in der gleichen* Weise auf das Leiden; aber sie bemühen sich alle, auf eine Weise zu reagieren, daß dieses Leiden beseitigt oder gelindert wird.

Ich dringe hier auf etwas, dem Kardinal Ratzinger und meine akademischen Freunde entweder zustimmen oder worüber sie aus-

---

[9] Vgl. mein Buch: One Earth, Many Religions. Global Responsibility and Multi-Faith Dialogue, Maryknoll 1995, 97–117.

führlicher mit mir sprechen werden wollen: daß es etwas gibt, was ebenso wichtig – wenn nicht wichtiger – ist als „Identität“ und „Vielfalt“ und „Inkommensurabilität“ – nämlich *Verantwortung*. Wenn die Kirchen Verantwortung dafür übernehmen, die Leiden der Erde zu lindern und diese Verantwortung mit ihrer Sorge um die christliche Identität ins Gleichgewicht bringen, und wenn postmoderne Wissenschaftler ihre Sorge um die Erhaltung der Vielfalt ins Gleichgewicht bringen mit ihrer Verantwortung dafür, das Leiden zu beseitigen, dann werden sie alle einen fruchtbareren Dialog mit korrelational-pluralistischen Theologen und Christen führen können.

IV. Was dies für die Wissenschaften bedeutet: Vielfalt + Verantwortung = Einheit

Vielfalt und Verantwortung müssen also miteinander versöhnt werden. Die „Herrschaft der Verantwortung“ ist wichtiger als die „Herrschaft der Vielfalt“, aber sie kämpft nicht gegen diese an. Negativ ausgedrückt: Wenn der Erhalt der Vielfalt unserer Verantwortung etwa für die Beseitigung der Armut im Wege steht, dann ist etwas falsch an unserer Sorge um die Vielfalt. Aber positiv: Genau dadurch, daß wir unsere gemeinsame Verantwortung bejahen, können wir aus unserer Vielfalt eine größere Einheit und Zusammenarbeit gestalten. Wenn wir unsere Verantwortung teilen, dann wird aus unserer Vielfalt keine Mauer, die uns trennt, sondern eine Quelle unterschiedlicher Lösungen für gemeinsame Probleme.

A. Eine neue Arena für den Dialog

Der Vorschlag, den ich in meinem letzten Buch *One Earth, Many Religions* mache – er stimmt, wie ich glaube, vollständig mit Hans Küngs Appellen für eine interreligiöse globale Ethik (Weltethos) überein – besagt: Gemeinsame Verantwortung für die Erde und Solidarität mit dem Leiden kann zu einer neuen und wirksamen Arena für den Dialog werden. Die Verantwortung für das Leiden unserer Erde, die alle religiösen Menschen übernehmen können und müssen, kann die Religionen der Welt in einen Dialog führen, der mehr ist als nur der Austausch von Informationen. Dieser Dialog wird auch besser in der Lage sein, sich selbst gegen die Gefahr zu verteidigen, daß die Vielfalt von einer künstlich übergestülpten Einheit absorbiert wird.

Wenn Menschen aus verschiedenen religiösen Traditionen *zusammen* auf die Verpflichtung reagieren, etwas gegen das Leiden zu tun, das menschliches Leben und das Leben der Umwelt zerstört, dann werden sie einander besser verstehen und voneinander lernen. Wie Francis Schüssler Fiorenza formuliert, kann eine gemeinsame Praxis globaler Verantwortung zum *hermeneutischen Schlüssel* werden, der die verschiedenen religiösen Traditionen und Gemeinschaften befähigt, sich auf eine Weise zu verstehen und zu würdigen, wie es zuvor nicht möglich war.[10]

Ich gebe also zu bedenken, ob nicht „Solidarität mit den Leidenden" einen gemeinsamen Grund oder Kontext für einen wirksameren und bedeutsameren Dialog zwischen den Religionen bereitstellen könnte. *„Bereitstellen"* bedeutet: Ich behaupte keinen gemeinsamen Grund, der schon bestände, bevor der Dialog beginnt. Wenn aber die verschiedenen religiösen Gemeinschaften ihren Dialog in der gemeinsamen Verantwortung für die Welt und in Solidarität mit den Leidenden beginnen, dann können sie eine gemeinsame Grundlage finden, auf der sie sich besser zu verstehen und ihre Unterschiede zu beurteilen lernen. Auf dem gemeinsamen Grund globaler Verantwortung und der Solidarität mit den Leidenden können die Religionen, wie ich glaube, gemeinsame Kriterien für Wahrheit und Werte entdecken oder sich über sie verständigen.

B. Leiden als Brücke über die Inkommensurabilitäten

Die Worte, die ich an meine akademischen Freunde gerichtet habe, waren zugegebenermaßen ziemlich rhetorisch. Ich habe auf der „Herrschaft der Verantwortung" und der Notwendigkeit der „Solidarität mit den Leidenden" bestanden. Ich will mich für diese Rhetorik nicht entschuldigen (kratzen Sie an einem Theologen und Sie finden einen Prediger), aber ich glaube, daß auch fruchtbare philosophische Überlegungen darüber möglich sind, warum und

---

[10] Vgl. Francis Schüssler Fiorenza, Theological and Religious Studies. The Contest of the Faculties, in: Barbara G. Wheeler & Edward Farley (eds.), Shifting Boundaries. Contextual Approaches to the Structure of Theological Education, Louisville 1991, 140.

wie Solidarität mit den Leidenden unsere Verschiedenheit überbrücken kann.

Postmodernen Denkern, die durch die inkommensurablen Verschiedenheiten zwischen den Religionen und Kulturen entmutigt sind, möchte ich zu bedenken geben: Wenn es einen Ort gibt, an dem wir die Mauer der Inkommensurabilität durchbrechen können, dann ist es die Erfahrung des Leidens. Wenn jede Religion mit ihrem eigenen, besonderen Teleskop in das unermeßliche Universum der Wahrheit schaut, dann gibt es dort eine Anhäufung von Erfahrungen, die so intensiv sind, daß alle Religionen trotz ihrer verschiedenen Teleskope dieselbe Sache sehen: die Realität des Leidens der Schöpfung und des Menschen. Ich beziehe mich hier auf eine Einsicht von Francis Schüssler Fiorenza, nach dem die Begegnung mit dem Leiden eine Unmittelbarkeit in sich birgt, die die Distanz zwischen Erfahrung und Interpretation äußerst kurz macht: „Leiden führt uns zum Urgestein menschlicher Existenz und es durchbricht den hermeneutischen Zirkel. (...) Das Leiden steht sozusagen am Saum zwischen Interpretation und Wirklichkeit. Obwohl es nicht ohne Interpretation bleibt und der eigene Horizont das eigene Leiden tief beeinflußt, ist unsere körperliche Existenz in einer Weise berührt, die dem Leiden eine ‚vermittelte Unmittelbarkeit' gibt." [11]

Es gibt in der Tat etwas Gemeinsames, oder besser, etwas Vergleichbares in der Erfahrung ungerechten Leidens, gleichgültig, ob jemand Hindu, Buddhist, Muslim oder Christ ist. Die Gemeinsamkeit liegt in der „negativen" Reaktion, die solches Leiden hervorruft: Wir sagen „Nein" zum Leiden, wir versuchen, es zu beenden, es zu beseitigen, etwas dagegen zu tun. Wir können uns nicht zurücklehnen oder wegschauen; Leiden berührt uns und fordert uns heraus. Ich behaupte wiederum nicht, daß alle Menschen in allen Religionen in dieser Weise auf ungerechtes Leiden reagieren; aber viele in allen Religionen und allen Kulturen werden es tun.

Der chinesische konfuzianische Philosoph Mencius machte die gleiche Beobachtung und stellte die gleiche Behauptung vor ungefähr 2300 Jahren auf, als er das spontane Gefühl der meisten Menschen beschrieb, wenn sie beispielsweise „ein Kind sehen, daß

---

[11] Francis Schüssler Fiorenza, The Crisis of Hermeneutics and Christian Theology, in: Scheila Greeve Davany (ed.), Theology at the End of Modernity, Philadelphia 1991, 135.

gerade in einen Brunnen fällt." Wenn sie dem Kind helfen wollen und sich dazu verpflichtet fühlen, dann erfahren sie „den Geist, der es nicht aushält, das Leiden anderer zu sehen." [12] Jahrhunderte später machte ein anderer konfuzianischer Philosoph, Wang Yangming (1472–1529), die gleiche Beobachtung und führte sie weiter aus: Wenn wir diesen „Geist" fühlen, der das drohende Leiden eines Kindes nicht ertragen kann (oder, so fügt er hinzu, „das Leiden von Vögeln und Tieren, die geschlachtet werden sollen, von zertretenen und zerstörten Pflanzen, von zerschmetterten und zermalmten Ziegeln und Steinen"), dann werden wir uns bewußt, daß wir mit dem Kind und mit den Tieren und Elementen der Erde „ein Leib" sind. Wir sind Träger einer „Humanität, die mit allem einen Leib bildet." [13] Es ist dieser eine Leib oder dieser selbe Geist, der bei Menschen über alle religiösen Grenzen hinweg berührt wird, wenn sie das erschreckende Leiden ansehen, das unseren Planeten quält. In diesem Leib, in diesem Geist können sie ihren interreligiösen Dialog beginnen.

V. Was dies für die Kirche bedeutet: Ein auf das Reich Gottes bezogener Dialog und eine auf das Reich Gottes bezogene Christologie

Kardinal Ratzinger und die Kirchenführer, die sich Sorgen machen, ihre Identität zu verlieren, wenn sie die absolute Wahrheit nicht besitzen, möchte ich fragen, ob es nicht etwas Vorrangigeres, Unmittelbareres und Wichtigeres gibt als die Bewahrung der eigenen einzigartigen Identität. Wiederum spreche ich von der Verantwortung für das Leiden der Schöpfung und der Menschen und von der Solidarität mit den Leidenden. Ich hoffe, ich dramatisiere oder simplifiziere nicht zu sehr, wenn ich meine Mitchristen frage: Was ist wichtiger für unser Selbstgefühl und für den Gott, den wir durch Jesus Christus kennen: unsere einzigartige Identität und unsere Unterschiedenheit von anderen zu bewahren – oder: die Hungrigen zu speisen, die Nackten zu kleiden, die Gefangenen und Unter-

12 Mencius 2 A,6.
13 Instruction for Practical Living by Wang Yang-ming, Wing-tsit Chan, trans., New York 1963, 273.

drückten zu befreien? Ich bestreite keineswegs die Wichtigkeit von Identität und Unterschiedenheit. Aber ich behaupte, daß die Solidarität mit den leidenden Opfern dieser Erde ein gewisses „hermeneutisches Privileg" im Leben und Glauben von Christen darstellt. Diese Solidarität ist notwendig, um die Identität Jesu und unsere eigene als seine Nachfolger zu deuten und zu verstehen. Die „Orthopraxie" der Nächstenliebe hat Priorität vor der Orthodoxie der Aussagen über die christliche Einzigartigkeit und Identität. In der Orthopraxie der Verantwortung und Solidarität müssen wir zum Verständnis der Orthodoxie christlicher Identität gelangen.

A. Solidarität reguliert theologische und christologische Prioritäten

Wenn Christen in ihrer Begegnung mit anderen Religionen die Solidarität mit den Leidenden zum Ausgangspunkt und zum ersten Anliegen machen und wenn die Verantwortung für den Schmerz des Planeten sie in ihrem Zugang zu anderen Traditionen beseelt und leitet, dann werden sie entdecken, daß sich ihre theologischen Perspektiven verschieben oder neu konzentrieren. Sie werden in eine natürliche Bewegung geraten, die sie von ihrer Konzentration auf Jesus zu einer Konzentration auf das führt, was Jesus predigte und was er das *Reich Gottes* nannte. Sie werden sich dann mehr um das *Werk Jesu* sorgen und über dieses Werk nachdenken und sprechen als über die *Person Jesu.* Beseelt von der vorrangigen Sorge um die Unterdrückten und Marginalisierten werden Christen viel mehr bedacht sein, Jesus zu *folgen,* als ihn zu *preisen;* und sie werden mehr von der Frage beansprucht sein, wie sie seine Vision des Reiches Gottes verwirklichen können als davon, wie sie ihn zum König der Könige erheben können. Ein christlicher Dialog mit anderen Religionen oder eine Theologie der Religionen, die von der Verantwortung für das Leiden der Erde ausgeht, wird „regnozentrisch" – auf das Reich Gottes bezogen – statt „christozentrisch", auf Jesus bezogen sein.

Aber warum und wie geschieht dies? Warum führt uns die Solidarität mit den Opfern und der zum Opfer gemachten Erde zu einer Verschiebung oder Neuorientierung der Theologie, die nicht mehr auf Jesus, sondern auf das Reich Gottes zentriert ist? Meine Antwort ist einfach, aber vielleicht auch kontrovers: Weil dies die Neuorientierung war, die Jesus selbst beabsichtigte, als er an den Ufern des Jordan nicht eine neue Religion oder Kirche oder gar sich selbst verkündigte, ja nicht einmal Gott als Gott, sondern das

Reich Gottes. In diesem Punkt, so wage ich zu behaupten, verschmelzen die für gewöhnlich dissonanten Stimmen der Neutestamentler zu einer Harmonie: Das Zentrum der Predigt Jesu war das Reich Gottes. Durch die schallende (oft mißtönende) Vielfalt von Meinungen über den Inhalt oder die Bedeutung dieses göttlichen Reiches zieht sich ein Thema wie ein *basso continuo:* „Gesegnet seid ihr Armen, ihr Unterdrückten, denn das Reich Gottes ist euer" (Lk 6,20.25). Die „Gute Botschaft" Jesu, die sich an alle richtete und niemanden ausschloß, war mit besonderer Dringlichkeit und Sorge an die gerichtet, die in der Sklaverei des Leidens und der Unterdrückung gefangen waren. Besonders für die Opfer und Gefangenen bringt das Reich Gottes Veränderung, nicht erst später, sondern jetzt, nicht nach dem Tod, sondern morgen. Jesus lehrte seine Jünger zu beten und zu arbeiten, daß dieses Reich kommen möge „auf Erden wie im Himmel."

Eine korrelationale Theologie, die das Leiden der Schöpfung und des Menschen als ihren Kontext und ihren Ausgangspunkt begreift, gründet sich daher auf eine *am Reich Gottes orientierte Christologie* – eine Christologie, in der Christen anerkennen, daß das Reich Gottes größer und in gewissem Sinne wichtiger ist als Jesus, obwohl sie durch ihn von der Herrschaft Gottes wissen und ihr verpflichtet sind. Die Bedeutsamkeit, ja die Notwendigkeit Jesu ist kein Selbstzweck. Sie steht im Dienst von etwas anderem – und zwar nicht einfach Gottes, seines Vaters, sondern des Reiches Gottes. Jesus ist der „Weg" zum Reich Gottes, die Wahrheit des Reiches Gottes, die Liebe, die in diesem Reich gelebt werden soll. Seine Sendung, den Willen des Vaters zu tun, war Dienst am Reich seines Vaters.

Eine solche Christologie kommt dem sehr viel näher, was wir vom sog. vorösterlichen oder historischen Jesus wissen können. Wie befreiungstheologische Exegeten gezeigt haben, war dieser Jesus nicht auf eine Kirche zentriert, denn die Herrschaft Gottes ließ sich nicht auf den Tempel oder irgendeine Religion begrenzen. Er war auch nicht „christozentrisch": Seine Bedeutung und seine Sendung bestanden nicht in einer Selbstproklamation, sondern im Aufbau des Reiches. Wir können sogar sagen, daß er nicht einfach theozentrisch war: Der Kern und die Absicht seiner Verkündigung war nämlich nicht Gott um seiner selbst willen, sondern der Gott, der in eine neue Ordnung ruft und eine neue Art auf der Erde zu leben ermöglicht. Gott ohne dieses „Reich Gottes“ war für Jesus ein falscher Gott.[14]

In einem global verantwortlichen christlichen Dialog mit anderen Religionen auf der Grundlage einer am Reich Gottes orientierten Christologie ist es daher nicht die *erste* Absicht oder das beherrschende, „normative“ Ziel, Menschen mit anderem Glauben zu bekehren; es geht auch nicht darum, herauszufinden, ob ein „anonymer Christus“ schon in ihnen wirkt oder darum, sie zu einem klareren, reflektierten Glauben an den einen Gott zu führen. Wenn Christen sich mit Menschen aus anderen religiösen Traditionen beschäftigen, dann tun sie dies hauptsächlich, um gemeinsam mit ihnen das Reich Gottes voranzubringen: durch Ungerechtigkeit verursachtes Leiden zu lindern, eine Welt größerer Gegenseitigkeit und Zusammenarbeit zu bauen und die Wunden zu heilen, die dem Ökosystem des Planeten beigebracht werden. Dies ist die grundlegende und vorrangige Bekehrung: an die Möglichkeit zu glauben, daß wir auf eine neue Weise gemeinsam auf diesem Planeten leben können, und dafür zu arbeiten. Bekehrungen zur christlichen Gemeinde, das ausdrückliche Bekenntnis zu dem Gott, der durch Jesus bekannt gemacht wurde, wird es dann hauptsächlich aus dem Grund geben, weil Menschen dieses Reich fördern und am Aufbau dieser Welt mitarbeiten wollen. Wenn andere dieses Reich auf andere Weise anstreben, wenn sie den Christen Wege offenbaren, die diese nicht durch Jesus kennen, dann ist es gut. „Denn wer nicht gegen uns ist, der ist für uns“ (Mk 9,40). In einer am Reich Gottes orientierten Christologie und einer global verantwortlichen pluralistischen Theologie der Religionen „suchen“ Christen, gemeinsam mit anderen, „zuerst das Reich Gottes und Gottes Gerechtigkeit“, im Wissen darum, daß „ihnen alles andere dazugegeben wird“ (Mt 6,33).

B. Solidarität bestätigt die Einzigartigkeit Jesu

Wenn ich die Solidarität mit den Leidenden für wichtiger halte als die Definition christlicher Identität und auf eine am Reich Gottes statt an Jesus orientierte Christologie dränge, dann will ich damit auf keinen Fall die Bedeutung Jesu schmälern oder ihn nur

---

[14] Vgl. Jon Sobrino, Spirituality of Liberation. Toward a Political Holiness, Maryknoll 1988, 83–84; ders., Jesus the Liberator. An Historical-Theological Reading of Jesus of Nazareth, Maryknoll 1994, 69.

als „eine weitere Stimme" im Chor der Offenbarer ansehen. Christen brauchen nicht zu fürchten, in einer am Reich Gottes orientierten korrelationalen Theologie und Christologie gehe die christliche Identität verloren oder werde verwässert oder Jesus verliere seine Besonderheit oder Einzigartigkeit. Mit Hilfe einer solchen Theologie und Christologie können wir vielmehr die Einzigartigkeit Jesu auf neue Weise bekennen – eine Weise, die dialogisch ist und globale Verantwortung übernimmt.

Vor dem Hintergrund einer am Reich Gottes orientierten, regnozentrischen Christologie glauben und verkünden Christen in einem korrelationalen Dialog mit anderen Menschen, daß Jesus im menschlichen Bemühen um das Reich Gottes und in der Zuwendung zum Leiden einen sehr wichtigen, wenn nicht den wesentlichen Beitrag leistet. Christen – auch pluralistische Christen – sind überzeugt, daß der menschlichen Anstrengung für eine Welt größerer Gegenseitigkeit und Gerechtigkeit sehr wichtige, hilfreiche und vielleicht sogar die notwendigen Impulse fehlen, wenn sie die gute Botschaft Jesu nicht kennt. Wenn also Christen in den Dialog mit Menschen anderer Traditionen eintreten, dann sind sie der Überzeugung, daß sie nicht nur etwas über das Reich Gottes *lernen können,* was sie noch nicht wissen, sondern daß sie über dieses Reich auch etwas zu *sagen haben,* was die anderen hören müssen. Christen sprechen aus der Überzeugung, daß es allen Völkern und Religionen dienen wird, wenn sie die besondere Vision Jesu von einer Gesellschaft, in der das Göttliche regiert, annehmen und sein Engagement hierfür teilen. Dies heißt natürlich nicht, daß sie Mitglied der christlichen Gemeinschaft werden müssen; dies wird in den meisten Fällen nicht geschehen. (Wenn es geschieht, werden Christen es als die Absicht des Heiligen Geistes, nicht als ihre eigene Absicht begreifen.)

Was aber macht Jesus bedeutsam; was begründet seine Besonderheit oder Einzigartigkeit? Diese Frage wurde zu unterschiedlichen Zeiten in der Geschichte des Christentums und in unterschiedlichen kulturellen Kontexten unterschiedlich beantwortet. Eine sowohl biblisch fundierte als auch für den Dialog sensible Weise des Sprechens von der Besonderheit Jesu entdecke ich im Ansatz von Aloysius Pieris, der aus seinen Erfahrungen mit dem interreligiösen Dialogs in Asien schöpft. Danach ist die Besonderheit, die Eigentümlichkeit der guten Botschaft vom Reich Gottes in der Überzeugung Jesu zu finden, daß Gott einen „Verteidigungspakt mit den Armen und Marginalisierten geschlossen hat."[15] Wir erfahren Jesus hier als jüdischen Propheten par excellence, der einen Gott universaler Liebe verkündet, einen Gott, der für alle Menschen sorgt, die auf der Suche sind und leiden, der aber diejenigen besonders liebt, die am meisten leiden, diejenigen, die sich, durch Unterdrückung oder Ausbeutung geschwächt, nicht mehr selbst helfen können; ein Gott, der eine besondere Liebe zu Sklaven hat.

Der besondere, einzigartige Beitrag von Christen zum Dialog und zum interreligiösen Kampf gegen das Leiden liegt also darin, innerhalb all der wichtigen Perspektiven und Ansätze für mehr Gerechtigkeit und Gegenseitigkeit in der Welt die *vorrangige Option für die Armen, die Unterdrückten und die Opfer* zu übernehmen. Dies fügt der Verantwortung für die Leidenden, der Solidarität mit ihnen als dem Ausgangspunkt des Dialogs noch einen weiteren Aspekt hinzu. Gottes „Verteidigungspakt mit den Armen" erinnert uns daran: In all unseren Überlegungen und Anstrengungen für eine neue und gerechtere Weltordnung kommt den Erfahrungen, den Stimmen und Beiträgen der Opfer, die normalerweise nicht zählten und die keine Stimme hatten, jetzt eine gewisse „Priorität" oder ein „Privileg" zu.

Wenn Christen diese vorrangige Option für die Unterdrückten und die Opfer als ihren einzigartigen Beitrag in den Kampf der Religionen gegen das Leiden der Welt einbringen, dann erinnern sie sich selbst und alle Betroffenen daran, daß die leidenden Menschen selbst die Schlüsselrolle in diesem Prozeß spielen müssen. Auf die Opfer, die sogenannten Machtlosen, muß gehört werden, sie müssen ernst genommen und begleitet werden; ihnen muß man auf eine Weise folgen, die für soziale und Umweltbewegungen gewöhnlich nicht kennzeichnend war. Die vorrangige Option für die Opfer erinnert jene, die mit ihrer ökonomischen oder politischen Macht die „Dinge zu richten" versuchen, daran: Ihre Lösungen werden nicht funktionieren, wenn sie nicht auf die Opfer oder auf die Stimme der Ausgeschlossenen hören oder wenn sie nicht mit – und in gewissem Sinne „unter" – diesen Opfern arbeiten.

Hier ist aber noch eine kurze Klärung notwendig: Wenn ich die Verkündigung des „Verteidigungspaktes Gottes mit den Armen und Unterdrückten" als einen „einzigartigen" Bestandteil der Bot-

---

[15] Aloysius Pieris, Fire and Water. Basic Issues in Asian Buddhism and Christianity, Maryknoll 1997, 74.

schaft Jesu und der christlichen Identität hochhalte, dann sage ich nicht, ein solches Interesse für die Armen und die Opfer komme in anderen religiösen Traditionen nicht vor. Im Gegenteil. Aber ich sage, daß diese vorrangige Option für die Armen im Zentrum dessen liegt, was Jesus zu Jesus macht und was einen Christen zum Christen machen sollte. Ohne dieses bevorzugte Interesse für „Sklaven" können wir Jesus nicht beanspruchen. Nach allem, was Aloysius Pieris in Sri Lanka von Buddhisten, Hindus und Muslimen gehört hat, nehmen die Unterdrückten und die Marginalisierten in ihren Traditionen keinen so privilegierten Platz ein wie im Christentum. Und sie versichern Pieris: Wenn es das ist, was Christen mit der „Einzigartigkeit" Jesu meinen, dann können sie dies nicht nur verstehen, sondern sie sind froh darüber. Es ist eine „gute Botschaft" für sie.[16]

Dies also ist meine Empfehlung an die Schwestern und Brüder in den religiösen Gemeinschaften und an die Kollegen in der akademischen Gemeinschaft: ihre Befürchtungen und Sorgen über Relativismus und Identität oder Verschiedenheit und Unvergleichbarkeit beiseite zu lassen und einen Dialog mit Menschen anderer Traditionen zu beginnen, der von der gemeinsamen Verantwortung für das Leiden der Schöpfung und des Menschen ausgeht – einer Realität, die *jenseits* ihrer Gemeinschaften liegt, sie aber alle gleichermaßen *herausfordert.*

Ich vermute, daß die Leidenden dieser Erde und die leidende Erde selbst Vermittler zwischen den Religionen sein und sie zu einer neuen Weise von Gemeinschaft und Dialog führen werden.

[16] Vgl. Pieris, Fire and Water, a.a.O. 159–161.

Hans-Martin Barth

Christlicher Glaube im Kontext nichtchristlicher Religionen

Im deutschen Sprachraum häufen sich seit einigen Jahren Veröffentlichungen, die das Christentum in einem sogar buchstäblichen Sinn „im Kontext nichtchristlicher Religionen" beschreiben. Es ist interessant zu beobachten, in welche Nachbarschaften das Christentum dabei näherhin gerät. Die schon klassisch gewordene Darstellung der „fünf Weltreligionen" von Helmuth von Glasenapp [1] hatte sich noch prinzipiell religionsgeschichtlich-chronologisch orientiert: Auf Brahmanismus, Buddhismus und chinesischen Universismus folgen schließlich Christentum und Islam. Neuere Publikationen wie das von Monika und Udo Tworuschka herausgegebene Nachschlagewerk über die „Religionen der Welt" [2] oder der von Peter Antes verantwortete Sammelband „Die Religionen der Gegenwart" [3] lassen ihre Darstellung mit der Trias Judentum – Christentum – Islam beginnen und setzen ihren Weg dann über die asiatischen bis zu den ethnischen Religionen fort. Die jüngst auf deutsch erschienenen „Innenansichten der großen Religionen", herausgegeben von dem amerikanischen – hinduistischen – Religionswissenschaftler Arvind Sharma [4], ordnen einfach alphabetisch: Das Christentum ist zu einer schließlich alphabetisch einzuordnenden Größe geworden.

---

[1] H. v. Glasenapp, Die fünf Weltreligionen. Brahmanismus, Buddhismus, Chinesischer Universismus, Christentum, Islam, München [4]1994.

[2] M. und U. Tworuschka (Hg.), Religionen der Welt. Grundlagen, Entwicklung und Bedeutung in der Gegenwart, München 1996.

[3] P. Antes (Hg.), Die Religionen der Gegenwart. Geschichte und Glauben, München 1996.

[4] A. Sharma (Hg.), Innenansichten der großen Religionen. Buddhismus – Christentum – Daoismus – Hinduismus – Islam – Judentum – Konfuzianismus, Frankfurt am Main 1997. Das Buch wurde als Beitrag zur 100-Jahr-Feier des „Weltparlaments der Religionen" im Jahr 1993 konzipiert.

Wie würde es sich selbst einordnen? Hans Waldenfels geht nach dem Grundschema des II. Vatikanums vor, nimmt das Christentum zum Ausgangspunkt, prüft dann dessen Verhältnis zu Judentum und Islam, zu den asiatischen Religionen, thematisiert den Synkretismus und endet schließlich wieder bei der „Faszination des Christentums“ [5]. Wie ist der christliche Glaube im Kontext der Religionen – aus der Sicht christlicher Theologie – sachgemäß erfaßt?

Wenn ich mich im folgenden dieser Frage zu stellen versuche, geht es mir nicht um die Zuordnung der Phänomene, auch nicht nur um einen Beitrag zu einer erfreulicheren und fruchtbareren Konvivenz zwischen den Anhängern und Anhängerinnen unterschiedlicher Religionen im Rahmen einer multikulturellen und multireligiösen Gesellschaft. Ich möchte von den Inhalten des christlichen Glaubens ausgehen und sie zu den Inhalten nichtchristlicher religiöser Überzeugungen in Beziehung setzen. Ich möchte die Chancen der Konvivenz für die Dogmatik entdecken und zugleich die Relevanz der Dogmatik für die Konvivenz tiefer erfassen.

Obwohl christliche Dogmatiken beanspruchen, den christlichen Glauben in seiner Universalität zur Sprache zu bringen, gibt es sie gleichwohl nur in konfessionsgebundener Ausfertigung. Aber gerade die konfessionsgebundene Dogmatik gerät im Kontext nichtchristlicher Religionen unter Druck: Von außerhalb der Kirchen wird das Christentum als Gesamtphänomen gesehen, zumal sich die großen Verbrechen gegenüber der Menschheit oder einzelnen ihrer Gruppen – die Vernichtung der indianischen Kulturen in Süd- und Nordamerika, der Holocaust, Hiroshima, die Heraufführung einer möglichen ökologischen Katastrophe – nicht einer Konfession allein zuschreiben lassen. Im kritischen „Spiegel der Weltreligionen“ [6] erscheint nicht die einzelne Konfession oder deren Lehre, sondern „das Christentum“ bzw. – auf die Lehre bezogen – der christliche Glaube. Gerade auf diese kritische Weise nehmen nichtchristliche Religionen ja auch ihrerseits den christlichen Glauben in ihren eigenen Kontext hinein.

---

[5] H. Waldenfels, Phänomen Christentum. Eine Weltreligion in der Welt der Religionen, Freiburg i. Br. 1994.

[6] Vgl. H.-J. Loth, M. Mildenberger, U. Tworuschka (Hg.), Christentum im Spiegel der Weltreligionen. Kritische Texte und Kommentare, Stuttgart ^{3}1986.

In dieser Situation gegenseitiger Kontextualität sehe ich für Christen und Christinnen vorrangig drei – gemeinsame – Aufgaben, die ich im folgenden entfalten möchte. Es geht – aus der Sicht des christlichen Glaubens – darum, eben diesen christlichen Glauben im Kontext nichtchristlicher Religionen erstens wahrzunehmen, zweitens zu bekennen und drittens zu leben.

1. Wahrnehmen

Die Wahrnehmung des christlichen Glaubens im Kontext nichtchristlicher Religionen kann auf zwei Ebenen erfolgen, auf der der Lehre und auf der des Lebens.

1.1 Die Ebene der Lehre

Es ist der christlichen Theologie durchaus vertraut, sich mit „Kontexten" auseinandersetzen zu müssen, und dies gilt sogar im Blick auf religionsgeschichtliche Kontexte: Jeder exegetisch Arbeitende hat eifrig etwaige Parallelen zu alttestamentlichen Aussagen im alten Sumer, in Ugarit oder Ägypten zu studieren; für die neutestamentliche Exegese spielt die Nähe zu Gnosis, hellenistischen Mysterien, Asklepios-Kult und anderem mehr eine nicht wegzudenkende Rolle. Um so erstaunlicher ist es, daß Christen (und Theologen, Exegeten zumal!) sich dem Blick auf lebende nichtchristliche Religionen oftmals verweigern.

Auch die systematische Theologie ist es gewohnt, in Auseinandersetzungen zu leben – mit philosophischen Konzeptionen, Zeitströmungen, mit den Ansprüchen der Vernunft, in der Moderne insbesondere mit Säkularisation und Atheismus. Um so merkwürdiger ist es, daß es (in Mitteleuropa) noch nicht viele Systematiker gibt, die bemerkt haben, wie sehr sich die Front der Auseinandersetzungen inzwischen verschoben hat. Peter L. Berger notiert, die klassische Themenliste der liberalen Theologie sei erschöpft.[7] Eine neue Säkularität hat Einzug gehalten, in welcher die Religion nicht abgelehnt, sondern für den Hausgebrauch therapeutisch oder zur

---

[7] P. L. Berger, Der Zwang zur Häresie. Religion in der pluralistischen Gesellschaft, Freiburg i. Br. 1992, 171ff.

Erhöhung des Lebensgenusses genutzt wird – „Post-Säkularität".[8] Neue Kontexte tauchen damit am Horizont auf: In einem religiös-säkularen Synkretismus setzt sich die Religionsgeschichte fort und führt zu neuen Ausformungen von religiösen Lehren und Haltungen, denen gegenüber christlicher Glaube sich zu artikulieren hat. Für das allgemeine Bewußtsein stellt dann auch nicht mehr eine einzelne Religion die entscheidende Herausforderung dar, sondern vielmehr das Gesamt religiöser Anschauungen und Praktiken: Der Horizont, einerseits so offen wie noch nie, verengt sich zu einem geschlossenen und damit bedrängenden Kontext des Glaubens.

1.2 Die Ebene des Lebens

Die neue Situation führt zu Veränderungen auch auf der Ebene des Verhaltens. Die Medien und bereits der Taschenbuch-Markt bieten ein breites Angebot von Informationen über die Religionen der Welt. Wie man Erdbeeren kiloweise in Deutschland auch im Januar kaufen kann, so kann man – losgelöst von deren kultureller oder ethnischer Einbindung – auch Lehren und Praktiken aus anderen Kontinenten goutieren. Die Kohäsionskraft des Glaubens schwindet, die Gefolgsbereitschaft fremden Angeboten gegenüber steigt, ohne daß es deswegen sogleich zu Konversionen kommen müßte. Der einzelne religiös interessierte Mensch sieht sich – noch einmal sei Peter L. Berger zitiert – zur „Hairesis" veranlaßt, ja gezwungen: Er muß sich entscheiden, welche Anschauungen und Haltungen er beibehalten, welche er aus anderen Religionen übernehmen möchte. Die Patchwork-identity etabliert sich auch im religiösen Raum.

Es hat keinen Sinn, über diese Situation zu klagen, zumal da Christen davon ausgehen könnten, daß jedwede Situation und Konstellation in irgendeiner Weise mit dem Gott zu tun hat, an den sie glauben. Es gilt vielmehr, die Augen zu öffnen und die Situation möglichst genau zu erfassen. Dazu gehört die Aufgabe, die innere und äußere Beziehung nichtchristlicher Religionen zum

---

[8] Hans-Martin Barth, Teologia della secolarizzazione oggi: Teologia postsecolare, in: Filosofia e teologia 9 (1995) 475–490 (deutsche Fassung: Theologie der Säkularisation heute: Post-säkulare Theologie, in: NZThR 39 (1997) 27–41.

christlichen Glauben zu klären und möglichst genau zu bestimmen. Helmuth von Glasenapp hat am Ende seines bereits zitierten Buches ein Kapitel beigesteuert, in dem er aus religionswissenschaftlicher Distanz die fünf von ihm besprochenen Weltreligionen „im Lichte der wechselseitigen Kritik" darstellt.[9] Dabei ergeben sich bereits auch für den Systematiker interessante Gesichtspunkte. Hans Waldenfals formuliert vorsichtig mögliche Beziehungen des Christentums zu einzelnen Religionen.[10]

1.3 Konsequenzen

Den christlichen Glauben im Kontext nichtchristlicher Religionen wahrnehmen heißt beispielsweise, mit allen Implikationen zu erfassen, welche Schwierigkeiten das trinitarische Denken den Muslimen macht. Welch ein einfaches, dem klaren Schwertstreich des arabischen „lam" entsprechendes Gotteskonzept – la illaha illa Llah – haben sie demgegenüber anzubieten – und welch eine Tiefe mystischer Erfahrung, in der man sich im auslautenden „ha" im Gottesnamen Allah überlassen kann! Es heißt begreifen, welche Schwierigkeiten Buddhisten mit der Gestalt des leidenden und am Kreuz sterbenden Jesus Christus haben. Wie einsichtig und transparent ist demgegenüber die von jedem aufmerksam lebenden Menschen nachzuvollziehende Erfahrung der Meditation, in der sich alle dogmatischen Formeln in pure Freiheit aufzulösen scheinen! Es heißt wahrnehmen, wie tief sich das Empfinden der Hindus, die ja gerade das Johannes-Evangelium, soweit sie es kennen, schätzen, gegen einen an Joh 14,6 gewonnenen Exklusivitätsanspruch aufbäumen muß. Wie sympathisch ist demgegenüber ihre weite inklusive Toleranz und ihr Wissen um mentale Transformation, wovon jedenfalls viele von ihnen geprägt sind!

Auf der Ebene des Lebens den Kontext der Religionen zu erfassen, in dem der christliche Glaube steht, bedeutet anzuerkennen, daß Menschen sich heute nicht mehr im Umfeld dörflich geschlossener Konfessionalität aufhalten können, sondern daß sie im Zeitalter des auch religiös zu nutzenden Internets stehen. Es kann nicht Aufgabe der Kirchen sein, sie wieder ins konfessionelle Dorf

[9] H. v. Glasenapp (s. Anm. 1) 411ff.

[10] Vgl. seine kurzen „Zwischenergebnisse" (s. Anm. 5) 29f, 49f, 72f, 96f, 118f, 142f sowie die Kapitel VII und VIII.

zurückzuholen, wenn es ihnen darum geht, zur Entfaltung und zu spirituellem Wachstum zu verhelfen.

Was heißt dies alles aber für das christliche Bekenntnis, das sich damit ja nicht einfach auflöst? Hier ist in einem auch streng dogmatischen Sinn weiterzuarbeiten, damit das christliche Bekenntnis in seiner Nähe und Distanz zu nichtchristlichen Bekenntnissen, Anschauungen und Haltungen klar erkennbar bleibt, vielleicht sogar noch deutlicher erkennbar wird.

2. Bekennen

Christlicher Glaube drängt auch – und möglicherweise gerade – im Kontext nichtchristlicher Religionen auf Bekenntnis. Er muß sich dann aber die Mühe machen, das, was er bekennen möchte, in diesem Kontext neu zu durchdenken, bisherige Modelle des Verhältnisses zu den nichtchristlichen Religionen zu überprüfen und gegebenenfalls über sie hinauszugehen. Er wird dabei Gemeinsamkeiten und Differenzen erfassen und von seiner Mitte her damit umzugehen versuchen.

2.1 Dogmatik im Kontext

Bislang wurde die Frage nach den Religionen sowohl in der römisch-katholischen Fundamentaltheologie als auch in der Prinzipienlehre der evangelischen Dogmatiken generalisierend behandelt. Man diskutierte, inwiefern die nichtchristlichen Religionen im Sinne einer „revelatio generalis“ ernstzunehmen seien und in welchem Verhältnis dazu die „revelatio specialis“ zu denken war. Selten bemühte man sich darum, eine einzelne Religion aufmerksam zu reflektieren und zu würdigen. Tat man es doch, so handelte es sich eher um Zufallsbegegnungen, wie etwa bei Karl Barths Ausführungen über den Jodo-Shin Buddhismus, den Barth freilich nur als Beleg für die Richtigkeit seines Ansatzes bei der Exklusivität Jesu Christi kurz und triumphal vorführte.[11] Auch bei Paul Althaus kann man dazu ein paar Seiten lesen.[12] Wolfhart Pannenberg

---

[11] KD I/2, 372–377; vgl. P. Knitter, Horizonte der Befreiung. Auf dem Wege zu einer pluralistischen Theologie der Religionen, hg. v. B. Jaspert, Frankfurt am Main 1997, 47–72, bes. 62.

[12] Vgl. P. Althaus, Die christliche Wahrheit. Lehrbuch der Dogmatik, Gütersloh [5]1959, 143–146.

kommt am Rande auf den Islam und auf die Reinkarnation zu sprechen – immer handelt es sich um sporadische und eher assoziativ gewonnene Bemerkungen.[13] Erst Hans Waldenfels mit seiner „Kontextuellen Fundamentaltheologie“ wagt sich hier weiter vor; aber auch er begrenzt die Fragestellung nach religiösen außerchristlichen Kontexten auf einige wenige, wenngleich wichtige Beispiele.[14] Eine Übersicht über die Würdigung einzelner Religionen in den Dogmatiken des 20. Jahrhunderts gibt es meines Wissens noch nicht.

Was heute von denjenigen gefordert ist, die berufshalber oder aus privatem Interesse über den christlichen Glauben nachdenken, ist ohnehin mehr: Es gilt, die einzelnen Lehraussagen im Kontext der nichtchristlichen Religionen gleichsam „durchzudeklinieren“, sie auf scheinbare oder echte Relationen hin zu befragen und Übereinstimmung wie Differenz herauszuarbeiten. Wie verstehen Christen ihre Bibel – in Relation dazu, wie Muslime im Koran lesen oder Buddhisten Sutren rezitieren?[15] Was heißt Rechtfertigung in Relation zum Katzenweg der Bhakti-Frömmigkeit? Wie verhalten sich christliche Auferstehungshoffnung und hinduistisch inspirierte Reinkarnationsvorstellungen zueinander? Es gibt dazu einzelne Untersuchungen, meist eher vergleichender Art, doch bislang nur wenig dogmatische Besinnung. Gelegentlich werden einfach die verschiedenen Perspektiven ohne Bezug aufeinander, gegebenenfalls von unterschiedlichen Bearbeitern, dargestellt.[16] Gefordert wäre aber eine sozusagen „ausgewachsene“ veritable „Dogmatik im Kontext nichtchristlicher Religionen“.[17]

---

13 Vgl. W. Pannenberg, Systematische Theologie, Bd. I, Göttingen 1988, 370; Bd. III, Göttingen 1993, 66, 70, 520, 547, 552ff; 592, 608f.

14 H. Waldenfels, Kontextuelle Fundamentaltheologie, Paderborn ^{2}1988.

15 Vgl. H.-M. Barth, „Nimm und lies!“. Die spirituelle Bedeutung von Bibel und Koran, in: ders. und Christoph Elsas (Hg.), Hermeneutik im Islam und Christentum, Hamburg 1997, 8–22.

16 Als charakteristisches Beispiel möge die vom Verlag Herder, Freiburg i. Br., herausgegebene Taschenbuchreihe „Die Antwort der Weltreligionen“ dienen.

17 Ich arbeite unter der Hilfestellung Marburger Religionswissenschaftler an einem derartigen Projekt.

2.2 Revision der Modelle

Unser Jahrhundert hat eine ganze Anzahl von Modellen der Verhältnisbestimmung zwischen Christentum und nichtchristlichen Religionen hervorgebracht.[18] Der Weg führte von einem exklusiv verstandenen Absolutheitsanspruch, der die christliche Missionstätigkeit legitimierte, weiter zum konzentrischen Modell der Erklärung des II. Vatikanums „über das Verhältnis der Kirche zu den nichtchristlichen Religionen" („Nostra aetate"), das ein unklares Nebeneinander von „Dialog und Verkündigung" [19] nach sich zog. Schließlich entstand unter dem Einfluß der Postmoderne eine pluralistische Religionstheologie – es ist im Grunde der Weg, den Paul Knitter in seinem autobiographischen Vorwort zu „Horizonte der Befreiung" als seinen eigenen beschreibt[20] und dem entsprechend sein Buch aufgebaut ist: „Vom Exklusivismus zum Inklusivismus" und „Vom Inklusivismus zum Pluralismus", der nun zur „Befreiung" in Bezug gesetzt werden und mit Beispielen erläutert werden kann.[21] Hans Küng hat mit seinem „Projekt Weltethos" die ethische Seite dieser Entwicklung aufgenommen.

Das ist der Punkt, an dem wir vorerst angekommen sind (obgleich die Modelle Exklusivität, Inklusivität und Pluralität heute auch nebeneinander bestehen und es keinesfalls so ist, daß die pluralistische Religionstheologie die früheren beiden Optionen einfach überwunden hätte). Pluralistische Religionstheologie: Paul Knitter legt den Christen nahe, um der intellektuellen, der theologischen, der ethischen und der biblischen Integrität willen auf den Absolutheitsanspruch des Christentums zu verzichten.[22] George A. Lindbeck schlägt vor, die Religionen als kulturell geformte Sprachgemeinschaften zu verstehen: „Eine Sprache oder Kultur ist im allgemeinen nicht ‚wahrer' als eine andere, ganz zu schweigen

---

[18] Vgl. K.-J. Kuschel (Hg.), Christentum und nichtchristliche Religionen. Theologische Modelle im 20. Jahrhundert, Darmstadt 1994.

[19] Päpstlicher Rat für den Interreligiösen Dialog/Kongregation für die Evangelisierung der Völker, Dialog und Verkündigung. Überlegungen und Orientierungen zum Interreligiösen Dialog und zur Verkündigung des Evangeliums Jesu Christi (19. Mai 1991), Bonn 1991 (= Verlautbarungen des Apostolischen Stuhls 102).

[20] Vgl. P. F. Knitter (s. Anm. 11) 13–27, bes. 14.

[21] Vgl. das Inhaltsverzeichnis ebd.!

[22] Ebd. 156ff; vgl. ferner ders., Ein Gott – viele Religionen. Gegen den Absolutheitsanspruch des Christentums, München 1985.

davon, unübertrefflich zu sein, und doch ist es gerade dies, was manche Religionen von sich bekennen."[23] Der lutherische Dogmengeschichtler Lindbeck beläßt es immerhin bei der Möglichkeit, die er wohl auch für sich selbst in Anspruch nimmt, nämlich guten Gewissens innerhalb der eigenen religiösen Sprachgemeinschaft zu bleiben und entsprechende Erfahrungen zu machen.

Der ehemalige Missionar und heutige Religionswissenschaftler John Hick geht einen Schritt weiter. Er zitiert zur Untermauerung seiner „pluralistischen Hypothese" den muslimischen Dichter-Mystiker Dschelaleddin Rumi: „Die Lampen sind unterschiedlich, aber das Licht ist dasselbe"[24], und aus dem Rigveda die Zeilen: „Das *Wirkliche* ist eines, auch wenn die Weisen ihm unterschiedliche Namen geben."[25] Das Entscheidende sei doch das soteriologische Element, und das sei in allen Religionen gegeben. Man dürfe nur, wie im historischen Christentum geschehen, die soteriologische Wahrheit nicht zu einer historischen oder ontologischen Wahrheit umstilisieren: Das christologische Dogma oder Sätze wie Apg 4,12 hätten dazu geführt, „daß sich Christen gegenüber der nichtchristlichen Mehrheit der Menschheit privilegiert und damit auch berechtigt fühlten, diese religiös zu bevormunden, wirtschaftlich auszubeuten und politisch zu beherrschen".[26] Verstehe man dagegen den Gedanken der Inkarnation mythologisch, so erweise er sich als ein Medium, durch das Millionen von Menschen „die Wirklichkeit und Liebe Gottes" erfahren hätten: „Während also die Doktrin von der einmaligen Inkarnation Gottes in Christus die Menschheit geteilt und das Bild Gottes auf dasjenige einer Stammesgottheit des Westens verkürzt hat, kann sie mythologisch verstanden Menschen nach wie vor durch Christus zu Gott führen, ohne sie dadurch von der übrigen Menschheit zu trennen."[27] Hick stellt sich damit jedenfalls prinzipiell auf eine vom herkömmlichen christlichen Glauben oder auch anderen herkömmlichen religiösen Einstellungen unabhängige Ebene, von der aus er seine pluralistische Religionstheologie meint vertreten zu können.

---

[23] G. A. Lindbeck, Christliche Lehre als Grammatik des Glaubens. Religion und Theologie im postliberalen Zeitalter, Gütersloh 1994, 73.

[24] John Hick, Religion. Die menschlichen Antworten auf die Frage nach Leben und Tod, München 1996, 254.

[25] Ebd. 275.

[26] Ebd. 399.

[27] Ebd. 399f.

Ist Verzicht auf spezifische christliche Identität der Beweis für eine funktionierende pluralistische Religionstheorie? Bei John Hick scheint es so. Wenn er „das *Wirkliche* “ (in Analogie zu dem Kant'schen „Ding an sich“) als solches als letztlich unerkennbar ansieht, dann stellt sich natürlich das Problem, wieso er überhaupt nach dem *Wirklichen* fragt und es nicht einfach bei der religionswissenschaftlichen Beschreibung der Phänomene beläßt. Was soll dann der Inhalt der eben zitierten Wendung sein, daß Menschen zu „Gott“ geführt werden? Er antwortet: „Die Wahrheit, Gültigkeit oder Authentizität solcher Manifestationen liegt in ihrer soteriologischen Wirksamkeit.“ [28] Eine Religion kann kann dann eigentlich nur noch im Sinn therapeutischer Effektivität oder im Blick auf konkrete ethische Konsequenzen hin interpretiert werden.

George A. Lindbeck artikuliert sprachphilosophische Erwägungen, die sich mit Hicks Überlegungen berühren: „intrasystematische“, auf Kohärenz beruhende Wahrheit dürfe nicht mit „ontologischer“ Wahrheit der Korrespondenz verwechselt werden [29], aber er stellt sich dann entschlossen selbst in die von ihm geteilte Kohärenz der christlichen Sprachgemeinschaft hinein. Er dürfte freilich Mühe haben zu begründen, wieso er sich trotzdem für andere „Sprachgemeinschaften“ interessiert und wie es zu einer echten und alle Beteiligten förderlichen Beziehung zwischen den verschiedenen Sprachgemeinschaften, sprich: Religionen, kommen kann und soll.

Paul Knitters Ansatz ist dadurch charakterisiert, daß er Hicks soteriologischen – oder, wie ich lieber sagen würde: therapeutischen – Ansatz auf den Horizont der Befreiung bezieht und von einer „Befreiungstheologie der Religionen“ spricht [30], in der dann auch Jesus eine wichtige, ja „einzigartige Rolle“ übernehmen kann.[31] Das erscheint gerade aus christlicher Perspektive als sachgemäß – und doch kann es auch als Fluchtmanöver verstanden werden, als „Flucht ins Engagement“, wie man in der Sprache der

---

[28] Vgl. ebd. 30 und 401.

[29] G. A. Lindbeck (s. Anm. 23) 100; vgl. den gesamten „Exkurs über Religion und Wahrheit“, ebd. 100–109.

[30] P. F. Knitter (s. Anm. 11) 177ff.

[31] Ebd. 287ff.

wissenschaftstheoretischen Diskussion der 70er Jahre sagen könnte.[32]

Pluralistische Religionstheologien sind also gewiß nicht über einen Kamm zu scheren. Sie zeichnen sich jedoch insbesondere dadurch aus, daß sie das Verhältnis zwischen Christentum und den nichtchristlichen Religionen nach Kriterien bestimmen, die entweder von außen herangetragen sind – sprachphilosophische, Allgemeingültigkeit beanspruchende Erwägungen, therapeutische oder politische Effektivität – oder die postmoderne Flucht nach innen antreten. In beiden Fällen erscheint es ziemlich überflüssig, den christlichen Glauben wirklich im Kontext nichtchristlicher Religionen zu untersuchen: Es gibt ihn dann eben, wie es andere Optionen gibt, und man muß sehen, ob man aus der Existenz der verschiedenen Optionen etwas für die Menschen Sinnvolles machen kann.

Will oder kann ein Christ diesen Schritt auf die Meta-Ebene nicht mitvollziehen, sondern bei dem einsetzen, was ihn an gestaltender Kraft durch die performative Wirkung der Verkündigung, durch das Kerygma von Jesus Christus erreicht, so wird er anders vorgehen – und er wird dabei den „Kontext nichtchristlicher Religionen" keineswegs ignorieren müssen. Er wird geduldig die Gemeinsamkeiten und die Unterschiede, die zwischen seiner christlichen und den nichtchristlichen Überzeugungen bestehen, aufsuchen, im Glauben bedenken und d. h. auch: theologisch bearbeiten.

2.3 Entdeckung der Gemeinsamkeiten

Gemeinsamkeiten werden sich hinsichtlich der Anthropologie phänomenologisch zeigen, d. h. im Blick auf das, was ein jeweiliger Glaube mit einem Menschen macht, was er mit diesem zu tun hat, wie er ihm entspricht und ihn formt. In diesem Zusammenhang muß die Religionsphänomenologie neu gewürdigt werden, wenn es nämlich nicht primär darum geht, eine Religion als in sich geschlossenes System von Anschauungen und Haltungen zu verstehen, sondern ihre spirituelle Bedeutung für die ihr anhängenden Menschen. John Hick und Paul Knitter bewegen sich auf dieser Ebene, wenn sie nach der Soteriologie bzw. nach der Befreiungs-

---

32 Vgl. W. W. Bartley, The Retreat to Commitment (1962; deutsch: Flucht ins Engagement, 1964; revidierte Neuausgabe 1984).

funktion von Religionen fragen. Menschen sehnen sich nach Glück, Erfüllung, Heil; auch die in allen Religionen in irgendeiner Form anzutreffende Mystik gehört in diesen Zusammenhang. Man kann das natürlich immer noch im Sinne einer Tendenz aller Organismen zur Selbstoptimierung interpretieren.

Der Sehnsucht nach Heil entsprechen sodann bestimmte Formen der Erwartung und der Gestaltung: Religion – so der jüdische Gelehrte Zwi Werblowski – „beginnt dort, wo Menschen sich mehr mit einem Leichnam beschäftigen, als zu seiner bloßen Beseitigung nötig ist".[33] Die Sehnsucht nach Heil transzendiert die Grenzen irdischen Lebens.

Eine weitere strukturelle Gemeinsamkeit zwischen christlichem Glauben und nichtchristlichen Religionen liegt in dem Wissen darum, daß dem Menschen ein direkter und ungehinderter Zugang zum Göttlichen nicht gegeben ist, daß hier einerseits Schuld, andererseits aber auch die Begrenztheit des Menschen unüberwindbare Schranken setzen: Das Göttliche ist verborgen, das Heilige ist dem Profanen nicht zugänglich. Nur apophatische Theologie kann sachgemäße Theologie sein. Das Wissen darum, daß sich Offenbarung immanent schlechterdings nicht begründen läßt, die Ratlosigkeit angesichts der Bestreitung ihrer Grundlagen durch Säkularisation und technische Entwicklung muß die Christen und Christinnen nicht anders als die Anhänger nichtchristlicher Religionen zu Demut und Bescheidenheit führen. Strukturelle Gemeinsamkeiten wie die drei genannten – Sehnsucht nach Heil, Gestaltung von Erwartungen und schließlich das Bewußtsein der Grenze – könnten als breite Basis entdeckt werden, welche die Religionen miteinander verbindet. Christliche Theologie wird sie mit der Geschöpflichkeit des Menschen in Verbindung bringen. Freilich sind damit nur formale Strukturen genannt, die mit den Konstitutionsbedingungen menschlicher Existenz gegeben sind und die, inhaltlich gefüllt, sogleich Differenzen erkennen lassen.

2.4 Anerkennung der Differenzen

Die Differenzen zwischen christlichem Glauben und nichtchristlichen Religionen bestehen aber nun nicht nur darin, daß

[33] Zwi Werblowski, Der Tod in der jüdischen Kultur, in: C. von Barloewen (Hg.), Der Tod in den Weltkulturen und Weltreligionen, München 1996, 161–168, hier: 162.

gemeinsame Strukturen unterschiedlich gefüllt werden, wie es pluralistische Religionstheologie nahezulegen scheint. Es wäre unzureichend, wollte man behaupten, die soteriologische Sehnsucht werde eben nach unterschiedlichen Denkmodellen zur Erfüllung gebracht – bei den Buddhisten durch das Heilsziel des Nirvana, bei den Hindus durch die Befreiung des Atman aus dem Samsara, bei den Christen durch das von ihnen erwartete „Reich Gottes". Gläubige unterschiedlicher Religionen können wohl letztlich nicht voneinander wissen, welches Geheimnis ihnen im Glauben begegnet.

George A. Lindbeck findet, es liege „etwas Arrogantes in der Unterstellung, daß Christen wüßten, was Nichtglaubende in den Tiefen ihres Seins erfahren und glauben, und zwar besser, als diese es selbst wissen".[34] Mir scheint jedoch klar, daß trotz scheinbarer struktureller Gemeinsamkeiten die Unterschiede nicht sachgemäß wahrgenommen werden, wenn nicht beachtet wird, daß sie sich durchaus auch auf Strukturen beziehen können. Jesus Christus nach christlichem Verständnis sprengt die Struktur der jüdischen Messiasvorstellung, des muslimischen Verständnisses des Propheten, der hinduistischen Auffassung vom Avatar, der buddhistischen Wahrnehmung des „Erleuchteten".[35] Die Christologie steht auch nicht einer mehr oder weniger gleichläufigen nichtchristlichen Soteriologie gegenüber: Alle „Soteriologien" haben ihre eigene unverwechselbare und für sie unaufgebbare Struktur und ihr daraus resultierendes Profil. Die religiösen Konzepte von Freiheit scheinen mir so unterschiedlich zu sein, daß man sie trotz gewisser Berührungspunkte im subjektiven Erleben der Gläubigen keinesfalls auf einen Nenner bringen kann. Die Befreiung aus dem Geburtenkreislauf, wie sie der Hindu erstrebt, und die Freiheit eines Christenmenschen, wie sie Luther in der Zuversicht zu Gott und in der verantwortungsbewußten Liebe zu den Mitmenschen gegeben sieht, lassen sich nicht miteinander identifizieren – ebenso wenig, wie dies der Fall ist im Blick auf das Selbstbewußtsein des Muslim, der sich als „Knecht Allahs" versteht, und im Blick auf das des Buddhisten, der im Satori Freiheit erlebt. Noch komplizierter wird es zweifellos, wenn man einzelne Stammesreligionen mit einbeziehen möchte. Spätestens dann wird übrigens deutlich, daß, selbst wenn man Freiheit als gemeinsames Ziel der Religionen

---

34 Christliche Lehre 96.

35 Gegen P. F. Knitter (s. Anm. 11) 356ff.

angibt, um eine Bewertung der diesbezüglichen Leistungsfähigkeit verschiedener Religionen nicht herumzukommen ist.[36]

Ist also die Christologie dasjenige Moment, das auf der Seite des Christentums einer friedlichen pluralistischen Theologie der Religionen entgegensteht? In der gegenwärtigen Diskussion ist dies wiederholt behauptet worden.[37] Muß man „christologisch abrüsten“ (Reinhold Bernhardt)?[38] Bernd Jaspert schreibt in seinem Geleitwort zu Paul Knitters Buch „Horizonte der Befreiung“, es gelte zu begreifen, „daß die Religionen nicht gegeneinander, sondern füreinander da sind. Nicht auf die absolute Geltung einer Religion vor und über allen anderen kommt es an, sondern auf die Erkenntnis und das Leben der Vielfalt des Glaubens in Freiheit und gegenseitiger Achtung zum Wohle aller.“[39] Das klingt christlich und gut, aber es unterschlägt die Tatsache, daß die Religionen auf der Suche nach „dem Wohle aller“ einander im Weg stehen, von ihren Ansätzen her wohl im Weg stehen müssen: Die Sharia in bestimmten Interpretationen verträgt sich nun einmal nicht mit der Bergpredigt; oder, um ein anderes Beispiel zu wählen: die Behauptung, aufgrund der Auswirkungen ihres kollektiven Karmas hätten Juden zur Zeit des Nationalsozialismus in Europa „dem kollektiven Schicksal der jüdischen Rasse nur sehr schwer entkommen können“[40], stellt im Buddhismus zwar eine Ausnahme dar; aber nicht nur Christen werden sie für unerträglich halten. Christen und Christinnen müssen die Differenzen zwischen ihrem Glauben und den Auffassungen in nichtchristlichen Religionen anerkennen und zu ihnen stehen. In diesem Sinn teile ich die Auffassung, die der Religionswissenschaftler (!) Peter Antes in seiner „Einschätzung der möglichen Entwicklung“ am Ende seiner Darstellung des Christentums zu erkennen gibt: „Global gesehen“ werde das Christentum „sicher deutlicher als bisher seine Position bestimmen und von der anderer Religionen abgrenzen müssen“.[41] Jesus Christus

---

[36] Vgl. H.-M. Barth, Rezension von Paul F. Knitter, Horizonte der Befreiung (s. Anm. 11), in: MdKI 48 (1997) 76f.

[37] Vgl. R. Schwager (Hg.), Christus allein? Der Streit um die pluralistische Religionstheologie, Freiburg i. Br. 1996.

[38] Vgl. auch R. Bernhardt, Theozentrische Christologie. Im Kontext des jüdisch-christlichen Dialogs, in: DPfBl 95 (1995) 229–233.

[39] B. Jaspert, Geleitwort, in P. F. Knitter (s. Anm. 11) 9.

[40] Zit. nach R. Hummel, Reinkarnation, Mainz/Stuttgart 1988, 70.

[41] P. Antes (s. Anm. 3) 65.

selbst ist in der Tat das „unterscheidend Christliche".[42] Doch das unterscheidend Christliche darf nicht so zur Geltung gebracht werden, daß das aufgrund der Geschöpflichkeit Gemeinsame dabei aus dem Blick gerät. Der Stein des Anstoßes ist nicht die Christologie, sondern die Isolierung der Christologie. Eine Christologie, die sich primär am historischen Jesus orientiert und von daher Missionsauftrag, Joh 14,6 und Apg 4,42 interpretiert, die sich also nicht ihrer trinitarischen Begründung und Verankerung bewußt ist, läuft in der Tat Gefahr, zwischen dem christlichen Glauben und den nichtchristlichen Religionen unnötige und dem Glauben inadäquate Mauern zu errichten. Was die Christenheit benötigt, ist nicht eine pluralistische, sondern eine trinitarische Theologie der Religionen.

2.5 Trinitarische Theologie der Religionen

Das trinitarische Denken bietet ein Modell, in dem sowohl Gemeinsamkeiten als auch Unterschiede formuliert werden können. Der Glaube an Gott, den Schöpfer, impliziert die Wahrnehmung der Gemeinschaft aller Menschen, mithin auch der Anhänger aller Religionen. Die für sie geltend zu machenden gemeinsamen Strukturen der Suche nach Heil, der Gestaltung von Erwartungen und der Ehrfurcht vor dem letztlich unzugänglichen Heiligen verbinden sie miteinander, weil sie – aus der Sicht des christlichen Glaubens – Geschöpfe Gottes sind, der sie ins Leben gerufen und darin erhalten hat. Der Glaube an Jesus Christus trennt tatsächlich, insofern ja nicht alle Menschen ihn teilen, aber es ist ein Glaube, der sich auch auf sie bezieht, sie einbezogen weiß in den heilvollen Gotteswillen. Dieses Wissen um die gemeinsame Geschöpflichkeit der Menschen und um den auf alle gemeinsam sich beziehenden Gotteswillen verdankt sich – nach christlicher Auffassung – dem Wirken des Heiligen Geistes, das Christen und Christinnen für sich und für alle Menschen erflehen und dem sie mit ihrem Zeugnis dienen wollen.[43] Die trinitarische Theologie der Religionen harrt noch der Entfaltung. Der Rum-Orthodoxe Metro-

---

42 Hans Küng, 20 Thesen zum Christsein, München [6]1989, 11. Vgl. dazu P. F. Knitter (s. Anm. 11) 167–173.

43 Vgl. H.-M. Barth, Koexistenz der Religionen – Ende des christlichen Missionsauftrags?, in: Dialog der Religionen 3 (1993) 165–179; sowie ders., Missionarische Verantwortung im Kontext des interreligiösen

polit Georges Khodr hat dazu im Rahmen der Baar-Konsultation 1990 wichtige Impulse gegeben. Er setzte pneumatologisch ein: „Der Geist ist allgegenwärtig und erfüllt alles in einer vom Sohn unterschiedenen Ökonomie. Das Wort und der Geist werden ‚die beiden Hände des Vaters' genannt. Wir müssen hier ihre hypostatische Unabhängigkeit bekennen und uns in den Religionen ein alles umfassendes Phänomen der Gnade vorstellen. Pfingsten ... ist nicht eine Fortsetzung der Inkarnation, sondern ihre Konsequenz ... Zwischen diesen Ökonomien besteht Wechselseitigkeit und gegenseitiger Dienst." [44] Ansätze zu einer trinitarischen Theologie der Religionen finden sich immerhin in der Studie der VELKD/Arnoldshainer Konferenz „Religionen, Religiosität und christlicher Glaube".[45] Auch die Theologie Wolfhart Pannenbergs ist bereits auf eine ähnliche Fragestellung hin untersucht worden.[46]

3. Leben

Christlicher Glaube im Kontext nichtchristlicher Religionen – das ist nicht nur eine Denkaufgabe für Dogmatiker und Religionsphilosophen. Je mehr theoretische Begründungszusammenhänge zurücktreten, desto wichtiger wird es sein, die Spiritualitäten, die sich mit unterschiedlichen Optionen verbinden, theoretisch zu erfassen und zur Begegnung miteinander zu bringen. Dies impliziert natürlich, daß auch Christen und Christinnen im Kontext von

---

Dialogs? Über das schwierige Verhältnis zweier eigenständiger Funktionen des christlichen Glaubens, in: J. Doré (Hg.), Le christianisme vis-à-vis des religions, Namur 1997, 229–246.

44 Zitiert nach P. F. Knitter, (s. Anm. 11) 279 (ohne die dort vorgenommenen Hervorhebungen).

45 Vgl. Religionen, Religiosität und christlicher Glaube. Eine Studie, hg. im Auftrag des Vorstandes der Arnoldshainer Konferenz (AKf) und der Kirchenleitung der Vereinigten Evangelisch-Lutherischen Kirche Deutschlands (VELKD) von der Geschäftsstelle der Arnoldshainer Konferenz und dem Lutherischen Kirchenamt Hannover, Gütersloh 1991, 117ff.

46 Vgl. G. Augustin, Gott eint – trennt Christus? Die Einmaligkeit und Universalität Jesu Christi als Grundlage einer christlichen Theologie der Religionen, ausgehend vom Ansatz Wolfharts Pannenberg, Paderborn 1993.

Anders- und Nicht-Gläubigen ihre eigene Spiritualität leben und ihr klaren Ausdruck verleihen.

3.1 Klärung der Spiritualität

George A. Lindbeck weist im Zusammenhang seiner sprachphilosophischen Überlegungen darauf hin, daß religiöse Aussagen ihren Wahrheitsgehalt nur innerhalb einer bestimmten „Referenzspezifität" besitzen; man müsse „sich sozusagen innerhalb des relevanten Kontextes befinden; und im Fall einer Religion bedeutet dies, daß man eine bestimmte Fertigkeit darin besitzen muß, wie ihre Sprache zu gebrauchen und ihre Lebensweise auszuüben ist, bevor der propositionale Sinn ihrer Aussage bestimmt genug wird, um zurückgewiesen" (oder angenommen) „werden zu können".[47] Die Behauptung „Christus ist Herr" besagt ohne Referenzspezifität gar nichts, als Schlachtruf der Kreuzfahrer etwas Widerchristliches, im Zusammenhang von Gottesdienst und Nachfolge aber das, was dem Evangelium entspricht. Die bloße Proposition, der pure dogmatische Satz wird erst im Zusammenhang gelebter Spiritualität verständlich und kommunizierbar.

Diese Sachlage wird in der Gegenwart noch unterstrichen durch die Krise der Vernunft, wie sie gerade der durch die Aufklärung geprägte Westen in den letzten Jahren erlebt.[48] Sie verstärkt die Einsichten darüber, daß religiöse Aussagen auf Lebensformen beruhen, die ihrerseits „in realer kommunikativer Praxis und in konkreten religiösen Sprachhandlungszusammenhängen" gründen.[49] Für die Dogmatik heißt das, daß sie ohne die Dimension der Spiritualität sich selbst verliert, anders gesagt: daß sie nur durch die Dimension der Spiritualität zu sich selbst kommt. Der christliche Glaube wird auch inmitten des Kontextes nichtchristlicher Religionen denen, die ihn teilen, und denen, die ihn nicht teilen, nur durch die gelebte, ihm entsprechende Spiritualität verständlich. Dies gilt nicht weniger für die nichtchristlichen Religionen.

Die einer bestimmten religiösen Option entsprechende Spiritualität zu erfassen, hat wiederum sowohl eine theoretische als auch

---

[47] G. A. Lindbeck (s. Anm. 23) 107.

[48] Vgl. H. J. Höhn (Hg.), Krise der Immanenz. Religion an den Grenzen der Moderne, Frankfurt am Main 1996.

[49] Th. Rentsch ebd. 256.

eine praktische Seite. Theoretisch kann erfragt werden, welche spirituelle Bedeutung für die jeweiligen Gläubigen ein bestimmter Lehrsatz ihres jeweiligen Systems hat. Es lassen sich beispielsweise Untersuchungen zur spirituellen Bedeutung von Bibel und Koran in deren jeweiligen Referenz-Gemeinschaften anstellen.[50] Man kann zu klären versuchen, inwieweit Reinkarnationsvorstellungen der christlichen Auferstehungshoffnung auf spiritueller Ebene ent- bzw. widersprechen. Sodann kann man – das betrifft die praktische Seite des Problems – die Spiritualitäten zur Begegnung miteinander bringen und in diesem Sinn – beispielsweise im Blick auf Bibel und Koran – „die Bücher miteinander reden lassen".[51] All dies trägt dazu bei, unterschiedliche Spiritualitäten theoretisch zu erfassen und aufeinander zu beziehen. Dies genügt jedoch für eine fruchtbare gegenseitige Wahrnehmung religiöser Kontexte noch nicht.

3.2 Spiritualität leben

Wer seine Spiritualität mit der Spiritualität von Anders- (oder Nicht-) Gläubigen in Berührung und Austausch bringen will, muß zu seiner eigenen Spiritualität stehen, sie bejahen und ihr Ausdruck verleihen. Für den christlichen Glauben im Kontext nichtchristlicher Religionen bedeutet dies zuallererst: Buße. Von außen wird das Christentum weithin als eine gewalttätige, arrogante und herrschsüchtige Religion wahrgenommen. Es hat keinen Sinn darüber zu rechten, inwiefern dieses Bild berechtigt oder doch korrekturbedürftig ist – der Eindruck besteht jedenfalls, und gerade ernsthafte Christenmenschen werden hier nichts beschönigen wollen.

Was sodann von Christen und Christinnen zu erwarten ist, ist Konsequenz, die ihnen im Lauf der Geschichte oftmals gefehlt hat. Es muß erkennbar werden, daß eben nicht Kreuzzug und Reconquista die legitime Konsequenz christlichen Glaubens darstellen, sondern daß es im Ansatz christlichen Glaubens liegt, wenn in Europa heute Moscheen gebaut werden können, obwohl der Bau oder auch nur die Renovierung von Kirchen in islamischen Ländern weithin verboten ist. Die Konsequenz des christlichen Glau-

---

[50] Vgl. H.-M. Barth (s. Anm. 15).

[51] Vgl. H.-M. Barth, Die Bücher reden lassen. Christliche und islamische Theologen diskutieren ihr Schriftverständnis, in: EvKomm 10 (1996) 597–599.

bens wird sich auch in einem engagierten Kampf um die Menschenrechte zeigen, wobei allerdings gerade hier sogleich Spannungen zu nichtchristlichen Religionen sichtbar werden.[52]

Der dritte und schließlich wesentlichste Punkt, der hier zu nennen ist, betrifft die Frage, woraus sich christliche Spiritualität speist. Dies zu thematisieren, kann hier nicht mehr meine Aufgabe sein. Aber es scheint mir offensichtlich: Nur wenn den Christen und Christinnen selbst aus ihren Quellen im biblischen Zeugnis, in Gebet und Gottesdienst und in ihrem Dasein füreinander und für andere die Kraft für ihren Glauben und ihre Spiritualität zufließt, haben sie die Berechtigung, im Kontext der Religionen den Mund aufzutun und – frei nach Luther – zu sagen: Hier stehe ich – liebend und bekennend – ich kann nicht anders. Gott helfe mir, Amen.

[52] Vgl. Chr. Elsas, Menschenrechte für Fremde. Religionswissenschaftliche Überlegungen zur interkulturellen Begegnung am Beispiel Islam, in: EvTh 53 (1993) 38–55.

Johannes Brosseder

Konstruktive Kritik einer pluralistischen Theologie der Religionen

Das Christentum und sein Verhältnis zu den großen Weltreligionen ist Gegenstand einer in den christlichen Kirchen in den letzten Jahren außerordentlich engagiert geführten theologischen Debatte. Offenbarung, Wahrheit, Heil, Inkarnation, heilshafte Gotteserkenntnis sind die zentralen Themen dieser Debatte. Näherhin geht es in ihr um die Frage, ob die Präsenz der Inhalte dieser Themen „ausschließlich im Christentum (Exklusivismus), oder nicht ausschließlich, aber in singulärer Höchstform (Inklusivismus), oder in gleichrangiger Form auch in anderen Religionen (Pluralismus) gegeben ist“ [1]. Angesichts der unendlich langen Geschichte des christlicherseits vertretenen „Exklusivismus“ und der auch langen, aber doch wiederum auch noch jungen Geschichte des christlicherseits vertretenen „Inklusivismus“ (so „Nostra Aetate“ des II. Vatikanischen Konzils) verwundert es nicht, wenn die theologischen Positionen des „Pluralismus“ zum Stein des Anstoßes geworden sind.[2] Zusammen mit den „Inklusivisten“ lehnen die „Pluralisten“ den „Exklusivismus“ ab; da sie aber auch von ihren Voraussetzungen aus den „Inklusivismus“ ablehnen müssen, werden die „Pluralisten“ zu Kritikern von Positionen, die vom II. Vatikanischen Konzil (Nostra Aetate) und von so unterschiedlichen Theologen wie Karl Rahner und – gänzlich anders – Hans Küng vertreten werden.

---

1 P. Schmidt-Leukel, Religiöse Vielfalt als theologisches Problem. Optionen und Chancen der pluralistischen Religionstheologie John Hicks, in: Christus allein? Der Streit um die pluralistische Religionstheologie (Quaestiones Disputatae, Bd. 160), hg. v. R. Schwager, Freiburg/Basel/Wien 1996, 11–49, hier 14.

2 Eine ausführliche Darstellung des mit Exklusivismus, Inklusivismus und Pluralismus Gemeinten bei: P. F. Knitter, Horizonte der Befreiung. Auf dem Wege zu einer pluralistischen Theologie der Religionen, Frankfurt a. M. 1997; ferner P. Schmidt-Leukel, Zur Klassifikation religionstheologischer Modelle, in: Catholica 47 (1993), 163–183.

Der Versuch einer „konstruktiven Kritik“ der pluralistischen Religionstheologie fällt mir deshalb nicht leicht, weil es sich dabei um die Kritik eines Themas handelt, dessen Entstehung, dessen Werden und dessen gegenwärtige Gestalt ich selbst mit viel innerer Sympathie verfolgt habe und verfolge, eines Themas, von dem ich wünsche, daß es nicht aus dem christlichen Verkehr gezogen wird. Wie bei allen interessanten und gleichzeitig innovatorischen Themen stellen sich natürlich Fragen.[3] Es ginge auch nicht mit rechten Dingen zu, blieben diese aus, geht es doch sowohl im Christentum wie in den anderen Weltreligionen um das, was man die letzten Fragen des Menschen nennt, um Gott, um Offenbarung, um Wahrheit, um Heil, um Sünde, um Tod, um Leid, um das Böse, um das Woher und Wohin des Lebens, um den Sinn des zum Tode bestimmten Lebens, um Erlösung und Befreiung. Meine Anfragen an eine pluralistische Theologie der Religionen stehen auf dem Boden einer grundsätzlichen Sympathie für deren theologische Hochschätzung der großen Weltreligionen durch die Anerkennung ihrer in bestimmter Hinsicht gegebenen Gleichrangigkeit mit dem Christentum. Dabei bin ich mir bewußt, daß die pluralistische Religionstheologie von deren Vertretern als theologische Hypothese verstanden wird, die eine Behauptung aufstellt, welche Wahrheit beansprucht, diesen Wahrheitsanspruch aber – weil Hypothese – selbstverständlich nicht apodiktisch erhebt; ferner ist wichtig, daß die Religionstheologie weder die Legitimität allgemeinverbindlicher Urteile bestreitet noch behauptet, anderen Religionen sei vonseiten des Christentums generell kriterien- und kritiklos zu begegnen.[4] Ob aber die theologische Hypothese einer pluralistischen Religionstheologie wirklich mit grundlegendem christlichem

---

3 Zu den Anfragen und Kritiken siehe M. v. Brück, J. Werbick (Hg.), Der einzige Weg zum Heil? Die Herausforderung des christlichen Absolutheitsanspruches durch pluralistische Religionstheologien (Quaestiones Disputatae, Bd. 143), Freiburg/Basel/Wien 1993; R. Schwager (Hg.), Christus allein? Der Streit um die pluralistische Religionstheologie (Quaestiones Disputatae, Bd. 160), Freiburg/Basel/Wien 1996. Die in diesen beiden Bänden getätigten Anfragen und Kritiken werde ich hier nicht bündeln; einige von ihnen vermag ich auch nicht zu teilen. Im folgenden versuche ich vielmehr Gesichtspunkte zu benennen, auf die ich bisher durch eine pluralistische Religionstheologie noch keine Antwort gefunden habe.

4 Vgl. P. Schmidt-Leukel (s. Anm. 1) 12–16.

„Glauben" (ich sage ausdrücklich nicht: „Glaubensannahmen"[5]) vereinbar ist, muß noch tiefer ausgelotet werden, als dies bisher m. E. geschehen ist.

I. Zum allgemeinen Umfeld einer Theologie der Religionen

Um zu meinen Fragen zu kommen, möchte ich zunächst an eine Unterscheidung erinnern, die mir eine Verständigung über das zu erörternde Thema erleichtert. Wie das Christentum, so sind auch die großen Weltreligionen einerseits soziale Gebilde, menschliche Gemeinschaften oder Gesellschaften, die – andererseits – von ihren jeweiligen Botschaften, Verkündigungen, den Inhalten und Gegenständen ihrer Predigt zu unterscheiden sind. Als menschliche Gemeinschaften sind das Christentum und die Religionen jedenfalls jeweils nicht deckungsgleich mit ihren Botschaften. Für das Christentum, insofern es eine menschliche soziale Institution ist, lassen sich einige Beobachtungen zusammenstellen, die nicht neu, aber für die Fragestellung nicht unerheblich sind. Ob diese Beobachtungen sich auch in anderen Religionen als menschlichen Gesellschaften machen lassen, sei hier dahingestellt. Es ist eine Tatsache, daß in den westlichen Industrienationen die Zahl der Mitglieder der christlichen Kirchen ständig schrumpft, aktives gemeindlich-gottesdienstliches Leben von immer weniger Menschen praktiziert wird, und – in der römisch-katholischen Kirche – insbesondere Lehren, die für die Kirchenspaltung verantwortlich zu machen sind, von vielen aktiven Kirchengliedern abgelehnt und im Bereich der Sexualmoral lehramtliche Überzeugungen von fast allen noch sogenannten Praktizierenden nicht mehr geteilt werden.

Dieser Schrumpfungsprozeß des Christentums als eines sozialen Gebildes und das Schrumpfen an Zustimmung zu bestimmten Lehren bei den noch verbliebenen Mitgliedern ist nicht notwendigerweise identisch mit einem Attraktivitätsverlust der grundlegenden christlichen Botschaft. Nicht unbeachtlich ist die Zahl derer, die sagen: „Gott und Jesus: ja, Kirche: nein". Es gibt auch das beobachtbare Phänomen, daß wichtige christliche Grundüberzeu-

[5] Ebd. 12.

gungen außerhalb des Christentums in der säkularen Welt von den sogenannten Religionslosen oder von den sogenannten Glaubenslosen deutlicher vertreten werden als innerhalb des Christentums von den sich als Gläubige verstehenden Menschen. Die Botschaft des Christentums ist jedenfalls vom Christentum als menschlicher Gemeinschaft durchaus zu unterscheiden; sie ist gewissermaßen eine eigenständige Größe, die an das Christentum als menschliche Gemeinschaft als kritischer Maßstab anzulegen ist. Wie ein Christentum, das Kreuzzüge veranstaltete, Judenpogrome durchführte, Häretiker und Hexen verbrannte und die dazu notwendigen Teillehren einschließlich der Stellvertreter-Christi-Ideologie erfand, wohl offenkundig die Bibel schlecht gelesen hat, so haben ebenso offenkundig muslimische Geistliche, die während des Freitagsgebetes zu Mord und Terror aufrufen, ihren Koran schlecht gelesen. Der Abscheu vieler vor dem der Religion als sozialem Gebilde inhärenten Gewaltpotential und das Wissen vieler, daß die Menschenrechte gegen „die Religion" durchgesetzt wurden und innerhalb der Religionsgemeinschaften vielfach keine Anwendung auf deren Mitglieder finden, hat in den westlichen Ländern die Säkularisierung beschleunigt. Der Trend geht hier jedenfalls ungebrochen in Richtung größerer Säkularisierung und Religionslosigkeit. Dieser wird auch nicht umgekehrt durch das doch periphere Phänomen des Zulaufs zu neuen religiösen Bewegungen und zur Esoterik, aber auch nicht durch krampfhafte Evangelisierungs- und Reevangelisierungskampagnen seitens der Kirchen, erst recht nicht durch so zwielichtige Unternehmungen wie das Neokatechumenat oder durch das Opus Dei. Dieser Trend wird erst recht nicht umgekehrt durch einen gemeinsamen militanten Imperialismus der Religiösen gegen die Religionslosen. Die durch die Religion als sozial verfaßte Größe selbst gestiftete Religionslosigkeit gehört zu der geschichtlichen und faktischen Gestalt von Religion, der auch eine pluralistische Religionstheologie Rechnung zu tragen hat. Die Kluft zwischen Gläubigen und Glaubenslosen, zwischen Gläubigen und Ungläubigen, zwischen Religiösen und Religionslosen ist vielleicht gar nicht so groß, wie man auf den ersten Blick meinen könnte. In jeder Religionstheologie, auch in einer pluralistischen, sind jedenfalls die negativen Folgen der Religionen als sozial verfaßte Größen und die Einwände der Religionskritik sowohl an den Religionen als sozial verfaßten Größen wie auch an den Lehren der Religionen mitzureflektieren. Das ist meines Wissens bisher nicht geschehen. In einer „Theologie der Religionen", auch in der pluralistischen, fehlen mir jedenfalls sowohl eine „Theologie der Religionslosigkeit" wie auch eine ausdrücklich artikulierte Achtung, Liebe und Sympathie gegenüber den Religionslosen. Dietrich Bonhoeffers Erwägungen in „Widerstand und Ergebung" über das Problem „Christentum in einer religionslosen Welt" kann man nicht übergehen, wenn man sich mit „Religion" und „Religionen" befaßt. Das allgemeine intellektuelle und kulturelle Umfeld von Religion darf nicht einfach als quantité négligeable übergangen werden. Vor der Botschaft der Religion stehen jedenfalls „Gläubige" wie „Glaubenslose" gleichermaßen.

Rückbesinnung auf die grundlegende Botschaft der Religion durch die Religion als eine sozial verfaßte Größe ist daher das erste, was man von einer Religion erwarten kann, damit eine Theologie der Religionen, auch eine pluralistische, auch außerhalb der Welt der Religiösen als ein seriöses Unterfangen angesehen werden kann. Solche Rückbesinnung könnte mit Abraham-Joschua Heschel folgendermaßen geschehen: „Es ist heute Mode geworden, säkulare Wissenschaft und antireligiöse Philosophie für den Rückgang der Religion in der modernen Gesellschaft verantwortlich zu machen. Ehrlicher wäre es, der Religion selbst die Schuld für ihr eigenes Versagen zu geben. Die Religion geht nicht zurück, weil man sie ablehnt, sondern weil sie irrelevant, langweilig, tyrannisch oder uninteressant geworden ist. Wenn bloßes Lippenbekenntnis an die Stelle des Glaubens tritt, Disziplin echte Verehrung ersetzen muß und Gewohnheit Liebe, wenn man die Krise der Gegenwart nicht sehen will wegen der glänzenden Vergangenheit, wenn Glaube zum Erbstück wird statt zur lebendigen Quelle, wenn die Religion nur noch mit der Stimme der Autorität spricht und nicht mehr mit der Stimme des Mitleids – dann ist ihre Botschaft sinnlos geworden".[6]

---

6 A. J. Heschel, Gott sucht den Menschen. Eine Philosophie des Judentums, Neukirchen-Vluyn 1992, 3.

II. Zur Differenz von ökumenischer Theologie und einer Theologie der Religionen

Öfter kann man im Zusammenhang interreligiöser Dialoge und der dazu entwickelten pluralistischen Theologie der Religionen den Vergleich mit der innerchristlichen Ökumene finden. Wahre Ökumene müsse die innerchristliche Ökumene überschreiten auf eine interreligiöse Ökumene hin. In der innerchristlichen Ökumene sei der Monismus bzw. Uniformismus durchbrochen worden, um Spielraum für die Idee einer legitimen, weil gleichwertigen Vielfalt christlicher Glaubensweisen zu schaffen. Ich halte den Vergleich der interreligiösen Ökumene mit der innerchristlichen Ökumene für nicht zulässig, weil eine pluralistische Religionstheologie durchaus etwas ganz anderes verfolgt als eine innerchristliche ökumenische Theologie.

Die Aufgabe einer ökumenischen Theologie ist nicht und kann nicht sein, theoretische Erklärungsmodelle für die Existenz der Vielfalt von christlichen Kirchen zu entwickeln und auf ihre Plausibilität hin an den konkreten Kirchen zu prüfen, sondern es ist ihre Aufgabe, den Kirchen zu helfen, gemäß der Wahrheit des biblischen Zeugnisses zu lehren und zu leben und dabei den trennenden Schutt ihrer gegeneinander gelebten und bezeugten Vergangenheiten so auszuräumen, daß die Kirchen – ihrer Botschaft entsprechend – ihre koinonia, communio, Gemeinschaft im Gottesdienst wieder aufnehmen können, um aus diesem heraus ihr Zusammenleben konkret zu gestalten. Insofern geht es letztlich der ökumenischen Theologie um ein praktisches Ziel, nämlich um die Konvivenz der Kirchen, darum also, die eine Kirche Jesu Christi in der Gemeinschaft der Kirchen zu leben. Und auch das nicht um ihrer selbst willen, sondern damit der Glaube wieder lebendige Quelle werden kann, echte Verehrung Raum hat, Liebe ungehindert möglich wird, Christentum in den Kirchen und durch sie wieder mit der Stimme des Mitleids glaubwürdig zu sprechen vermag, was durch das Mitsprechen des jeweils die anderen Kirchen Ausschließenden wirklich nicht gelingen kann, wenn man sich auf denselben Herrn Jesus Christus beruft.

Eine Theologie der Religionen dagegen will eine ausgesprochen theoretische Aufgabe lösen; sie will nämlich Erklärungsmodelle für die religiöse Vielfalt entwickeln und sie auf ihre Plausibilität hin prüfen. Würde dies das einzige Ziel einer Theologie der Religionen sein, dann wäre sie letztlich uninteressant. Denn die religiöse Vielfalt ist faktisch gegeben, ob sie nun theoretisch erklärt wird oder nicht, ob die Modelle dieser Erklärung plausibel sind oder nicht. Entscheidend ist doch allein, was Christen mit dieser Vielfalt anfangen und wie sie sich zu ihr stellen. Eine pluralistische Theologie der Religionen, die von einigen christlichen Theologen betrieben wird, will dieselbe Wertigkeit, die das Christentum sich selbst zuspricht, auch den anderen Religionen als sozial verfaßten Heilssituationen (im Unterschied zur individuellen Heilschance, die – um mich der Terminologie der pluralistischen Theologie zu bedienen – unabhängig von den Religionen und für sie irrelevant ist)[7], zusprechen. Diese Hypothese der pluralistischen Religionstheologie will ausdrücklich nicht besagen, daß alle Religionen gleichwertig sind. „Sie besagt lediglich, daß vom Standpunkt der eigenen Religion aus einige andere Religionen als gleichwertig, wieder einige andere als defizitär und einige sogar als völlig abwegig beurteilt werden können."[8] Im Unterschied hierzu urteilt eine seriöse ökumenische Theologie nicht vom Standpunkt der eigenen Kirche über die anderen Kirchen, sondern sie beurteilt die eigene Kirche und die anderen Kirchen nach dem Maßstab des der eigenen Kirche und den anderen Kirchen gemeinsam vorgegebenen und von ihnen gemeinsam vernommenen biblischen Zeugnis; daran müssen sich Kirchen messen lassen in Verfassung, Lehre, Glaubensbekenntnis und Glaubenszeugnis, in ihrem Gottesdienst, in ihren Ämtern, in ihrer gelebten Gemeinschaft von Mann und Frau, in ihrer Diakonie usw. Dementsprechend haben sich die christlichen Kirchen je neu umfassend auszurichten. Dies zeigt nur an, daß die innerchristliche Ökumene sich mit einer Theologie der Religionen, auch mit einer pluralistischen, nicht vergleichen läßt.

---

7 Siehe P. Schmidt-Leukel, Skizze einer Theologie der Religionen, in: G. Riße, H. Sonnemanns, B. Theß (Hg.), Wege der Theologie: an der Schwelle zum dritten Jahrtausend (FS H. Waldenfels), Paderborn 1996, 447–460, hier: 450f.

8 So P. Schmidt-Leukel, Religiöse Vielfalt als theologisches Problem, in: Christus allein? (s. Anm. 1) 36.

III. Zum Problem der christlichen Botschaft angesichts einer pluralistischen Religionstheologie

In den oben zitierten beiden Büchern „Der einzige Weg zum Heil?“ und „Christus allein?“ wird neben anderem ausführlich das Problem der Christologie, der Inkarnation und das der alleinigen universalen Heilsmittlerschaft Jesu Christi erörtert. Die dort vorgetragenen kritischen Positionen zur pluralistischen Religionstheologie seien hier nicht einfach wiederholt. In dem Band „Christus allein?“ hat sich Perry Schmidt-Leukel mit vielen Positionen der Kritiker einer pluralistischen Religionstheologie gründlich auseinandergesetzt und mancherlei Klärung gebracht. Dennoch ist dieses Thema damit noch nicht zu Ende diskutiert. Ich möchte einige Aspekte aus schon gestellten Fragen aufgreifen und sie von einem anderen Blickwinkel aus noch einmal neu stellen. Das Christentum hat eine universale Botschaft, die von ihm selbst als – im Blick auf die anderen großen Weltreligionen – trotz weltweiter Verbreitung regionaler und partikularer menschlicher Gemeinschaft verschieden ist. Die Botschaft des Christentums ist universal, die menschliche Gemeinschaft, die sie bekennt oder besser bekennen soll, also das Christentum, ist eine partikulare Größe. Dieser Botschaft verdankt es selbst sich, es hat ihr zu dienen, es kann von ihr her selbst kritisiert werden usw. Diese Botschaft ist – abgekürzt gesagt – die Botschaft von Gottes freiem und bedingungslosem universalem Heilshandeln in Kreuz und Auferweckung Jesu Christi; dieses Heil gilt allen Menschen, ja sogar der gesamten Kreatur. Daraus entsteht die Frage, ob die Christen ihrer Botschaft treu bleiben, wenn sie zwar den allgemeinen Heilswillen Gottes bekennen, dessen christologische Vermittlung aber faktisch regionalisieren und nur noch für die Christen gelten lassen. Konstruieren wir einmal den – immerhin denkbaren – Fall vom historischen Ende des Christentums im letzten Drittel des 1. Jahrhunderts und den weiteren Fall – denken kann man dies ja –, es hätte zum damaligen Zeitpunkt schon eine pluralistische Religionstheologie gegeben, dann ergäbe sich in bezug auf das hier erörterte Problem folgende Sichtweise: Gottes universales Heilshandeln in Kreuz und Auferweckung Jesu Christi hätte dann – abgekürzt gesagt – nur für die Judenchristen und für den getauften Heiden Cornelius Geltung gehabt. Das wäre ja auch schon etwas, aber in der apostolischen Überlieferung, die wir im Neuen Testament finden, steht es halt anders. Hätte Paulus schon eine pluralistische Theologie der Religionen gekannt, hätte er seine Missionsreisen streichen und sich wirklich manchen Ärger ersparen können. Mit Hilfe einer solchen Theorie wäre es vermutlich erst gar nicht zu einem Christentum gekommen.

Ein christlich verantwortetes theoretisches Erklärungsmodell für die Legitimität und Gleichwertigkeit der Vielfalt der Heilssituationen, d. h. der Religionen, muß jedenfalls dem Widerspruch der Botschaft des Evangeliums dazu standhalten können. Ich sehe jedenfalls bis jetzt nicht, wie das überzeugend geschehen kann. Man kann natürlich die Botschaft ändern; wenn man das aber tut, kann man nicht mehr sagen, man könne sie den ältesten christlichen Quellen, für jedermann nachlesbar, entnehmen. Für die Regionalisierung der christologischen Vermittlung des universalen Heilswillens Gottes fehlt m. E. nicht nur die biblische Grundlage; ja diese widerspricht dieser These. Eine Theologie der Religionen, welche die Vielfalt der Religionen erklären und deren prinzipielle Gleichwertigkeit darlegen will, hat jedenfalls sowohl die Differenz zwischen der universalen Botschaft des Christentums und der diese verkündigenden partikularen Gemeinschaft als auch den essentiellen Gehalt der Ursprungsgestalt dieser Botschaft, die die alleinige Heilsmittlerschaft Jesu Christi bis jetzt jedenfalls noch enthält, mitzureflektieren. Dieser Gehalt widerspricht bis jetzt jedenfalls der entwickelten Theorie; das hier liegende Problem kann m. E. noch nicht als schon gelöst betrachtet werden. Um zum wirklichen Gespräch und nicht bloß zum Scheingespräch mit Menschen anderer Religionen, anderer Glaubensüberzeugungen und anderer weltanschaulicher Ausrichtung zu gelangen, kann einstweilen christlicherseits auch immer noch auf die alten imago-Dei- und/oder peccatum-originale-Lehren zurückgegriffen werden, die die Gleichheit aller Menschen vor Gott betonen und Gespräch und Zwiesprache mit ihnen ohne jede Diskriminierung ermöglichen, auch von Religion zu Religion, und dies erst recht zum Thema Heil. Daß diese alten christlichen Lehren natürlich noch nicht die theologische Lösung des Problems sind und sein können, versteht sich von selbst. Hier haben Vertreter einer pluralistischen Religionstheologie, die Wichtiges und Richtiges vortragen, und deren Kritiker, die – von Fehlinterpretationen der pluralistischen Religionstheologie abgesehen – ebenso Wichtiges und Richtiges vortragen, noch ein großes Stück gemeinsamer Arbeit vor sich. Es ist allerdings unerträglich, wenn diese gemeinsame Arbeit durch Disziplinarmaßnahmen an Vertretern einer pluralistischen Religionstheologie massiv behindert wird.

IV. Zum Problem der Glaubenssprache angesichts einer pluralistischen Religionstheologie

Das Christentum und die Christen müssen sich an ihrer Botschaft messen lassen; nicht sie selbst sind absolut, sondern nur derjenige ist es, den sie verkündigen. Er hat in Kreuz und Auferweckung Jesu Christi sein universales Heilshandeln geoffenbart. Würde die christliche Botschaft vom Heil in Jesus Christus nicht das Heil aller im Auge haben, sondern nur das Heil der Christen, dann würde die christliche Botschaft überhaupt nicht von Heil sprechen. Das Heil ist eine unteilbare Größe. Christen glauben dieser Heilsbotschaft, aber in diesem Glauben glauben sie das Heil aller anderen als von Gott im Kreuz Christi ein für allemal vollzogen mit. Ob jemand tatsächlich ins Heil kommt, das wissen auch Christen nicht, auch nicht sie selbst für sich selbst. Würden Christen nicht so glauben, dann müßten sie grundsätzlich die Menschen auf zwei Lager verteilen: Im einen Lager säßen die Menschen, die nur als Mitmenschen auf der Ebene der Schöpfung angesehen werden könnten, während im anderen Lager die Menschen säßen, die als Christen darüber hinaus noch zusätzlich als durch Jesus Christus schon Erlöste angesehen werden müßten. Die universale christologische Vermittlung des Heils als Inhalt der Botschaft des Evangeliums wahrt aber in der Sprache des Glaubens die Einheit und die Gleichheit aller Menschen vor Gott, seien sie nun Christen oder nicht, da in der Sprache des christlichen Glaubens alle Menschen als von Gott erschaffen und als grundsätzlich im Kreuz Christi schon erlöst begriffen werden. Daher gebührt auch den Nichtchristen theologisch dieselbe Achtung und Ehre wie den Christen. Wie das Christentum, so hat jede seriöse Religion in ihrem Binnenraum und in der Binnensprache ihres Glaubens das Heil universal und nicht regional zu artikulieren. Da in den anderen Religionen das Heil selbstverständlich und natürlich nicht als christologisch vermittelt ausgegeben wird und werden kann, lesen Christen, sofern in anderen Religionen vom Heil gesprochen wird, dies für sich selbst als christologisch vermitteltes Heil. Das erfordert die innere universale Ausrichtung der Binnensprache des christlichen Glaubens.

Eine Glaubenssprache, welche nicht alle Menschen und die gesamte Welt im Glaubensvollzug vor das von Gott geschenkte Heil zu sammeln vermag, ist auch keine ernstzunehmende wirkliche Glaubenssprache, sondern Jargon einer nur sich selbst zum

Inhalt habenden Gruppe als Gruppe. Letzteres macht das Wesen einer Sekte aus; im Zentrum ihrer „Verkündigung" steht nicht das von Gott geschenkte Heil, sonderen letztlich sie selbst als menschliche Gruppe, indem sie das Heil abhängig macht von der Zugehörigeit zu ihr. Sie lobt und preist nicht den, der das Heil geschenkt hat, sie lobt und preist vielmehr sich selbst, weil die Zugehörigkeit zu ihr das Heil gewährt. In der Gefahr, zur Sekte zu werden, stehen natürlich auch bestimmte christliche Kirchen, wenn sie die Ekklesiologie (einschließlich der vorhandenen Ämter) oder – anders gesagt – die Ideologie der Gruppe als Gruppe gewissermaßen zum Zentrum ihres Glaubens machen und ihretwegen z. B. die communio ecclesiarum, die Gemeinschaft der Kirchen, zu verwirklichen unfähig sind. Glaubenssprache aber stellt niemals sich selbst oder die Gruppe als Gruppe, die Kirche als Kirche in den Mittelpunkt. Glaubenssprache ist die Sprache des Gebets; Gott danken und Gott loben zeichnen sie aus. In Lob und Dank vollzieht sich die Zwiesprache mit Gott. Zwiesprache mit Gott ist aber nach Martin Buber nur durch das Reden mit den Menschen möglich: „Oben und unten sind aneinander gebunden. Wer mit den Menschen reden will, ohne mit Gott zu reden, dessen Wort vollendet sich nicht; aber: wer mit Gott reden will, ohne mit den Menschen zu reden, dessen Wort geht in die Irre".[9] Solches Reden mit den Menschen vollzieht sich in liebender, nicht in herablassender Zuwendung zum anderen. Die Liebe macht den anderen groß. Glaubenssprache ohne diese Dimension ist keine Glaubenssprache; der andere muß in ihr päsent sein, er ist in ihr miteinbeschlossen.

Der reflektierte Vollzug solcher Glaubenssprache ist im Christentum die Dogmatik, die ihrerseits ebenso alle Menschen und die ganze Welt in dieser Reflexion zu versammeln hat. Diese Binnensprache des christlichen Glaubens hat aber strikt Binnensprache des Glaubens zu bleiben. Sie schlägt, „nach draußen" gesprochen, nicht um in eine Wissenssprache; als Binnensprache des Glaubens, auch in ihrer reflektierten Gestalt, eignet sie sich nicht als Exportsprache von christlichem Wissen um den Stellenwert von anderen Religionen, Weltanschauungen und Ideologien im Heilsplan Gottes und um das faktische Heil von Menschen, die in anderen

---

[9] M. Buber, Das dialogische Prinzip, Kap. Zwiesprache, Heidelberg [3]1973, 160.

Religionen leben oder die bestimmten Weltanschauungen und Ideologien anhängen. In ihrer Glaubenssprache danken Christen Gott für das allen Menschen geschenkte Heil. Sie nehmen im Gebet alle anderen Menschen und alles andere wahr, auch die Religionen; sie sammeln sie, in Zwiesprache mit ihnen, im Gebet durch Jesus Christus vor Gott. Ist das überheblich? Ist das arrogant? Ist das intolerant? Ist das Vereinnahmung derer, die nicht vereinnahmt werden wollen? Ich denke nicht, und zwar deshalb nicht, weil jede Glaubenssprache, auch die anderer Religionen, alle Menschen und die gesamte Welt im Gebet vor Gott versammeln wird. Das Heil ist eine universale Größe. Viele Religionen bezeugen dies. Da im Christentum aber der universale Heilswille Gottes sich in der christologischen Vermittlung des Heils äußert, ist diese christologische Vermittlung ebenso universal. Deshalb kann in der Binnensprache des Glaubens die christologische Vermittlung des Heils nicht regionalisiert werden. Diese Universalität bezeugt der christliche Glaube; im Gebet wird dieser Sachverhalt Gott lobend und dankend glaubend ausgesprochen.

Von außen gesehen, menschlich und – sagen wir – religionswissenschaftlich gesehen, geschieht hier wechselseitige Vereinnahmung des jeweils anderen Zugehörigkeiten sich verpflichtet wissenden Menschen. Theologisch gesehen gibt es dazu aber keine Alternative. Denn auf die universale Ausrichtung der Binnensprache des Glaubens kann nicht verzichtet werden; regionale Ausrichtung der Binnensprache des Glaubens ist Ausgrenzung. Ausgrenzungen, auch wenn sie einem freundlichen Zweck dienen, bleiben aber Ausgrenzungen; der andere hat ein Recht darauf, zu erfahren, welchen Platz er in der Binnensprache des christlichen Glaubens, für welche die universale christologische Vermittlung des Heils konstitutiv ist, einnimmt. Ich kann ihm doch nicht im Ernst sagen: „Dank unserer pluralistischen Religionstheologie kommst du in meiner glaubenden Binnensprache jetzt nicht mehr vor, weil du ja deine eigene hast, die der meinen gleichwertig ist". Wenn eine solche Sicht nicht positiv ausgeschlossen werden kann, würde sie wohl eher ihre Nähe zum bürgerlichen Eigentumsbegriff als ihre Nähe zur Binnensprache des Glaubens offenbaren. Wenn ich aber dem anderen sagen kann: „Im lobpreisenden Gebet stehst Du direkt neben mir, weil in meiner Glaubenssprache das christologisch vermittelte Heil Dir wie mir unterschiedslos in derselben Weise gilt; Du bist in ihr nicht ausgeschlossen, in Zwiesprache mit

Dir halte ich Zwiesprache mit Gott", dann erst, so meine ich, tritt die tiefste Schicht menschlicher Solidarität mit dem anderen als anderem zutage. Diese Binnensprache des Glaubens wahrt ihre universale Ausrichtung, sie schließt niemanden aus, sie grenzt auch nicht aus, sie versammelt alle vor Gott und artikuliert sich dennoch nicht auf Kosten und zu Lasten anderer, sie ist weder arrogant noch militant noch intolerant. Ein arroganter oder militanter oder intoleranter Beter ist kein Beter. Zur Zeit vermag ich nicht zu sehen, wie eine pluralistische Religionstheologie die universale Ausrichtung der Binnensprache des Glaubens und deren theologisch-reflektierten Ausdruck zu wahren vermag. Im Binnenraum dieser Sprache kann und darf es Regionalisierung des Heils nicht geben.

V. Zur Differenz des christlich-jüdischen Gesprächs zum interreligiösen Dialog

Bisher wird in einer Theologie der Religionen und im interreligiösen Dialog der fundamentale Unterschied zwischen dem christlich-jüdischen Gespräch einerseits und dem Gespräch des Christentums mit den anderen Religionen der Menschheit nicht wirklich wahrgenommen. Vielerorts gibt es die mit dem Unwort Trialog benannten Dialoge zwischen Judentum, Christentum und Islam, ein Dialog also der sogenannten abrahamitischen Religionen, andernorts gibt es die vielen interreligiösen Dialoge bilateraler oder multilateraler Art. Das christlich-jüdische Gespräch jedoch hat eine ganz andere theologische Qualität und auch eine ganz andere Zielrichtung als die Gespräche des Christentums mit den anderen Religionen der Menschheit. Das hängt zutiefst mit der Entstehungsgeschichte des Christentums zusammen. Die gesamte religiöse Sprachschule des Christentums im Ursprung ist die kanonische Literatur des Judentums. Die judenchristliche Literatur des 1. Jahrhunderts, das also, was wir Neues Testament nennen, ist und bleibt unter Berufung auf Jesus dem Glauben Israels verpflichtet, teilweise mit einer neuen Ausrichtung auf die Welt der Völker. In dieser judenchristlichen Literatur finden wir eine teilweise sehr heftige innerjüdische Polemik der verschwindend kleinen jüdischen Minorität der Judenchristen gegen die Majorität der Juden. Diese Polemik vollzieht sich innerhalb „des Volkes"; sie kann nicht verstanden werden als Polemik „der Christen“ gegen „die Juden“, weil die Judenchristen sich dem Glauben Israels verpflichtet wußten und diesem die Treue wahrten. Die jüdische eschatologische Ausrichtung dieses Glaubens auf die Welt der Völker (Wallfahrt der Völker am Ende der Tage zum Berge Zion) ist im Judenchristentum unter Rekurs auf das eschatologische Ereignis von Tod und Auferweckung Jesu Christi grundlegend als sich jetzt schon vollziehend gewahrt. Die Heidenchristen, die Christen also aus der Welt „der Völker“, die sich unter Berufung auf Jesus Christus dem Bekenntnis Israels zu dem einen und einzigen Gott anschlossen und dabei viele einzelne Weisungen der Tora nicht mehr beachteten, übernahmen die judenchristliche Polemik gegen die jüdische Majorität und machten nun aus einem innerjüdischen Streit, aus einem Streit also innerhalb „des Volkes“, eine Polemik „der Völker“ (Heidenchristen) gegen „das Volk“ (Juden). In diesem Streit sind die Judenchristen aufgerieben worden, so daß faktisch das Christentum ein Heidenchristentum geworden ist. Die judenchristliche Polemik wurde somit gewissermaßen zur Waffenkammer für den Kampf „der Völker“ (Heidenchristen) gegen „das Volk“. Es begann eine Jahrhunderte währende – von gelegentlichen äußerlich friedlicheren Perioden abgesehen – insgesamt feindliche Geschichte des Christentums gegen das Judentum, in welcher eine christliche Theologie der Verwerfung Israels besonderes Gewicht hatte. Die Glaubenssprache der Christen, die sich mit biblischen Anleihen im Kontext der Kulturen der Völker der Alten Welt entwickelte, begriff sich als Erbe und in Kontinuität zur Glaubenssprache Israels, das keine Glaubenssprache mehr besaß, weil es ja verworfen war. So begriff sich die Glaubenssprache „der Völker“ (Heidenchristen) als jeweils gegen das zeitgenössische Judentum gerichtet. Die Christen sind erst durch die Shoah aufgerüttelt worden, ihre eigene Glaubenssprache und ihre eigene Theologie im Blick auf ihren Ursprung und im Blick auf ihre Beziehungen zum Judentum völlig neu zu gestalten. Hier stehen wir erst an den allerersten Anfängen. Unter Berufung auf Jesus und im Geiste des Gottes Israels, der der Gott Jesu ist (und nicht im Geiste der Götter Griechenlands, Roms oder Äyptens) beten Christen, die aus der Welt „der Völker“ und nicht aus der „des Volkes“ stammen, zum Gott Israels, zum Gott Abrahams, Isaaks und Jakobs, dem Israel durch alle Verfolgungen und Pogrome hindurch bis heute ununterbrochen seit den biblischen Anfängen die Treue gewahrt hat.

Christen (Heidenchristen) haben erst nach der Shoah entdeckt, daß es ihr eigener Glaube ist, der sie bekennen läßt, daß Gottes Bund mit Israel unwiderruflich ist. Entlang dieser Leitlinie haben Christen im christlich-jüdischen Dialog damit begonnen, ihre gesamte überlieferte Binnensprache daraufhin zu prüfen, ob sie diesem christlichen Bekenntnis zum fortdauernden Bund Gottes mit Israel standzuhalten vermag. Wo dies nicht der Fall ist, bedarf es der Korrektur dieser Sprache; dazu zwingt sie der Jude Jesus, dessen Botschaft von der kommenden und jetzt relevanten Herrschaft Gottes sie in der Welt der Völker bezeugen wollen und sollen. Bei der Durchforstung der Binnensprache des christlichen Glaubens mit Blick auf den eigenen Ursprung wie im Blick auf das gegenwärtige Judentum kann eine sich an den Prinzipien der ökumenischen Theologie orientierende Methodik und Zielsetzung hilfreich sein, die von derjenigen der interreligiösen Dialoge – wie oben gezeigt – grundverschieden ist. Auch eine pluralistische Theologie der Religionen hat die grundlegend andere Qualität einer „christlichen Theologie Israels“ gegenüber einer „christlichen Theologie der Religionen“ zum Ausdruck zu bringen. Am Beispiel einer nicht mehr antijüdisch verstandenen christlichen Binnensprache des Glaubens sei das Gemeinte und dessen Folgen kurz (leider zu kurz) verdeutlicht: Christen beten – es wurde schon erwähnt – als Christen aus der Welt „der Völker“ mit und durch Jesus Christus zum Gott „des Volkes“ Israel im Geiste dieses Gottes. Die an sich gänzlich unjüdische Trinitätslehre kann als der eindrücklichste Beweis des Einstimmens der Christen in das Gottesbekenntnis „des Volkes“ (Israel) gelten, obwohl Juden sie als solche nicht teilen können und obwohl sie in einer langen christlichen Verwendungeschichte als gegen das „falsche“ Gottesbekenntnis Israels gerichtet begriffen wurde. In der Welt „der Völker“ aber versammeln die Christen in ihrer Glaubenssprache auch die Menschen anderer Religionen vor das Heil des Gottes „des Volkes“ Israel, das sich ihnen selbst durch die einzige Mittlerschaft Jesu Christi erschlossen hat und durch den „die Völker“ Zugang zum Gott Abrahams, Isaaks und Jakobs haben.

Der Platz reicht nicht, um ausführlicher werden zu können. Ich muß es hier bei diesen Andeutungen belassen. Zu dem grundlegenden Unterschied der Beziehungen des Christentums zum Judentum einerseits und der Beziehungen des Christentums zu den Religionen der Menschheit andererseits, zu dem grundlegenden

Unterschied einer „christlichen Theologie Israels“ zu einer „christlichen Theologie der Religionen“ findet sich, wenn ich nichts übersehen habe, bisher in der pluralistischen Religionstheologie noch kein einziger Satz.

VI. Abschließende Erwägungen: Pluralismus und Inklusivismus?

Die Pluralität der Religionen ist eine nicht zu leugnende Tatsache. Eine Theologie der Religionen will Erklärungsmodelle für die religiöse Vielfalt entwickeln und auf ihre Plausibilität hin prüfen. Dem weiß sich auch eine pluralistische Religionstheologie verpflichtet, die trotz konstatierter Verschiedenheiten die Gleichwertigkeit heilshafter Gotteserkenntnis in den großen Weltreligionen mit derjenigen des Christentums behauptet. Mit dieser Behauptung werden die christlicherseits bisher vertretenen Positionen des Exklusivismus und des Inklusivismus von den Vertretern des Pluralismus ausgeschlossen. In bezug auf die Pluralität der Religionen als sozial verfaßten Größen gibt es m. E. keine vernünftige Alternative zu einer pluralistischen Religionstheologie, wenn es dieser gelingt, Religionslosigkeit als allgemeines kulturelles Phänomen zumindest in der westlichen Welt nicht nur negativ zu bewerten, wenn sie sich nicht als Verlängerung der innerchristlichen Ökumene begreift, und wenn sie den grundlegenden Unterschied einer „christlichen Theologie Israels“ zu einer „christlichen Theologie der Religionen“ wahrt. Eine christliche Theologie der Religionen kann nicht eine Metatheorie einer christlichen Theologie Israels sein.

Probleme mit dem religionstheologischen Pluralismus entstehen christlicherseits auf der Ebene der christlichen Botschaft und der christlichen Glaubenssprache. Ich sehe bisher jedenfalls nicht, wie die Universalität der Binnensprache des christlichen Glaubens und deren reflexe Ausdrucksform in Gestalt der christlichen Theologie sich mit einem religionstheologischen Pluralismus vereinbaren läßt. Christlicher Glaube kann nicht darauf verzichten, die anderen Religionen im Glauben vor dem in Jesus Christus zugänglichen Heil Gottes zu versammeln, es sei denn, er gäbe seine universale Ausrichtung auf. Christen könnten aber die anderen Religionen fragen, ob sie in ihnen einen Platz und, wenn ja, welchen sie dort haben. Vielleicht geschieht ja mit den Christen in anderen Religionen bestenfalls dasselbe, was die Christen in ihrer Glaubenssprache mit den anderen Religionen tun; wenn das der Fall wäre, dann ergäbe das so etwas wie eine wechselseitige Vereinnahmung aller anderen Religionen durch jeweils eine. Bezogen auf die universale Ausrichtung der jeweiligen Glaubenssprache der einzelnen Religionen könnte man – von außen gesehen – von einem Pluralismus des jeweiligen Inklusivismus der einzelnen Religionen sprechen. Über die Legitimität des wegen der Universalität des Heils notwendigen Inklusivismus in den einzelnen Glaubenssprachen könnte und müßte ein interreligiöser Dialog geführt werden. Vielleicht aber wäre zuvor hie und dort noch der Exklusivismus zu überwinden, der das universale Heil letztendlich abhängig macht von der Zugehörigkeit zu der Gemeinschaft, die es zu verkündigen hat, und dabei die Botschaft mit der Gemeinschaft identifiziert, die diese Botschaft verkündigen soll. Das Ergebnis des Gesprächs über den Inklusivismus kann aber nicht schon vor dessen Beginn vorweggenommen, es kann erst an dessen Ende von den Partnern gemeinsam festgestellt werden. In dieses Gespräch treten Christen jedenfalls mit einer Glaubenssprache, die die anderen nicht aus-, sondern einschließt.

Gavin D'Costa

Viele Welten – viele Religionen

Warum eine pluralistische Theologie der Religionen in der gegenwärtigen Krise nicht hilfreich ist

Gleich zu Anfang muß ich gestehen, daß ich mich wie eine häßliche Schwester auf dem Ball fühle! Statt Paul Knitters wichtigen Aufruf zu einer interreligiösen, befreienden globalen Verantwortung zu feiern, versuche ich hier, dieses ganze Projekt in Frage zu stellen. Das könnte mich leicht zu einem Öko-Rowdy, einem rechten Reaktionär und, noch schlimmer, zu einem christlichen Imperialisten stempeln. Ich werde solche Etikettierungen anderen überlassen, jedoch nicht ganz. Ich werde begründen, daß Knitters Projekt im Grunde seinen edlen Absichten abträglich ist (nämlich, die Erde zu retten und Leiden zu lindern), so daß er im Endeffekt als Antwort auf die Weltprobleme (unbeabsichtigt) eine neuheidnische, öko-faschistische Spielart liberaler Modernität vertritt. Und wenn die Religionen das nicht mögen, dann sollen sie sich ändern!

Ich werde darlegen, daß Knitters Vorschlag auf eine Weise mit dem von Kant begonnenen Projekt der Aufklärung verbunden ist, daß einem universalen ethischen Imperativ Priorität gegenüber Metaphysik und Religion eingeräumt wird.[1] Alle Menschen sind

---

[1] In dieser Hinsicht stimme ich Kardinal Ratzingers Analyse zu, daß Knitter und Hick Kant'sche Relativisten sind, obwohl er sonderbarerweise die Wendung zur Orthopraxis in Knitters Werk dem Einfluß durch indische Religionen zuschreibt statt einer weiteren mit Marxismus verbundenen Ausarbeitung der Moderne. Vgl. dazu: Joseph Kardinal Ratzinger, Zur Lage von Glaube und Theologie heute, in: Internationale Katholische Zeitschrift Communio 25 (1996), 359–384, 369f. Ratzingers Einschätzung stimmt hier nicht mit seiner sonstigen Analyse überein, wenn er die Befreiungstheologie oder Tissa Balasuriyas Praxislösung diskutiert. Zu einer schärferen historischen Einschätzung der Orthopraxis der Befreiungstheologie vgl. John Milbank, Theology and Social Theory, Oxford 1990, Kap. 8. Zu meiner Analyse zweier asiatischer Theologen (Felix Wilfred und Aloysius Pieris) vgl. Nostra Aetate – Telling God's Story in Asia. Promises and Pitfalls, in: Leo Kenis (ed.), Vatican II, Louvain 1997; und detaillierter zu Wilfred: Inculturation, India and Other Religions, in: Studia Missionalia 44 (1995) 121–147.

diesem ethischen *Sollen* unterworfen noch bevor sie innerhalb ihrer religiösen Gemeinschaften geprägt werden, und der Wert dieser Prägung wird nach ihrer Fähigkeit beurteilt, diesem ethischen Imperativ zu entsprechen. Die vermeintliche Anziehungskraft dieses Kant'schen Weges lag in seinem Appell an allgemeine Universalien jenseits der kleinlichen sektiererischen Interessen religiöser Gruppen. Jesus Christus wird in diesem Schema zu einem Repräsentanten bereits bekannter Wahrheiten und nicht, wie in den meisten Formen des orthodoxen Christentums, zur Grundlegung der Wahrheit. Knitter gibt dieser Darstellung zusätzlich noch eine ökologische Wendung, aber er weicht niemals wirklich von ihr ab, denn sein ökologisches Argument ist eng mit der Sakralisierung der *Naturwissenschaft* durch die Moderne als dem bestimmenden Hauptprinzip verbunden. Knitters Entwurf scheitert meiner Meinung nach deshalb, weil er als Appell an die Religionen auftritt, sich zur Bekämpfung eines gemeinsamen Feindes zusammenzutun; aber dieses Manöver verbirgt nur die wahre Natur von Knitters trojanischem Pferd. Die Voraussetzungen, auf denen dieses Projekt beruht, schaden den Religionen, oder, um genau zu sein, einem Christentum, das sich Kant und dem säkularen Autoritarismus der Moderne widersetzt. Ich überlasse es Vertretern anderer Religionen, Knitter aus ihrer eigenen Sicht zu kommentieren.[2]

Ich will zunächst die Argumentation skizzieren, die Knitter in seinem neuen zweibändigen Werk *One Earth, Many Religions. Multifaith Dialogue and Global Responsibility* und *Jesus and the Other Names* vorlegt.[3] Meine Interpretation Knitters wird in den Anmerkungen durch einen engen Bezug auf den Text erhärtet. *One Earth* beginnt mit einer bewegenden und interessanten Autobiographie, in der Knitter seine Pilgerfahrt und seine Bekehrungen in der Theologie der Religionen aufzeichnet. Er begann als Exklusivist, der die Heiden bekehren und sie zum Licht des Evangeliums führen wollte. Schon bald wurde er durch Erfahrung und Reflexion ein Inklusivist im Rahnerschen Sinne, und diese Brücke führte ihn anfänglich zu einem Pluralismus vom Typ John Hicks. In *No Other Name?* (1985)

---

[2] Lehrreich ist die sehr kritische Antwort von Muslimen und Hindus auf den ähnlichen globalen Aufruf Hans Küngs: Seyyed Hossein Nasr, Veena Das, Special Issue. Proceedings of the First Meeting of the Harvard divinity School's Jerome Hall Dialogue Series, in: The Muslim World LXVII/2 (1987) 96–105, 166–136.

[3] Maryknoll 1995 bzw. 1996.

hatte Knitter den Theozentrismus gegen einen Ekklesiozentrismus oder Christozentrismus (die seine frühen Entwicklungsphasen charakterisierten) verteidigt: Gott sei größer als jeder Mittler, Jesus eingeschlossen, und „andere Religionen (könnten) ihre eigenen gültigen Sichtweisen und Antworten auf dieses Geheimnis haben.“ [4] Er tauchte dann tief in die Befreiungstheologie ein und entwickelte in seinem Beitrag zu *The Myth of Christian Uniqueness. Towards a Pluralistic Theology of Religions* (1987) eine eigene Befreiungstheologie der Religionen. In ihr entfernte er sich, wie Knitter meinte, in einer wichtigen Hinsicht von John Hick. Statt einen gemeinsamen Kern aller Religionen zu behaupten (das Ewige Geheimnis), müßten alle Religionen nach ihrer Heilswirksamkeit beurteilt werden: Inwieweit befördern sie das *Reich Gottes,* das durch Gerechtigkeit, Frieden und Güte sowohl in den personalen Beziehungen als auch in den sozioökonomischen Strukturen gekennzeichnet ist? [5]

Die beiden Bände von Knitter bezeichnen eine neue Phase in seiner Odyssee: Sie weiten seine Version der Befreiungstheologie so aus, daß diese die ökologische Gerechtigkeit einschließt.[6] Das

---

4 Knitter, One Earth, a.a.O. 8.

5 Vgl. den von P. Knitter, J. Cobb jr., L. Swidler u. M. Hellwig gemeinsam verantworteten Band: Death or Dialogue, Maryknoll 1990; S. 20 zu Knitters Kritik allgemeiner Wesenheiten und S. 26, wo er darlegt, dies sei Hicks Position; vgl. auch: Dialogue and Liberation, in: Drew Gateway 58/1 (1987) 1–53. Nach meiner Auffassung besteht zwischen Hick und Knitter kein wirklicher Unterschied in den wesentlichen Fragen, sondern in der Betonung. Vgl. meinen Beitrag: Christian Theology of Religions. An Evaluation of John Hick and Paul Knitter, in: Studia Missionalia 42 (1993), 161–178 und die ausgezeichneten Aufsätze von John Milbank und Kenneth Surin in: Gavin D'Costa (ed.), Christian Uniqueness Reconsidered, Maryknoll 1990, 74–191 u. 192–212.

6 „Ich werde darauf drängen, daß religiöse Menschen einander zu verstehen suchen und miteinander sprechen auf der *Grundlage einer gemeinsamen Verpflichtung* gegenüber menschlichem und ökologischem Wohlergehen. Globale Verantwortung schließt daher das von traditionellen Befreiungstheologen intendierte Charakteristikum der Befreiung ein; sie geht jedoch darüber hinaus, da sie nicht nur soziale Gerechtigkeit, sondern auch ökologisch-humane Gerechtigkeit und ökologisch-humanes Wohlergehen sucht; dies geschieht im Bewußtsein, daß ein solches Projekt eine Anstrengung der ganzen Erde und all ihrer Nationen und Religionen sein *muß,* um wirklich den Bedürfnissen der ganzen Erde zu dienen.“ (One Earth, 15; Hervorhebungen von mir)

Argument in *One Earth* lautet, daß *Leiden* und *ökologisches Gleichgewicht* unmittelbare und primäre Universalien sind, die einer religiösen und kulturellen Prägung vorausgehen und nach weltweiter Zusammenarbeit rufen. Wenn die Religionen und die Nationen der Erde nicht gemeinsam und in Kooperation auf diese beiden universal spürbaren Probleme antworten können, dann werden wir uns mit dem Aussterben konfrontiert sehen. Sofern die Religionen aber persönliches und soziales Leiden lindern und sich um das Wohlergehen der Erde kümmern (das auch unser Wohlergehen ist), sind sie Kanäle des Heils.

Knitter argumentiert, Leiden könne universal erfahren werden. Es „hat eine Universalität und Unmittelbarkeit, die es zum am besten geeigneten und notwendigen Ort machen, an dem das Fundament der interreligiösen Begegnung gelegt werden kann." [7] Folglich gibt es eine vorgegebene universale Erfahrung, die ursprünglicher ist als irgendeine Interpretation und eine gemeinsame menschliche Erfahrung bildet.[8]

---

[7] ebd. 89.

[8] Obwohl Knitter beständig versucht, auf die Bedenken postmoderner Denker hinsichtlich der Gefahr des Essentialisierung zu antworten [„Ich sage nicht, daß es einen gemeinsamen Kern oder eine gemeinsame religiöse Erfahrung oder gar ein präzise definiertes gemeinsames Ziel in allen Religionen gibt" (One Earth, 56)], schreibt er den obigen Satz unmittelbar unter der Überschrift: „Die gemeinsame menschliche Erfahrung des Leidens" – was nahezulegen scheint, religiöse Erfahrung sei eine Art „Hülle" um die menschliche Erfahrung. Bald danach schreibt er: „Wenn wir mit David Tracy und Schubert Ogden von einer ‚gemeinsamen menschlichen Erfahrung' sprechen wollen, auf die alle Religionen reagieren können, um sich selbst und andere zu verstehen, dann sind das die Erfahrung des Leidens und die Gefahren, die es hervorbringt" (ebd. 57). Dieses Verständnis einer unmittelbaren Erfahrung, einer universalen grundlegenden Plattform wird noch expliziter, wenn er vom Leiden und seiner *„Universalität"* spricht: „(...) der Tatsache, daß es überall in ähnlichen Erscheinungsformen und mit ähnlichen Ursachen vorgefunden wird – aber auch wegen seiner Unmittelbarkeit zu unserer Existenz" (ebd. 89). Dies ist eine verwirrende Behauptung, die vollkommen die anthropologische Forschung ignoriert, in der solche angeblichen *Ähnlichkeiten* zutiefst infrage gestellt wurden. Vgl. Robert Young, White Mythologies. Writing History and the West, London 1990, bes. 141–176. Knitter gibt dann zu: „Ich möchte diesen Anspruch so vorsichtig wie möglich vorbringen, aber ich möchte nicht

Dieser Versuch, eine grundlegende Erfahrung anzubieten, in der alle Religionen ihren Platz finden können, wird noch stärker betont, wenn es um das ökologische Wohlergehen geht. Hier wird die Naturwissenschaft zum Hauptprinzip erhoben, innerhalb dessen sich die Religionen verortet finden. Die von der Naturwissenschaft dargebotene Geschichte des Universums erscheint als eine „transkulturelle religiöse Geschichte", die „allen Religionen *einen gemeinsamen Schöpfungsmythos* verschafft."[9] Dieses neue Hauptprinzip – oder die „von allen geteilte religiöse Geschichte", wie Knitter es nennt – stellt außerdem eine „gemeinsame ethische Geschichte" bereit: „Diese Erde bietet den Religionen nicht nur eine religiöse Gemeinschaft an, in der sie die Mythen des Anfangs miteinander teilen können, sondern auch eine ethische Gemeinschaft, in der sie gemeinsame Wahrheitskriterien identifizieren und verteidigen können. In ihrem wesentlichen Inhalt werden solche Kriterien wahrscheinlich denen ähneln, die von internationalen ökologischen Gruppen, insbesondere von Nichtregierungsorganisationen, ausgearbeitet wurden".[10] Ökologische Nichtregierungsorganisatio-

---

zweideutig sein. Leiden hat eine Universalität und Unmittelbarkeit, die es zum am besten geeigneten und notwendigen Ort machen, an dem das Fundament der interreligiösen Begegnung gelegt werden kann" (ebd., 89). Wenn Knitter Francis Schüssler Fiorenza in Bezug auf das Leiden zitiert: „Obwohl es nicht ohne Interpretation bleibt und der eigene Horizont das eigene Leiden zutiefst beeinflußt, ist unsere körperliche Existenz in einer Weise berührt, die dem Leiden eine *‚vermittelte Unmittelbarkeit'* verleiht" (ebd., 89, Hervorhebung von mir. Zitat aus: Francis Schüssler Fiorenza, in: Barbara G. Wheeler & Edward Farley, Shifting Boundaries. Contextual Approaches to the Structure of Theological Education, Louisville 1991, 135), dann liegt eine gewisse Ironie darin, daß er unmittelbar anschließt: „Und diese Unmittelbarkeit steht allen Kulturen und allen Religionen zur Verfügung." Schüssler Fiorenzas vorsichtigere und korrekte Anerkennung der „vermittelten" Erfahrung ist damit fallengelassen!

9 One Earth, a.a.O. 119.

10 ebd. 123.

nen sind jetzt die neue Kirche, die Wächter der gemeinsamen Wahrheit.[11]

One Earth, Many Religions endet mit diesem prophetischen Ton und reflektiert Hans Küngs Aufruf zu einem Weltethos. Dies ist auch der Grund dafür, daß Küng im Vorwort schreibt, *One Earth* „hat meine volle Unterstützung".

Bevor ich *Jesus and the Other Names* resümiere, möchte ich drei Beobachtungen festhalten. Erstens: Die Tatsache, daß Knitter die Christologie in *Jesus and the Other Names* verbannt, wo es ihre Hauptaufgabe ist, der prädefinierten Krise und ihren partiellen Lösungen aus *One Earth* zu entsprechen, legt die Vermutung nahe, daß diese Christologie einem ideologischen Ziel dient (man nennt dies meistens Götzendienst!). Dem liegt die Annahme zugrunde, man könne die Welt und ihre Probleme unter Absehung von theologischen und ekklesiologischen Kategorien (wie z. B. der Christologie) analysieren, so daß Knitter zunächst die Probleme und ihre partiellen Lösungen konstatieren kann und erst dann fragt, ob Jesus in dieses Schema paßt. Dies wiederum läßt vermuten, daß hier das Kant'sche Projekt am Werk ist – eine Vermutung, die bestätigt wird, wenn wir uns Knitters *repräsentativer* Christologie in *Jesus and the Other Names* zuwenden, wo Jesus genau die globalen Werte *Frieden, Gerechtigkeit* und *Liebe* repräsentiert, die für Knitters globale Analyse in *One Earth* erforderlich sind. Diese Werte aber können von der Person Jesu und seiner Kirche abgetrennt werden. Um dieses Muster deutlich hervortreten zu lassen, muß ich die

---

[11] Wenn Knitter vom globalen interreligiösen Gipfeltreffen 1992 in Rio de Janeiro spricht, auf dem erklärt wurde, „erstmals in unserer Geschichte haben wir empirische Beweise für eine gemeinsame Schöpfungsgeschichte", dann stellt er diesen Ökofaschismus nicht in Frage, sondern kommentiert: „Sie verkündigen auf internationaler Ebene, was einige Theologen untereinander und in ihren Gemeinschaften gesagt haben: daß nämlich die Naturwissenschaft in dem, was sie über die Entstehung und das Funktionieren des Universums aussagt, für alle Religionen einen *gemeinsamen Schöpfungsmythos* bereitstellt. Was Thomas Berry und Brian Swimme die Geschichte des Universums nennen, kann die Funktion einer transkulturellen religiösen Geschichte übernehmen." (One Earth, 119) Die Zitate, auf die sich Knitter bezieht, finden sich in: An Earth Charter, prepared by the International Coordination Committee on Religion and the Earth for the Earth Summit, Rio de Janeiro, June 1992; Thomas Berry & Brian Swimme, The Universe Story, San Francisco 1992.

grundlegenden ethischen Universalien orten, die den Kant'schen Motor steuern – und das führt zu meiner zweiten Beobachtung.

Das Hauptargument in *One Earth* ist ein Appell an die Universalien (*Leiden* und die *Erde*), die nicht durch kulturelle Konstruktionen vermittelt sind und die zu universal bindenden ethischen Verpflichtungen führen. Diese Struktur spiegelt den Versuch Kants wider, die Partikularität zu durchstoßen und eine Ethik (und daher „Religion") auf universaler Grundlage zu begründen. Es lohnt sich festzuhalten, daß Knitters neuer Ökologismus – das zweite seiner Universalien – von Kants Entwurf nicht abweicht, sondern ihn darin wiederholt, daß er dem naturwissenschaftlichen Diskurs das Vorrecht einräumt, eine moderne kulturelle Hegemonie zu begründen. Aus diesem Grund übersieht Knitter den Imperialismus der Moderne, wenn er mit dem Gefühl der Befreiung schreibt: „Die Naturwissenschaft verschafft allen Religionen dadurch einen *gemeinsamen Schöpfungsmythos,* daß sie uns mitteilt, wie das Universum entstand und wie es funktioniert".[12] Dabei wird übersehen, daß die naturwissenschaftliche Geschichte ebenfalls kulturell konstruiert ist und den Status eines Hauptprinzips (das allen Religionen etwas „verschafft") nicht unangefochten beanspruchen kann – es sei denn, sie leugnete ihre geschichtliche Bedingtheit; und das tut sie, wenn sie als „die Erde selbst" erscheint (man beachte die Großschreibung von „Earth" im Originaltext), die eine „allen gemeinsame kosmologische Geschichte erzählt"[13] – selbst wenn dies durch den Mund von Thomas Berry und Brian Swimme geschieht. John Milbank hat die Sache gut ausgedrückt: „Nach dem Zusammenbruch des mittelalterlichen Konsenses flüchtete sich die frühe Neuzeit angesichts der Schwierigkeit, die Konflikte zwischen den unterschiedlichen Glaubensgemeinschaften einzudämmen, in die Arme der Natur als einer Stütze für eine neue Objektivität. (...) Die Neigung zur Natur war daher seit Beginn der Neuzeit angesagt, obwohl *Natur* ebenfalls von Anfang an ein kulturelles Konstrukt war: anfänglich nämlich die maskierte Projektion einer neuen Form menschlicher Macht."[14]

---

12 One Earth, a.a.O. 119.

13 ebd.

14 J. Milbank, The Word Made Strange. Theology, Language, Culture, Oxford 1997, 258. Ratzinger argumentiert in bezug auf *New Age* ebenso, ebd. 39–40. Eine ausgezeichnete Analyse von New Age in schärferen Begriffen findet sich bei Paul Heelas, The New Age Movement. The Celebration of the Self and the Sacralization of Modernity, Oxford 1996.

Die Gefahr des Neuheidentums (das die Erde vergöttert), verbunden mit einem Ökofaschismus (der die vereinte und autoritative Stimme der Erde für sich beansprucht) ist nur zu gegenwärtig. Ein weiteres Charakteristikum dieser Tendenz besteht darin, die chaotische und blutige Zerstörung, die es in der *Natur* gibt, entweder zu beschönigen oder aber sie als dem Prozeß inhärent anzusehen, womit Gewalt als erforderlich oder notwendig für das Heilige legitimiert wird. Diese Sakralisierung der Gewalt läuft zwar den ausdrücklichen Absichten der Gruppen zuwider, die diese Theorien gewöhnlich vertreten; sie ist aber wegen der unkritischen Bestätigung des Menschlichen und der Schöpfung unvermeidlich. Außerdem weigern sich diese, Optionen anzuerkennen, daß nicht nur „Natur" kulturell konstruiert ist und daher in verschiedenen Traditionen zu unterschiedlichen Zeiten der Geschichte ganz unterschiedlich erscheint (man vergleiche nur das *ex nihilo* mit dem kosmischen Dualismus im Zoroastrismus und der *Maya* bei Sankara und Ramanuja, ganz abgesehen von den Schöpfungsgeschichten), sondern daß solche Konstruktionen verschiedene Muster der Beziehung zur Natur nahelegen, die nicht immer theoretisch vorhergesagt werden können.[15] Indem er unvermittelt grundlegende ethische Universalien anwendet, setzt Knitter unwillentlich das Projekt der Moderne fort – und dazu wird er getrieben, weil er eine universale Grundlage für die interreligiöse Übereinstimmung zu finden versucht. Das Problem besteht darin, daß er diesen Grund konstruiert, statt ihn tatsächlich zu finden! Das führt mich zur letzten Beobachtung.

Parallel zur Entdeckung solcher universaler ethischer Imperative in Bezug auf das Leiden und die Erde gibt es „richtige Handlungen", die auf diese Imperative bezogen sind und ihnen entsprechen. Diese richtigen Handlungen werden zu einem neuen grundlegenden und universalen Ort, so daß Religion und Metaphysik einer bereits organisierten Praxis dienen. Knitter nennt dies oft die „Priorität der Praxis"; und meine Anmerkung hierzu hängt mit der ersten Anmerkung über die Christologie zusammen, die einer verborgenen Ideologie dient. Knitter weiß, was erforderlich ist – auch

15 Zu zwei interessanten unterschiedlichen Betonungen der Schöpfung vgl. Joseph Cardinal Ratzinger, In the Beginning … A Catholic Understanding of the story of Creation and the Fall, Michigan 1990, bes. 79–100; J. Milbank, The Word Made Strange, a.a.O. Kap. 5.

wenn er es nur sehr wenig spezifiziert (er untersucht die verschiedenen Umwelt-Nichtregierungsorganisationen, die die Vorhut der Wahrheit bilden sollen, nicht detailliert): Es sei die Aufgabe der Theologen, Modelle und Theologien zu entwickeln, die diese schon bestätigte Praxis stützen. Kant schrieb der historischen Religion eine ähnliche Aufgabe zu, und einige Formen der Befreiungstheologie sind oft in der Gefahr, dieses Muster zu wiederholen.[16] Als Beispiel diene das folgende Zitat: „Wenn die Anhänger verschiedener religiöser Traditionen *zu Beginn* darin übereinkommen können, daß, *was immer* ihre Erfahrung von Wahrheit oder des Göttlichen oder der Erleuchtung *sonst noch bewirken mag,* es immer ein größeres ökologisch-humanes Wohl fördern und dazu beitragen *muß,* das Leiden der Welt zu beseitigen, dann haben sie einen gemeinsamen Bezugspunkt, von dem aus sie die Ansprüche des anderen bestätigen oder kritisieren können."[17] Die Logik besteht hier also darin, eine Religion müsse, unabhängig von dem, was sie glaubt und praktiziert, als Ergebnis ihrer Glaubenssysteme und ihrer Praktiken gleichwohl und zu allererst ökologisch-humane Gerechtigkeit (glauben und) praktizieren. Richtige Praxis ist selbstevident. Es überrascht nicht, daß einer der hauptsächlichen theologischen Einwände gegen diese Sicht sich aus dem Ansatz der Aristotelischen Tugendethik ableitet, in der die Beziehung zwischen Handlung, Theorie und dem Guten anders gedeutet wird. Das *telos* des Handelns wird hier unter dem Blickwinkel eines Guten begriffen, das bestimmten Handlungstypen innewohnt, nicht aber hinsichtlich seines Ergebnisses (Konsequentialismus und Pragmatismus). Dieses *telos* ist, so wie Thomas von Aquin Aristoteles versteht, ein grundlegender Teil des menschlich-göttlichen Dramas und geht ihm nicht voraus (denn es gibt kein *voraus*). Die Frage, ob mein Verdacht bezüglich der Ethik Knitters unangebracht ist, wird teilweise beantwortet, wenn wir uns seiner Christologie in *Jesus and the Other Names* zuwenden.

---

16 Siehe J. Milbank,Theology and Social Theory, Kap. 8 und The Word, Kap. 12; und S. Hauerwas, Some Theological Reflections on Gutierrez's Use of „Liberation" as a Theological Concept, in: Modern Theology 3/1 (1986), 67–76; und den ausgezeichnete Gebrauch, den Arne Rasmusson von Hauerwas macht, um sich kritisch mit Moltmanns Version einer europäischen politischen Theologie auseinanderzusetzen: Arne Rasmusson, The Church as Polis, Lund 1994.

17 One Earth, a.a.O. 127; Hervorhebungen von mir.

Knitters grundlegendes Argument in diesem Band lautet: Die Religionen, die sozio-ökologische Gerechtigkeit fördern, sind Kanäle des Heils. Das Christentum muß sich selbst neu reflektieren, um sich dieser Sicht anzupassen. *Jesus and the Other Names* behält also den pluralistischen Standpunkt bei, nach dem Christen nicht mehr behaupten können, das Heil komme von Christus, sondern verschiedene Quellen des Heils anerkennen müssen. Es ist typisch für Knitter, daß er skrupulös die vielfältige Kritik an seiner Christologie skizziert (Kapitel 3), bevor er sich auf eine „erneuerte" Christologie einläßt, die die *Einzigartigkeit* Christi bekräftigt (um die Kritiker zufriedenzustellen) und gleichzeitig an der „pluralistischen" Position festhält, Jesus sei *ein* Retter unter vielen gleichrangigen (Kapitel 4 und 5). Die Schlußfolgerung sieht dann folgendermaßen aus: Jesus „bringt eine universale, entscheidende, unentbehrliche Botschaft" (man beachte: er ist ganz klar der Überbringer einer Information, der von der Botschaft, die er bringt, abgelöst werden kann) *und* es gibt wahrscheinlich „*andere* universale, entscheidende, unentbehrliche Manifestationen der göttlichen Wirklichkeit neben Jesus."[18] Nach der grundlegenden Metapher in Knitters Argumentation ist die Treue zu Jesus der ehelichen Treue vergleichbar. Dadurch, daß wir uns einer bestimmten Person ganz

[18] Jesus and the Other Names, a.a.O. 79. Es gibt eine beständige Ambivalenz zu dieser Frage in Knitters Werk (vgl. ebd. 88–93), die besonders deutlich wird, wenn er schreibt, daß nach der Auferstehung „der Verkündiger zum Verkündigten wurde. Jesu eigene Orientierung auf das Reich Gottes wurde zur Orientierung der frühen Gemeinden auf Christus" (92). Diese Sicht spiegelt genau die Sicht des Papstes wider, die Knitter später kritisiert (127–135). Knitter entfernt sich jedoch von dieser Position und deutet an, die nachösterliche Predigt bedürfe der Korrektur durch die vorösterliche Wahrheit (wenn eine solche Unterscheidung überhaupt noch zulässig ist): „Auf Christus zentriert zu sein, ist die christliche Weise, auf das Reich Gottes hin orientiert zu sein. Jesus würde uns daran erinnern: Es ist wichtiger, sich auf das Reich zu konzentrieren als auf ihn" (92). Nach meiner Sicht entstehen solche Argumente aus der Moderne, wenn zwei Strategien möglich werden: Man kann den ursprünglichen historischen Jesus identifizieren, der die kultische Hülle zerschneidet, die die Kirche über ihn gebreitet hat; und man kann die Werte und Programme identifizieren, die er lehrte (das *social gospel*) und die im Prinzip von ihm abgetrennt werden können. Beide Wege werden intensiv von J. Milbank untersucht: The Word, Kap. 6, 146–147.

und gar verpflichten, werden wir frei, uns auf vielfältige fruchtbare und kreative Weise mit anderen einzulassen und wir brauchen dann anderen ihre eigene letztgültige Verpflichtung nicht abzusprechen. So ist auch Jesus „wahrhaftig göttlich", aber er ist nicht die *einzige* göttliche Gestalt; und er bietet das Heil auf *einzigartige* Weise an, aber der Buddha und der Koran tun das ebenso.

Knitters christologische Argumentation scheint hier dem Kant'schen Muster zu folgen: Alle historischen Religionen haben ihren Platz, sofern sie dem universalen ethischen Imperativ entsprechen. Für Kant bietet Jesus die beste Entsprechung und auch für Knitter ist er die beste, die er persönlich kennt und erfahren hat. Anders als Kant ist Knitter bereit zuzugeben, daß es zweifellos andere gleich gute Entsprechungen gibt.[19] Das Kant'sche Verständnis der Religion als einer subjektiven Neigung, einem Ergebnis von Partikularität und Kultur, wird in Knitters Analogie von der Verwandtschaft zwischen Ehe und Religion fortgeschrieben.[20] Dies ist das unausweichliche Ergebnis repräsentativer Christologien, die das Produkt der Erosion der christlichen Metaerzählung durch die Moderne sind. Die christliche Metaerzählung ist hier durch die der Moderne ersetzt worden. Knitter kommt der Erkenntnis dessen, was hier auf dem Spiele steht, am nächsten, wenn er in einem späteren Kapitel über die Mission die Unterschiede zwischen repräsentativen und konstitutiven Christologien zur Sprache bringt: „Die offizielle römisch-katholische Lehre hat sich in keiner Weise der Möglichkeit einer *repräsentativen Christologie* geöffnet, die Jesus als eine entscheidende Repräsentation, Verkörperung oder Offenbarung der rettenden Liebe Gottes herausstellt – einer Liebe, die Jesus ‚vorausgeht', ‚unbegrenzt' und durch das Wesen Gottes und der Schöpfung universal wirksam ist (Ogden). Vielmehr hängt das offizielle Lehramt einer *konstitutiven Christologie* an, nach der Jesus insbesondere durch seinen Tod und seine Auferstehung die universale Verfügbarkeit der heilbringenden Liebe Gottes bewirkt oder begründet. Ohne Jesus wäre eine solche Liebe in dieser Welt

---

19 Vgl. I. Kant, Die Religion innerhalb der Grenzen der bloßen Vernunft, Werke in zehn Bänden, hg. von Wilhelm Weischedel, Bd. 7, Darmstadt 1968.

20 Natürlich gibt es bräutliche Bilder auch in der Bibel, aber Knitter versäumt es, die Anklagen wegen Untreue ausreichend zu erkunden, die gegen Gottes eigenes auserwähltes Volk erhoben werden (vgl. z. B. Hosea).

nicht wirksam; welche Erfahrung göttlicher Gegenwart auch immer in der Welt verwirklicht wird, sie muß als durch Jesus bewirkt und der Erfüllung durch die Mitgliedschaft in der Kirche bedürftig angesehen werden. Weil Jesus das Heilshandeln Gottes *konstituiert* und nicht bloß *repräsentiert,* muß er als ‚vollkommen, endgültig, unüberbietbar' verkündet werden."[21]

Ein Grund dafür, daß der Hauptstrom der römisch-katholischen Theologie sich einer repräsentativen Christologie nicht geöffnet hat, liegt vielleicht in der Erkenntnis, daß dies den Abschied von der Bezeugung und dem Lob des dreieinigen Gottes bedeutet hätte. Christus *repräsentiert* Gott nicht, sondern er *ist* Gottes Selbstoffenbarung als Dreieiniger. Wäre er nur ein Repräsentant, dann könnten wir selbst *Zugang* zu Gott haben, ohne daß Gottes Selbst uns angeboten worden wäre; wir wären sozusagen fähig, hinter das Zeichen zur Wirklichkeit selbst zu gelangen. Die konstitutive Christologie betont dagegen, daß derjenige, der bezeichnet, in diesem einen Fall zugleich derjenige ist, der bezeichnet wird. Dieses Bezeichnen ist jedoch auf keine Weise ein abgeschlossener Vorgang; der Bezeichnende lädt vielmehr zu einer ständigen Neubezeichnung mit allen anderen Zeichen ein. Ich komme darauf gleich zurück. Um jedoch den Gedankengang hier fortzusetzen: Die Gefahr der repräsentativen Christologie besteht darin, daß das Bezeichnete Jesus vorausgeht, so daß dieser nur als eine „Verkörperung" oder „Repräsentation" dessen angesehen wird, was schon vor ihm bekannt war. In diesem Sinn folgt also die Christologie von *Jesus and the Other Names* der Konzeption von *One Earth, Many Religions,* wo die richtigen Werte und Handlungen schon grundlegend geortet worden waren. Ein Charakteristikum der repräsentativen Christologie besteht darin, daß sie Werte und Lehren auf eine Weise von der Person Christi abstrahiert, daß zwar seine *Botschaft* umfassend bedeutsam wird, nicht aber sein Tun und seine Person und nicht sein auferstandener Leib, der in der Kirche, dem „Leib Christi", fortbesteht. (Das schließt die Gegenwart des Reiches Gottes außerhalb der Kirche nicht aus; eine Frage, die ich, in Auseinandersetzung mit Knitter, anderswo diskutiert habe.)[22]

---

[21] Jesus and the Other Names, a.a.O. 133. Knitter bezieht sich auf S. Ogden, Some Thoughts on a Christian Theology of Interreligious Dialogue, in: Criterion 11 (1994), 5–10.

[22] Vgl. Gavin D'Costa, The Kingdom and a Trinitarian Ecclesiology. An Analysis of Soteriocentrism, in: Paul Mojzes & Leonard Swidler (eds.), Christian Mission and Interreligious Dialogue, Lewiston 1990, 51–61.

An einer Stelle, in einer Anmerkung, scheint Knitter zu bestätigen, daß es Wahrheit gibt, durch die Christus korrigiert werden könnte – was innerhalb der Logik seines Entwurfs nicht überrascht, wohl aber als eine christliche Aussage. Er schreibt: „Als ich zu einer nicht-normativen Christologie aufrief, hatte ich das traditionelle Verständnis von Normativität im Sinn, nämlich daß Christus die *norma normans non normata* ist – eine Norm, die alle anderen Normen bestimmt, aber nicht selbst bestimmt wird. Ich hätte deutlicher sagen sollen, daß ich ein Verständnis vertrete, nach dem Jesus *norma normans et normata* ist – eine Norm, die andere bestimmt, aber auch selbst bestimmt werden kann." [23] Wenn es aber eine Autorität neben Christus gibt, dann ist Christus etwas unterworfen, das normativer ist als er, was implizieren würde: Gott ist Kriterien größerer Wahrheit und größerer Autorität unterworfen als Gott selbst. (Indem ich das feststelle, lege ich mich nicht auf einen positivistischen Bericht der Offenbarung fest; ich verneine auch nicht, daß Offenbarung immer vermittelt ist.) Die zitierte Art und Weise, in der Knitter Jesus als Norm bestimmt, stellt keine Veränderung gegenüber seiner früheren Position dar, die nach einer nicht-normativen Christologie verlangte; sie rechtfertigt meine Behauptung, daß ein Kant'scher Geist seinen christologischen Entwurf antreibt.

Ein weiterer Zug bestätigt meine Argumentation. Offensichtlich lehnt Knitter eine konstitutive Christologie ab, weil er glaubt, das Neue Testament rechtfertige eine solche Christologie nicht. Ich hege hier keinen Zweifel an Knitters wissenschaftlicher Integrität, aber ich möchte zu bedenken geben: Schon im Aufbau seines Buches hat er sich unter völliger Absehung vom neutestamentlichen „Befund" und der Autorität der Kirche gegen eine konstitutive Christologie entschieden. Der Grund dafür ist, daß *konstitutive Christologien keine universalen Orte bieten,* da sie dem Partikularen Vorrang geben. Ein solches „Sektierertum" ist für Knitter inakzeptabel. (Im Unterschied dazu will ich festhalten, daß dieses Partikulare, nämlich die Geschichte Jesu, die noch unvollendete Geschichte der ganzen Schöpfung ist und daß nur durch das Partikulare ein solcher universaler Ort möglich wird.[24]) Indem sie dem

---

[23] Jesus and the Other Names, a.a.O. 169, Anm. 9.

[24] Vgl. Gerard Loughlin, Telling God's Story. Bible, Church and Narrative, Cambridge 1996.

Partikularen Vorrang geben, stellen sich die Christen, so Knitter, gegen den Geist des weltweiten Dialogs: „Es scheint mir, daß die traditionellen christlichen Aussagen über Jesus als den Endgültigen, Vollkommenen und Unüberbietbaren zumindest eine Gefährdung des Dialogs darstellen." Er fährt fort, dies laufe dem zuwider, was „heute als *moralischer Imperativ* angesehen wird. Alles, was einen solchen Dialog problematisch macht, ist selbst ein Problem."[25] Nach dieser Logik sind konstitutive Christologien ohne Rücksicht auf die Evidenz oder auf theologische Argumentation unzulässig, weil sie den *moralischen Imperativ* bedrohen (man beachte den universalen Kant'schen Tenor), der „heute (als wichtig) angesehen" wird (von wem eigentlich?). Es sieht demnach so aus, daß nur die modernen Liberalen innerhalb der religiösen Traditionen an Knitters globalem Dialogtisch Platz nehmen dürfen, da alle anderen eine „Gefahr für den Dialog" darstellen. Ich will diesen Punkt nicht übertreiben, aber ich möchte Knitters Rhetorik dort verorten, woher sie stammt: dem Kant'schen Hauptprinzip der Aufklärung. Wenn dies stimmt, dann trägt Knitter eine grundlegende, nicht-religiöse Form des *Exklusivismus* vor, die in der gegenwärtigen Krise keineswegs hilfreich ist, da sie jene Gruppen ausschließt (die Religionen), an die er appelliert, um unsere eine Welt zu retten. Knitters kulturell konstruierte Welt entspricht nicht notwendig den Welten, die von den verschiedenen Religionen konstruiert werden, und solange dieses Problem nicht richtig gesehen wird, ist Knitters Lösung nicht hilfreich.

Im folgenden möchte ich mich kurz einigen konstruktiven Aspekten der konstitutiven Christologie zuwenden. Im Unterschied zu Knitters Entwurf müßte eine solche Christologie (und Pneumatologie und Ekklesiologie) für eine lebensfähige Theologie der Religionen noch beträchtlich weiterentwickelt werden. Es mag unredlich erscheinen, sich grundlegenden Fragen wie etwa der nach dem Wesen der Offenbarung zuzuwenden, wenn die Umwelt zerstört wird und Leiden unsere Erde verheert. Ich behaupte jedoch: Die christliche Offenbarung handelt in einer Weise von der geschaffenen menschlichen Person und von Gott (weil die Inkarnation uns zeigt, was es heißt, wirklich menschlich zu sein, indem wir voll und ganz auf den wahren Gott antworten), daß die Frage nach dem sozio-ökologischen Wohlergehen eigentlich angemessen

---

[25] Jesus and the Other Names, a.a.O. 62.

gestellt und beantwortet wird, sobald wir uns der Offenbarung zuwenden, die immer eine gelebte Praxis ist. Dies führt uns zum Kern des Problems, denn gerade der grundlegende epistemologische und ontologische Bruch, der die Möglichkeit der Selbstoffenbarung Gottes im historisch Partikularen leugnet, ist zentral für das Projekt der Aufklärung.

Wenn ich Knitter recht verstehe, kann er nicht akzeptieren, daß es Gott gefallen haben könnte, sich selbst in Jesus Christus auf eine Weise zu vergegenwärtigen, daß durch diese partikulare Geschichte die *gesamte* Geschichte und Kultur umgestaltet werden soll. Vielleicht liegt ein Grund dafür in seiner Annahme, diese Geschichte sei abgeschlossen und hermetisch versiegelt; denn er unterstellt oft, konstitutive Christologien seien statische, selbstgenügsame und abgeschlossene Wahrheitsbündel.[26] Für ein solches Verständnis läßt sich aber in der gegenwärtigen orthodox katholischen Christenheit kein Beweis finden. Nehmen wir beispielsweise die katholische Lehre, daß die Offenbarung „mit dem Tod der letzten Apostel abgeschlossen sei“ (Denzinger 2021), wie sie vom II. Vatikanischen Konzil wiederholt wurde – was oberflächlich betrachtet Knitters Position bestätigen würde. Ich gebe aber zu bedenken, daß diese Lehre eine wichtige Voraussetzung für die Behauptung darstellt, Gott selbst habe sich in Jesus Christus geoffenbart. Wenn Gott selbst sich wahrhaftig in Jesus Christus geoffenbart hat, dann können wir keine neue Offenbarung als solche mehr erwarten, denn die Fülle des Seins Gottes ist in Christus schon präsent. Dies ist jedoch kein Hindernis dafür, die auf unterschiedliche Weise realisierte Gegenwart Gottes in der Schöpfung anzuerkennen. Das *Abgeschlossene* vermittelt also *jede* Wahrheit als zentrifugal in Christus gegenwärtig, verborgen, enthüllt und versiegelt, und zwar *insoweit* als Gott in Christus gegenwärtig ist. Eine solche Lehre schließt Wahrheit und Licht in Kultur und Geschichte, auch in religiösen Kulturen, nicht aus.

Rahner sagt in der Diskussion von Denzinger 2021 folgendes: „*Jetzt* kann nichts mehr kommen: keine neue Zeit, kein anderer Äon, kein anderer Heilsplan, sondern nur die Enthüllung dessen, was schon ‚*da ist*‘ als Gegenwart Gottes über der zerdehnten Zeit des Menschen. (...) Weil die endgültige Wirklichkeit, die die eigentliche Geschichte aufhebt, schon da ist, darum ist die Offenbarung

---

[26] Vgl. Jesus and the Other Names, a.a.O. 62, 72–76.

abgeschlossen. *Abgeschlossen, weil aufgeschlossen auf die verhüllt gegenwärtige Fülle Gottes in Christus.*“ Rahner betont zu Recht die positive Natur des „abgeschlossen“, wenn er hinzufügt: „Das Abgeschlossensein der Offenbarung ist eine positive Aussage, keine negative, ein reines Ja, ein Abschluß, *der alles einschließt und nichts von der göttlichen Fülle ausschließt,* Abschluß als umfassende Fülle, die schon erfüllte Gegenwart ist.“ [27] Hier wird die doppelte Logik der Lehre von der Abgeschlossenheit der Offenbarung deutlich. Wenn Offenbarung Offenbarung ist, dann kann sie im Prinzip durch nichts überholt werden. Wenn die ökonomische Trinität gleichzeitig immanente Trinität ist (aber, bis zum Eschaton, nicht umgekehrt – gegen Rahner), dann können wir nichts Neues über Gott entdecken, das nicht ontologisch auf Christus bezogen wäre oder das ihm widerspräche. Wenn man diese Behauptung aufstellt, die eine ekklesiologische und trinitarische (d. h. pneumatologische, christozentrische und theozentrische) Behauptung ist[28], dann besteht keine Notwendigkeit, sich in eine positivistische Offenbarungsgeschichte zu flüchten und zu leugnen, daß Offenbarung in menschlicher Kultur und durch Menschen vermittelt ist, oder zu einer Theorie Zuflucht zu nehmen, die die Existenz einer endgültigen, transkulturellen oder akulturellen Formulierung der Offenbarung

---

[27] K. Rahner, Zur Frage der Dogmenentwicklung, in: ders., Schriften zur Theologie, Bd. 1, Einsiedeln/Zürich/Köln 1954, 49–90, 60, Hervorhebung von mir. Rahner argumentiert weiter, daß das, was virtuell in Christus sowohl logisch als auch „mit Hilfe des Geistes-Lichtes“ (ebd. 63) enthalten ist, „noch wirkliche Offenbarung genannt werden“ (ebd. 71) kann und muß und nicht bloß als abgeleitete menschliche Behauptungen anzusehen ist. Ich stimme dem zu, obwohl Rahner in diesem frühen Aufsatz dazu neigt, sich zu stark auf den propositionellen Aspekt der Offenbarung zu konzentrieren statt auf ihre ursprünglichen personalen und relationalen Züge, was sein Argument für die Entwicklung des Dogmas überzeugender stützen würde. Vgl. auch E. Schillebeeckx’ weniger propositionell orientierte Diskussion in: Offenbarung und Theologie. Gesammelte Schriften Bd. 1, Mainz 1965, 15–30. Denzinger 2021 wird in Dei Verbum 4 wiederholt.

[28] Die Dokumente des II. Vaticanums bestätigen deutlich diesen trinitarischen Charakter, ebenso wie die Beziehung des Reiches Gottes auf die Kirche: Vgl. v. a. Dogmatische Konstitution über die Kirche „Lumen Gentium“. Aloys Grillmeier bemerkt in seinem Kommentar hierzu: „So ist die Ekklesiologie des II. Vaticanums ebenso pneumatologisch konzipiert, wie sie christozentrisch und schließlich theozentrisch ist.“

annimmt. Wenn dies so wäre, dann würden die Theologen ihren Job verlieren, und ein Augenblick der menschlichen Geschichte würde auf Kosten der gesamten übrigen Geschichte vergöttlicht. Das liefe auf kulturellen Götzendienst hinaus.

Die Kirche erzählt jedoch eine andere Geschichte, durch die die ganze Schöpfung und jede Kultur unter dem Zeichen des Kreuzes und des Auferstandenen auf andere Weise gedeutet werden kann; und dies ist auch die Geschichte des Reiches Gottes (das mit der Kirche verbunden, aber nicht mit ihr identisch ist). Aber die Kirche kann niemals einen *a priori*-Sinn aus der Behauptung ableiten, Gott habe sich endgültig und entscheidend in Christus geoffenbart, bis sie sich auf jede Kultur und die ganze Schöpfung eingelassen hat; so daß sie die Bedeutung dieses Anspruchs nur dann *vollständig* entdecken wird, wenn die ganze Schöpfung erlöst ist. Das heißt, daß die Kirche ihr Erzählen der Geschichte Gottes ständig neu bearbeitet und gestaltet, so daß die Autorität der Offenbarung anerkannt wird (und so die Pneumatologie und Ekklesiologie), ohne dabei ein geschlossenes Verständnis von Offenbarung vorauszusetzen.

Es gibt sehr viel mehr, was entfaltet werden müßte, um zu zeigen, daß eine konstitutive Christologie den Bedürfnissen von Knitters noblem Streben besser dienen würde, das Leiden zu lindern und ökologische Gerechtigkeit zu ermöglichen. Aber das wäre, sozusagen, ein zu großes Zugeständnis an Knitter. Meine Argumentation gründete sich zum Teil darauf, daß es mir widerstrebt, das Problem in einer Terminologie zu formulieren, in der die Christologie lediglich der Analyse von Situationen „dient", die offenkundig auch neutral und nichttheologisch beschrieben werden können. Um wirklich eine alternative christliche Strategie zu Knitter entwickeln zu können, müßte ich zeigen, wie eine konstitutive Christologie die christliche Gemeinschaft befähigt, ihr eigenes Leben als Teil dieser konstitutiven *neuen Schöpfung* zu erkennen, die Christus begonnen hat, und daß sie nur durch die Teilhabe an die-

---

(In: Das Zweite Vatikanische Konzil. Konstitutionen, Dekrete und Erklärungen, Teil I, Freiburg/Br. 1966, 161.) Obwohl er J. Dupuis zuneigt, scheint er doch in der Gefahr, die Eschatologie auf eine Weise überzubetonen, daß das Reich Gottes seine Beziehung zur Kirche verliert, was nicht gut zu Redemptoris Missio 18,20 paßt. Vgl. J. Dupuis, The Church, the Reign of God, and the „Other", in: Pro Dialogo. Bulletin 85–86, 1 (1994) 107–130.

ser neuen Schöpfung, die sich in Christus vollzieht, – als Mitschöpferin – fähig wird, die Sündhaftigkeit der Welt, deren Teil sie ist, angemessen zu entlarven. Nur wenn die Sünde in all ihren tiefen und tragischen Dimensionen ernst genommen wird – eine Ernsthaftigkeit, deren Tiefen im Kreuz ausgelotet wurden –, können Christen anfangen, das erschreckende Ausmaß der Selbstzerstörung zu *beschreiben,* die eine gefallene Menschheit sowohl in Bezug auf sich selbst als auch in Bezug auf die geschaffene Welt immer weiter forttreibt. In einem solchen christologischen Ansatz gibt es, wie ich oben darzulegen versuchte, keine Notwendigkeit zu leugnen, daß die Zeichen des Reiches Gottes auch außerhalb der sichtbaren Kirche gegenwärtig sein mögen, und auch keine Notwendigkeit, die Zusammenarbeit mit allen Menschen guten Willens und das Lernen von ihnen auszuschließen. Das würde aber bedeuten, sich einer Geschichte anzuschließen, die von Knitters Erzählung sehr verschieden ist. Der einzige Zweck dieses Aufsatzes war es, den wahren Plan, der Knitters Erzählung antreibt, aufzudecken: die Zelebrierung der Modernität als Antwort auf die Probleme der Welt. Eine alternative Erzählung würde die Feier des dreieinigen Gottes als eine weit schmerzhaftere und befreiendere Antwort ansehen, denn ohne sie können die Tiefe, die Schönheit und die befreienden Ressourcen der anderen Religionen kaum in den Blick kommen. Und ohne diese alternative Erzählung könnten Christen kaum erkennen, wie tief sie auf Erlösung, auf die Beziehung zu anderen Religionen, auf Feier und Lob angewiesen sind.

Francis X. D'Sa SJ

„Christus – Buddha – Krishna – ..."

Zum Gespräch zwischen Christus und Krishna, zwischen dem Apostel Paul (Knitter) und dem Missionar Franz Xaver (D'Sa), dem universal-christlichen D'Costa und dem christlich-hinduistischen D'Sa

0. Die Frage: Status quaestionis

Es geht um das Gespräch, um das Wesen (sowohl in der nominalen wie auch in der verbalen Form) des Gesprächs. Solange die Menschen miteinander reden und einander zuhören, werden sie leben. Sobald sie aber nicht mehr aufeinander hören, ist ihr Leben (physisch und psychisch) in Gefahr. Im Boden des Nicht-Hinhörens wächst am schnellsten der Same der Gewalt. Dieses Prinzip hat heute Gültigkeit nicht nur für einzelne Menschen, sondern auch und vor allem für Völker, Kulturen und Religionen. Im Endeffekt geht es also um das Leben und das Überleben der Menschheitsfamilie und ihrer Welt.

Das Miteinanderreden ist nicht nur wichtig; es ist unabdingbar – auch wenn wir es noch nicht begriffen haben –, falls wir wirklich überleben wollen. Mehr denn je zuvor hat der englische Spruch heute einen prophetischen Klang: Either we hang together or we shall hang separately!

Das Gespräch ist schwieriger geworden – besonders in unserer Zeit. Die Gründe dafür sind vielfältig. Wir werden uns immer mehr bewußt: Wir sind nicht die einzigen auf der Welt, es gibt andere Menschen, andere Religionen und Kulturen, die anders sind und anders leben, sprechen, wünschen, handeln, denken und glauben als wir. Nicht nur, daß wir sie nicht verstehen (wollen); auch sie verstehen uns nicht. Hier ist mit Verstehen nicht einfach ein begriffliches, intellektuelles Verstehen gemeint. Vielmehr schließt Verstehen sowohl Bedeutungen als auch Gefühle ein. Nicht, wenn wir sehen, was sie tun und sagen, verstehen wir Menschen anderer Religionen, sondern wenn wir damit vertraut werden, was sie damit meinen.

Wenn wir also vom Gespräch der Religionen und Kulturen sprechen, hat das nicht nur oder nicht ausschließlich mit Sprechen zu tun, sondern es hat damit zu tun, wie wir miteinander umgehen. Auf diesem Hintergrund scheint es mir wichtig zu sein, die Bedingungen herauszuarbeiten, die ein Gespräch zwischen Religionen und Kulturen ermöglichen und es vertiefen und echter gestalten, damit die Beteiligten sehen können, wie sie zueinander stehen und was sie dann zu tun oder zu vermeiden haben.

0.1 Das Wesen des Gesprächs

Ein wesentliches Element eines echten Gesprächs ist das Hinhören auf die Gesprächspartner, in unserem Fall die anderen Religionen. Das ist weniger als ein Ausdruck der Höflichkeit gemeint, sondern mehr als konstitutiver Teil des Gesprächs. Was sagen sie und was tun sie und was meinen sie damit? Wenn wir das nicht verstehen, wird unser Gespräch entweder zum Monolog oder wir reden aneinander vorbei. Die anderen und ihre Anliegen muß ich verstehen und begreifen, so daß ich auf sie eingehen kann. Ein Gespräch bezweckt an erster Stelle Austausch, aber nicht einfach von belangloser Information. Der Austausch ist ein Mitteilen dessen, was den Gesprächspartnern widerfahren ist, was sie für wichtig und wahr halten, und wie sie ihr In-der-Welt-sein erleben und es zum Ausdruck bringen.

Das schließt sowohl die Welt der Bedeutung wie auch das Universum der Bedeutsamkeit ein. Die Welt der Bedeutung ist vielfach eine uns allen gemeinsame Welt: die Sonne und die Sterne, das Wasser und die Wälder, Geburt, Hunger, Durst, Essen, Tod, Sitzen, Laufen, Atmen, Sehen, Hören, Sprechen usw. In der Welt der Bedeutsamkeit geht es darum, welche Bedeutsamkeit die Welt der Bedeutung für die Gesprächspartner hat. Diese zwei Welten sind nicht getrennt, eher machen sie *eine* Wirklichkeit aus, wie Leib und Seele. Je nach der Betonung des Gesagten könnten wir erahnen, auf welche Welt es hinweist. Offensichtlich können wir uns eher in Sachen der Welt der Bedeutung als in Sachen der Welt der Bedeutsamkeit verständigen.

Wichtiger als das physische Hören ist das Hinhören. Hören bezieht sich auf die Welt der Bedeutung. Es ist nicht immer einfach, denn jede Sprache (und jede Kultur) sieht und erlebt die Welt (ihr In-der-Welt-sein) anders; sie hebt daher etwas für sie Spezielles hervor, das von den anderen Sprachen (und ihren jeweiligen Kulturen) nicht immer wahrgenommen wird. Das Hinhören auf die Welt der Bedeutsamkeit dagegen geschieht auf einer gänzlich anderen Ebene. Hören hat sozusagen mit dem Vordergrund zu tun, während Hinhören zusammen mit dem Vordergrund auch den Hintergrund wahrnimmt. So gesehen, ist Hinhören eine Art ganzheitliches Wahrnehmen, das für ein echtes Gespräch notwendig ist.

Wir könnten daher unterscheiden zwischen dem, was in der Welt der Bedeutung geschieht und dem, was sich in der Welt der Bedeutsamkeit ereignet. Geschehen und Ereignis haben jeweils mit Bedeutung und Bedeutsamkeit zu tun. Allerdings haben wir Zugang zu der einen Welt nur durch die andere. Dementsprechend gelingt ein Gespräch, wenn der Austausch sich sowohl auf Bedeutung wie auch auf ihre Bedeutsamkeit bezieht.

0.2 Die Dynamik des Gesprächsspieles

Ein echtes, ernstes Gespräch ist nicht ein Zeitvertreib wie die Unterhaltung von zufällig zusammenkommenden Engländern über das Wetter. Ein Gespräch findet deswegen statt, weil uns etwas widerfahren ist, das uns bewegt, von dem wir ganz vereinnahmt worden sind, und das unser In-der-Welt-sein transformiert hat. Etwas, das in uns in Bewegung gesetzt worden ist, wird im Gespräch ausgedrückt, gleichsam ausgepreßt. Das im Gespräch Ausgedrückte ist ein Ausdruck von dem, was uns aufgefallen ist, was uns überfallen und von uns Besitz ergriffen hat. Auch wenn wir ein Gespräch leichtsinnig beginnen, werden wir bald, wenn wir uns dem Gesprächspartner eröffnen, von der Dynamik des Gesprächs überholt und von ihr geleitet und geführt. Denn es sind im Grunde genommen nicht wir, die ein Gespräch führen, sondern es ist das Gespräch, die „Sache" selber, die uns dirigiert. Die Dynamik des Gesprächs und nicht die Willensentscheidung der Gesprächspartner bestimmt die Richtung des Gesprächs.

Woraus besteht nun die Gesprächsdynamik? Zunächst einmal ist das Spiel, das ein Gespräch darstellt, überwiegend ein Spiel der Sprache. Die Spielenden sind die verschiedenen Gesprächspartner mit ihren jeweiligen Vorverständnissen und das Gesprächsthema ist gleichsam der Ball. So wahr es ist, daß die Spielenden mit dem Ball so umgehen, wie sie es wollen, so wahr ist es, daß ihnen die Vorbedingungen und Möglichkeiten vorgegeben sind. Nur bedingt haben die Spielenden freie Hand; nur innerhalb der vorgegebenen Möglichkeiten können sie mit dem Ball tun, was sie wollen, und dieser Möglichkeiten können sie sich nur im Rahmen ihrer eigenen Erfahrungsgeschichte bedienen. Diese Erfahrungsgeschichte besteht nun aus den Interessen, die die einzelnen Personen im Laufe ihrer Lebensgeschichte kennengelernt und sich angeeignet haben. Je nach dem Spiel werden jeweils andere Interessen aktiviert. Nur was sie gelernt und gekonnt haben, steht ihnen nun zur Verfügung. Selbst wenn sie sich noch so sehr bemühen, ein Tor zu schießen, gelingt es ihnen nicht immer und das aus verständlichen Gründen. Es sind ja auch andere Spieler da, die das verhindern wollen. Mehr noch, auch sie wollen ja ein Gegentor schießen. Aber auch ihre Möglichkeiten sind vom Spiel, den Spielern und ihrer eigenen Erfahrungsgeschichte bedingt. All das trägt zur Dynamik des Spieles bei.

Das ist aber nicht alles. Die Dynamik des Spieles geht wesentlich davon aus, daß kein Spielender im voraus einen Überblick über das Spiel und seine Möglichkeiten hat und daß die Richtung des Spieles in ständiger Bewegung ist. Kein Spieler kann ein richtiges Spiel ganz unter seine Herrschaft bringen. (Wo aber die Teams nicht gleichgewichtig sind und das Ergebnis vorauszusehen ist, gilt dies nicht als richtiges Spiel.) Es ist nicht selten, daß ein gleichgewichtiges Team sich einbildet oder vom Trainer und den Anhängern ständig gesagt bekommt, daß es das bessere, wenn nicht das beste Team sei. Es ist aber die Dynamik und nicht die Einbildung oder die Einrede, die den Fortgang des Spieles bestimmt.

Das darf uns aber nicht zu dem Schluß verleiten, daß unsere Interessen sekundär oder ohne Bedeutung wären. Im Gegenteil. Je mehr wir unsere Interessen thematisieren und sie sozusagen auf den Tisch legen, desto bereichernder, aufregender, befreiender und tiefer wird das Gespräch sein. Trotzdem ist nicht alles, was ein Gespräch bewegt, begründet und begleitet, immer eindeutig klar. Hier hat das Hinhören seinen Platz. Die Gesprächspartner können durch das Hinhören mehr entdecken als das, was auf dem Gesprächstisch liegt. Die jeweiligen Interessen der Gesprächspartner werden dann gegenseitig korrigiert, ergänzt oder sogar widerlegt. Auf diese Weise werden die Gesprächspartner von der „Sache“ selbst in das Spiel des Gesprächs geführt.

Zusammenfassend können wir sagen, daß die Hauptspieler im Gespräch die Interessen der Gesprächspartner sind. Diese aber können weder die Richtung noch das Ergebnis des Spieles zur Gänze bestimmen, denn die „Sache“ selbst, um die es im Gespräch geht, ist der eigentliche Spieler. Daher ist es unmöglich, bei einem richtigen Gespräch im voraus zu sagen, wohin das Gespräch führen wird. Von einer phänomenologischen Perspektive aus könnte man behaupten, daß ein Gespräch, dessen Ergebnis im voraus bekannt ist oder vorhergesagt werden kann, gar kein Gespräch im eigentlichen Sinne ist.

1. Die Eigenarten des Sprachspiels

Jede Sprache ist eine eigene Welt, die im Sprechen zum Vorschein kommt. Im Sprechen kommt nicht dieses oder jenes Objekt, sondern eine Welt zur Sprache. Ein Gesprächspartner bringt eine solche Welt zum Ausdruck. Alle Sprachen sprechen von einer Welt, daher setzen sie auch das In-der-Welt-sein voraus. Jede Sprache interpretiert die Welt anders, eben wie sie sie erlebt. Deswegen kann keine Sprache die anderen Sprachen oder auch nur eine andere Sprache ersetzen. Die Sprachen sind Zeugnis dafür, daß es eine Vielfalt in der Welt gibt und daß nicht alles in *einer* Sprache zum Ausdruck kommt oder kommen kann.

So wichtig es ist, die Unterscheidung zwischen der Erfahrungs- und der Ausdrucksebene aufrechtzuerhalten, so wahr ist die Unterscheidung zwischen der Wahrheit einer Erfahrung und der Wahrheit des Sprachausdrucks. *Der Ausdruck einer Erfahrung darf niemals mit der Erfahrung selbst identifiziert werden.* Der Ausdruck kann unmöglich mit der Erfahrung Schritt halten. Weder darf die Erfahrung mit dem Ausdruck verwechselt noch auf ihn reduziert werden. Die Erfahrungswahrheit ist die ontologische Wahrheit, die der Wahrheit des Ausdrucks zu Grunde liegt. Sie ist es, in der wir uns immer schon befinden. Hier leben wir in der Wahrheit des Seins, und wir erleben diese Wahrheit. Weil wir sie erleben, sind wir mit ihr vertraut auf der Bewußtseinsebene, nicht aber auf der „Gewußtseinsebene". Daher sind wir immer auf der Suche nach der Möglichkeit, die Ausdruckswahrheit mit der Erfahrungswahrheit zu vergleichen und jene anhand dieser zu verwerten.

1.1 Die Wahrheit des Seins und der Wahrheitsanspruch der Sprache

Die zwei unterschiedlichen Wahrheitserfahrungen sind für unser Unterfangen von Bedeutung. Denn hier hat die Frage des Relativismus und der absoluten Norm ihren Platz. Die Wahrheit des Ausdrucks kann niemals absolut sein, da kein Ausdruck, weil geschichtlich, absolut ist oder sein kann. Jeder Ausdruck ist in einem geschichtlichen Kontext verwurzelt und selbst wenn er kodifiziert ist und dadurch ageschichtlich zu werden scheint, nimmt er beim Entkodifizierungsprozeß geschichtliche Züge an. Dem geschichtlichen Ausdruck die Eigenschaft der absoluten Wahrheit zuzuschreiben, bedeutet daher, dem Ausdruck die Geschichtlichkeit abzuspielen.

Der Ausdruck einer Erfahrung jedoch hat seine Wurzeln im Boden der ontologischen Wahrheit. Dies ist der Garant dafür, daß einerseits unsere Suche nach der Wahrheit des Erfahrungsausdrucks nicht aufgegeben werden kann oder darf und daß andererseits die Wahrheitsfindung niemals die Erfahrungswahrheit vollständig erreichen kann. Die Suche nach der Wahrheit des Erfahrungsausdrucks hat gleichsam etwas Absolutes an sich, sie ist unaufgebbar. Die Leugnung dieser Eigenschaft wäre zugleich ihre Bestätigung. Denn will man die Leugnung ernst nehmen, so müßte man gleichzeitig die verleugnete Eigenschaft wieder annehmen.

Diese doppelte Polarität, nämlich die Relativität des historischen Ausdrucks und die unabdingbare Suche nach einer Absolutform, konstituiert die Eigenart jedweder geschichtlichen Aussage. Das aber ist nicht dasselbe wie die absolute Wahrheit. Wohl ist die absolute Wahrheit in der ontologischen Wahrheit am Werk und zwar auf die Weise, daß wir uns nie mit der bloßen Behauptung der Aussagewahrheit zufrieden geben, sondern darauf achten müssen, ob sie die Feuerprobe der Erfahrungswahrheit besteht. Dies aber ist nicht dasselbe wie der Objektivitätsbegriff der modernen „Naturwissenschaft". Die Objektivität des H_20 ist eine Abstraktion und hat ihre begrenzte Gültigkeit in dem pragmatischen Vorgang der Naturwissenschaft. Diese Abstraktion darf nicht zur allgemeinen Norm für die Wahrheit schlechthin erhoben werden.

Immer und überall hat die Erfahrungswahrheit ihre Wurzeln in unserem In-der-Welt-sein. Dieses In-der-Welt-sein ist wesensmäßig mit unserem Sein-und-Verstehen engstens verbunden und bildet das Ambiente der ontologischen Wahrheitserschließung und den Boden, in dem die Aussagen gegründet sind. Die Aussagenwahrheit beschränkt sich nur auf die auf Information zielenden Aussagen; sie bezieht sich nicht auf symbolische Aussagen, die nicht Information bezwecken, sondern Transformation vermitteln.

Diesen Überlegungen liegt die Überzeugung zu Grunde, daß in unserem Gespräch die Sprache eine wichtige Rolle spielt und daß daher eine Verständigung über die Sprache unserem Gespräch behilflich sein wird.

Für unser Vorgehen tut es not, den Unterschied zwischen der Wahrnehmung und der Sprache hervorzuheben. Während die Wahrnehmung immer eine Ganzheitserfahrung des In-der-Welt-seins ist, artikuliert die Sprache ihren Inhalt stückweise. So zum Beispiel nehme ich das Publikum vor mir nicht als einzelne Personen wahr, sondern als eine Ganzheit. Wo immer ich sein mag, nehme ich ein Kontinuum wahr, niemals ein einzelnes Seiendes. Wenn ich aber davon spreche, spreche ich entweder von einzelnen Seienden oder von Einheiten von Seienden, die sich in der Ganzheit befinden. Die Sprache konzentriert sich auf Bestimmtes in der Ganzheit, die Wahrnehmung aber nimmt alles, was sich in ihrem Blickfeld befindet, auf einmal wahr. Auch wenn die Wahrnehmung sich auf etwas konzentriert, nimmt sie gleichzeitig auch die Umgebung wahr.

Von der Ganzheit der Wahrnehmung zum Einzelfocus der Sprache ist es wie ein gewaltiger Schritt, der von der Ebene des Seins zur Abstraktionsebene des sich im Focus befindenden Inhalts führt. Die Sprache abstrahiert einen Inhalt, der sich in ihrem Focus befindet, von der in der Wahrnehmung erfaßten Ganzheit. Dies ist der normale Gang der Wahrnehmung und der Sprache. Daran ist nichts auszusetzen. Aber gerade hier geschieht das Unheil, vor dem wir uns kaum schützen können und von dem kaum einer unberührt bleibt oder gar bleiben kann. Allgemein wird nämlich auf unerklärliche Weise total übersehen, daß der Inhalt, der sich im Focus der Wahrnehmung befindet, eine Abstraktion ist; stattdessen wird er als in sich stehende Einheit betrachtet. Rückwirkend wird dann die Welt der Wahrnehmung als Summe von einzelnen Seienden betrachtet. Man könnte dies ein trojanisches Pferd nennen, das sowohl eine Subjektivierung der Wahrheit als auch eine Objektivierung der Wirklichkeit in sich birgt.

Noch etwas anderes. Wenn wir von *Wahrnehmung* sprechen, dann ist dies eine abgekürzte Aussage über das Dasein, das verstehend in-der-Welt ist. Wir sind keine bloße Erfahrung, die in der Luft hängt. Vielmehr existieren wir in-der-Welt erfahrend-und-verstehend. Unser Sein und unser Verstehen sind zwei Seiten ein und desselben Prozesses. Verstehen ist keine vorübergehende und vorläufige Tätigkeit des Menschen. Verstehen ist nichts anderes als der verstehende Mensch selbst. Der Mensch ist ein kontinuierlicher Verstehensprozeß, der von seinem Sein nicht verschieden ist. Daher ist die Wahrheit des Seins- und Verstehensprozesses ontologischer Art, d. h., *sie befindet sich zuerst und vor allem auf der Wirklichkeitsebene, nicht auf der Wissensebene.*

Die Eigenart der ontologischen Wahrheit ist darin zu finden, daß sie im Verstehensprozeß die Initiative ergreift und die Menschen beansprucht – anders als bei der logischen Wahrheit, die das ausdrückt, was der Mensch bei solcher Beanspruchung begriffen hat. Die Ebene der ontologischen Wahrheit ist die Ebene der Seinserfahrung, und die Ebene der logischen Wahrheit ist die Ebene der Informationssprache.

Die Brücke, die diese zwei Ebenen verbindet, ist die Symbol-Sprache, d. h., die Metaphernsprache der Poesie und der Religion. Die Eigenart der Symbol-Sprache besteht darin, daß sie nicht auf Information, sondern auf Transformation zielt. Daher und dementsprechend ist die Wahrheit der Transformation mehr mit der Wahrheit der Seinserfahrung als mit der der Informationssprache verwandt. Das bedeutet, daß wir zwischen den drei Arten der Wahrheitsoffenbarung unterscheiden müssen:

Die Wahrheit der *Informationssprache*
Die Wahrheit der *Seinserfahrung*
Die Wahrheit der *Symbol-Sprache*

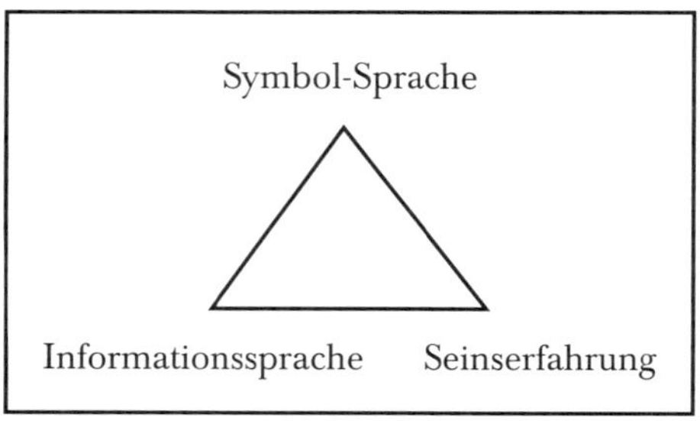

1.11 Der Wahrheitsanspruch der Informationssprache

Die Informationssprache drückt sich in Sätzen aus, die meistens wortwörtlich zu nehmen sind. Sie ist das Fundament, auf dem das pragmatische Leben der Menschen gebaut ist und sich abspielt.

Deswegen ist sie auch die Grundlage sämtlicher Kommunikation. Diese Art von Sprache besteht aus Begriffen. Ein Begriff ist ein Griff, der etwas greift und trägt. Was begriffen und getragen wird, ist der Inhalt des Begriffs. Folglich hat die Wahrheit der Informationssprache mit diesem Inhalt des Begriffs zu tun.

Vor diesem Hintergrund ist der Prozeß der Verifizierung bzw. der Falsifizierung zu verstehen. Dieser Prozeß beschränkt sich aber nur auf die Informationsebene. Daher dürfen wir seine Gültigkeit weder verallgemeinern noch verabsolutieren. Die Gültigkeit der Wahrheit der Informationssprache betrifft lediglich das pragmatische Leben. Darüber hinaus aber, in Bezug auf die Seinsebene, ist sie so gut wie nutzlos.

Die große Versuchung unseres Zeitgeistes besteht darin, den Prozeß der Verifizierung bzw. der Falsifizierung auf alle Bereiche des Lebens auszudehnen. So z. B. wollen wir die Existenz Gottes, die Auferstehung Christi, den Absolutheitsanspruch des Christentums, die Unfehlbarkeit des Papstes beweisen. Damit will man angeblich dem Erbe der Aufklärung gerecht werden. Der Fehler dieser Denkart besteht darin, daß man die Ratio zur höchsten Instanz, beinahe zur Göttin erhebt, in der Meinung, daß es nichts höheres als die Ratio gebe. Die Ratio ist aber immer die Ratio unseres Verstehenshorizonts und wird von ihr belebt und bestimmt, nicht umgekehrt. Obendrein ist sie nur das Licht, aber nicht die Stromquelle, nicht der Sinnhintergrund, in dessen Strom etwas als sinnvoll oder sinnlos *er-scheint.*

1.12 Die Wahrheit der Seinserfahrung

Die Seinserfahrung ist, wie gesagt, eine die Initiative ergreifende Wahrheit. Sie ist nur durch Offenheit zu erleben. Von ihr kann man nicht sprechen, man kann sie nicht zum Ausdruck bringen, man kann sie nur erleben und sich von ihr ergreifen lassen. Die Erschließung dieser Wahrheit können wir nicht begreifen. Im Gegenteil, wir werden selbst von ihr ergriffen.

Weil die Seinswahrheit uns zuerst ergreift, ist unser Begreifen nur eine Antwort auf die Seinsinitiative. Denn in dem Maße wir uns von der Seinswahrheit ergreifen lassen, begreifen wir Bruchstücke von ihr. Was wir begreifen, drücken wir stückweise in Sätzen aus. Je nach der Art und Tiefe unseres Begreifens ist auch die Art und Tiefe des Ausdrucks. Begreifen wir hauptsächlich das Wahrnehmbare, so drücken wir dies überwiegend in einer Informationssprache aus; begreifen wir größtenteils auf der Seinsebene, dann bedienen wir uns großenteils der Symbol-Sprache.

1.13 Die Wahrheit der Symbol-Sprache

Die Symbol-Sprache verwendet Begriffe aber nicht als solche, sondern als Symbole. Der Begriff *Leib* ist nicht gleichzusetzen mit dem Symbol *Leib*. Der Begriff *Leib* kann festgestellt und geprüft werden, nicht so das Symbol *Leib*. Während der Begriff *Leib* hauptsächlich aus wahrnehmbaren Eigenschaften besteht, ist das Symbol *Leib* etwas Ganzheitliches. Die Eigenart der Symbol-Sprache besteht darin, daß sie die Grenzen der Begriffe aufhebt. Sie gibt den Begriffsinhalt nicht auf, vielmehr macht die Symbol-Sprache Gebrauch von ihm durch Aufhebung seiner Grenzen. Durch diese Aufhebung wird der Begriff zum Symbol. Die klar erkennbaren Grenzen des Begriffs sind die Grundlage des Verifizierungs- und Falsifizierungsprozesses. Die Grenzen eines Symbols sind meistens die Grenzen der mythischen Welt, wo es zu Hause ist. Das Symbol „heilige Kuh" zum Beispiel hat Geltung nur in der Glaubenswelt der hinduistischen Traditionen. Obwohl der Begriff *Kuh* keiner bestimmten Kultur zu eigen ist oder zu sein braucht, hängt die Wirkung des Symbols *Kuh* von der hinduistischen Glaubenswelt ab.

Auch der Begriff *Christus* ist zu unterscheiden vom Symbol *Christus*. Andere Traditionen als das Christentum können ohne weiteres den Begriff *Christus* verstehen und sich mit ihm auseinandersetzen. Aber nicht ohne weiteres ist es möglich, das Symbol *Christus*, das in der christlichen Überlieferung beheimatet ist, sich anzueignen oder sich mit ihm zu befreunden. Bei den Häresie-Auseinandersetzungen der frühchristlichen Zeit scheint mir eher der Begriff *Christus* als das Symbol *Christus* im Vordergrund gestanden zu haben. Das Bewußtsein, daß es in den Auseinandersetzungen um das Symbol *Christus* ging, hätte mehr Toleranz und Flexibilität auf allen Seiten gebracht.

Auch wenn es in der Tat nicht immer klar ist, was für eine Sprache am Werk ist, ist die hier gemachte grundsätzliche Unterscheidung von Begriff und Symbol von größter Bedeutung für unsere weiteren Überlegungen.

Worin besteht nun die Wahrheit der Symbol-Sprache? Die Symbol-Sprache bedient sich, wie gesagt, des Begriffs, bleibt aber bei ihm nicht stehen. Denn er fungiert hier wie ein Sprungbrett. Die Sprungbrettbewegung ist die *wirk*-liche, *wirk*-same Eigenart eines Symbols. Das Symbol bedient sich der Richtung, in die der Begriff weist, um dann vom Sprungbrett aus in diese Richtung zu springen. Das Gesicht eines Symbols ist einer bestimmten Richtung zugekehrt, aber die Wege, die in diese Richtung führen, sind viele. Daher gibt es mannigfältige Auslegungen eines Symbols.

2. Die zwei Arten des Dialogs

Raimon Panikkar hat mit seiner außergewöhnlichen Sprachsensibilität zwischen dem dialektischen und dem dialogischen Dialog unterschieden. Einem, der Panikkars Oeuvre nicht kennt, mag es als Wortspiel vorkommen; dies ist es aber in der Tat nicht. Der dialektische Dialog basiert auf dem Logos, der Vernunft; er analysiert und verifiziert bzw. falsifiziert Begriffe und ihre Nuancen. Er verlangt Rechenschaft über die Formulierungen und gibt Erklärungen für sie ab. Scheinbare und oberflächliche Ähnlichkeiten werden entlarvt und Grundsätze werden geprüft. Unklarheiten, Mißverständnisse und Ungereimtheiten will er aus dem Weg räumen und im allgemeinen dafür sorgen, daß Begriffe und Symbole eine gewisse Konsistenz haben und eine Kontinuität mit ihrer Traditionsgeschichte zeigen.

Diskussion und Argumentation sind die Mittel, wodurch der dialektische Dialog sein Ziel von Klarheit und Konsistenz verfolgt. Die Begrifflichkeit, mit der sich dieser Dialog beschäftigt, gründet auf der Informationssprache. Diese Information muß verifizierbar bzw. falsifizierbar sein. Daß Diskussion und Argumentation hier ihren berechtigten Platz haben, wird aus dem dialektischen Dialog ersichtlich.

Hingegen ist der dialogische Dialog wirksam auf einer ganz anderen Ebene, nämlich auf der Ebene des Zeugnisablegens. Dieser Dialog legt Zeugnis von der Transformation ab, die der Zeugnisablegende durchgemacht hat. Mit Transformation ist nicht irgendeine Veränderung oder Verwandlung gemeint. Das Zeugnisablegen ist mit dem Lebenssinn verbunden. Was den Lebenssinn vertieft oder verletzt, erneuert oder belebt, kann der Inhalt des Zeugnisses sein. Weil der Lebenssinn alle Aspekte des Lebens berührt und umfaßt, ist das Zeugnisablegen eine ganzheitliche Tätigkeit. Je echter daher diese Tätigkeit, desto wirksamer ist das Zeugnis.

Natürlich setzt dieser Dialog die Offenheit der Anwesenden voraus. Das Zeugnis einer tiefen Erfahrung jedoch ist fähig, sogar verschlossene Herzen zu berühren und sie zu öffnen. Das ist so, weil das Zeugnisablegen vom Zeugen zuerst eine Offenheit verlangt. Diese Offenheit ruft Offenheit hervor.

Zeugnisablegen ist weit entfernt von bloßer Information. Während diese in Bezug auf die Zuhörer ziemlich neutral sein kann, gibt es beim Zeugnis keine Neutralität. Man kann von ihm nicht unberührt bleiben. Das schreckliche Leiden ein Kleinkindes, der verzweifelte Schrei einer hilflosen Mutter sind Beispiele spontaner Zeugnistaten. Thematische Zeugnisse finden wir in Berichten über den uneigennützigen Einsatz von Freiwilligen bei Kriegsopfern oder die Rettung von Todgeweihten in Konzentrationslagern. Nicht sehr verschieden ist das Zeugnis von religiösen Erfahrungen.

Daher sind die Unterschiede zwischen der Sprache des Zeugnisses und der Informationssprache gravierend. Im Gegensatz zum dialektischen Dialog, der auf Klarheit und Konsistenz, Beweise und Begründung aus ist, bedient sich der dialogische Dialog der Sprache von Symbol und Metapher. Die jeweilige Eigenart dieser zwei Spracharten haben wir oben schon beschrieben.

Wir alle sind in der Gefahr, alles und jeden zu verdinglichen. Was uns not tut, ist eine Mystagogie (oder eine Spiritualität, ein Yoga, wie immer man das nennen möge), die uns für die Symbol-Dimension der Wirklichkeit sensibilisieren. Eine solche Mystagogie könnte der Treffpunkt der verschiedenen Religionen und Ort eines dialogischen Dialogs zwischen ihnen sein.

2.1 Das Genre von D'Costas und Knitters Beiträgen

Damit wir die Beiträge unserer Gesprächspartner richtig würdigen, ist es unentbehrlich, daß wir ihr Genre sachgerecht einschätzen. In diesem Zusammenhang dürfen wir einige Randbemerkungen zu den Beiträgen von Paul Knitter und Gavin D'Costa in diesem Buch machen. Auch wenn der erste Teil von Paul Knitters Beitrag von Momenten eines dialektischen Dialogs gekennzeichnet ist, meine ich, daß der Hauptteil einen dialogischen Dialog eröffnet. Gavin D'Costa übersieht das und behandelt das überzeugende Zeugnis Knitters auf der Ebene des dialektischen Dialogs. Das führt dazu, daß D'Costa das Wertvollste an Knitters Beitrag gänzlich übersieht. Hingegen gehört D'Costas eigener Beitrag durchgehend, wenn ich mich nicht irre, in das Genre des dialektisch argumentierenden Dialogs. Diese Bemerkungen wollen nur die Form, nicht den Inhalt der Beiträge hervorheben. Denn aus der Perspektive der Diversität des Genres der Beiträge ist es schon klar, daß kein Treffen zwischen D'Costa und Knitter möglich ist.

2.2 Der dialektische Dialog zwischen D'Costa und Knitter

Wie immer unsere theologische Orientierung und Glaubensrichtung sein mag, ein echtes Gespräch braucht einen Treffpunkt. Das auszuarbeiten ist Aufgabe eines dialektischen Dialogs. Knitters Vorschlag, daß das Leiden der Schöpfung und des Menschen den Treffpunkt, eine Brücke bilden könnte, zeigt den richtigen Weg. Bevor wir eine Christologie ausarbeiten, die den Stellenwert der anderen Religionen gegenüber unserer Religion einschätzt, brauchen wir eine Christus-Vision (eher als eine Christologie). Die Christus-Offenbarung muß sich darin manifestieren, daß die Hungernden zu essen bekommen, die Nackten bekleidet und die Gefangenen befreit werden. Die Befreiung von diesen Nöten ist ein wesentlicher Aspekt der Erlösung in Christus. Die Christus-Offenbarung motiviert uns, die Not der Zeit ernst zu nehmen. Die Welt mit ihren gewaltigen Problemen ist also (zumindest) die erste Stufe einer unerlösten Welt oder einer Welt, die die Erlösung durch Christus noch nicht angenommen oder zum Ausdruck gebracht hat (wie immer man das ausdrücken mag). Eine relevante Christophanie zeigt sich zuerst und vor allem in der Bemühung um sichtbare und greifbare Er-Lösung der Probleme unserer Welt. Wer sie nicht ernst nimmt oder als peripher zur Erlösung betrachtet, hat die Ganzheitlichkeit des Heils in Christus Jesus noch nicht wahrgenommen.

Wir dürfen nicht vergessen, daß, selbst wenn wir einen dialektischen Dialog betreiben, wir ihn im Rahmen des Glaubens durchführen. Wenn also Knitter das Leiden der Schöpfung und des Menschen als Treffpunkt der Religionen vorschlägt, dann tut er das aus seinem Verständnis von Christophanie heraus, nicht auf der Basis des Kant'schen Imperativs. Caritas Christi urget nos. Natürlich weiß Knitter, daß das Leiden der Schöpfung und des Menschen nicht nur Christen betrifft, sondern Menschen aus allen Traditionen der Welt affiziert, und daß es in anderen Glaubenstraditionen einen anderen Stellenwert als in der christlichen hat. Aber das bedeutet nur, daß es zu diesem Treffpunkt vielfältige Zugangsmöglichkeiten gibt, auch wenn er im Lauf des Dialogs eine andere

Gestalt und eine andere Bezeichnung bekommt. Wichtig ist es, daß der Dialog überhaupt beginnt, auch wenn der Zugang auf den ersten Blick als zu eng erscheinen mag.

Für die Christus-Gläubigen konstituiert Christus Jesus den ganzheitlichen Lebenssinn. Sein Geheimnis umfaßt die ganze Wirklichkeit. Würde es das nicht tun, könnte es auch nicht der Lebenssinn schlechthin sein. Mein Leben ist keine Insel (auch wenn ich mich so benehme, als ob ich eine Insel wäre). Es ist Teil einer größeren Wirklichkeit. Wenn ich also vom Lebenssinn spreche, dann schließt er – in meinem Bedeutungsuniversum – diese Gesamtwirklichkeit ein. Es ist auch wahr, daß jedes Bedeutungsuniversum alles von seinem Zentrum aus erfährt, versteht und beurteilt. Es kann nicht anders. Weil unser Verstehen immer geschichtlich ist, trägt es immer geschichtliche Züge. Das Verstehen kann aus den Grenzen der geschichtlichen Partikularität seines Kontexts nicht ausbrechen, aber die Grenzen unseres Verstehenshorizonts können erweitert werden.

Die Ganzheitlichkeit des Heils in Christus und die Geschichtlichkeit des Gläubigen begründen die Tendenz, den Heilsweg in Christus zu universalisieren, selbst wenn ich das Heil aus meiner Glaubensperspektive betrachte. Der Drang zu solcher Universalisierung entspringt der Ganzheitlichkeit des Heils. Auf der anderen Seite darf man die Beschaffenheit der geschichtlichen Partikularität nicht so deuten, als ob sie eine monadische, in sich verschlossene Welt wäre. Partikularität bedeutet eine bestimmte geschichtliche (d.h. Zeit-Raum-bedingte) Perspektive. Weil sie nicht alleine auf dieser Welt, sondern Teil einer größeren Wirklichkeit ist, steht die Partikularität immer im Kontakt und Austausch mit anderen (Mitwelt und Umwelt), ohne eine Ausweichmöglichkeit. Das bedeutet, daß der Drang, die eigene Perspektive zu universalisieren, ergänzt und korrigiert werden muß, eben durch Kontakt und Austausch mit der Mitwelt und Umwelt. Das eine ohne das andere wäre immer einseitig. Die Christen können, wenn sie sich ihres alles umfassenden Lebenssinns bewußt sind, nicht umhin, eine universalisierende Christologie auszuarbeiten.

Das aber ist nur eine Seite der Münze. Den Lebenssinn nur auf die eigene Welt zu beschränken hieße, daß man keinen Sinn aus den Beziehungen holen kann, die das Leben mit unseren Mitmenschen und ihrer Welt beansprucht und gestaltet. Ein solcher einseitiger Sinn ist in großer Gefahr, bloß eine subjektive Projektion zu werden. Die Gefahr bleibt bestehen, solange unser Lebenssinn nicht durch Dialog und Austausch mit anderen Bedeutungsuniversa ergänzt und korrigiert wird. Nur ein solcher ergänzter und korrigierter Lebenssinn kann uns und unser Leben gänzlich und absolut in Anspruch nehmen. Im anderen Fall wäre er alles andere als Lebenssinn.

Ähnliches gilt für den Lebenssinn, den andere Religionsüberlieferungen zu vermitteln versprechen. Auch sie werden versuchen, ihre eigene Lebenssinnerfahrung zu universalisieren. Aber auch sie müssen sich bewußt werden, daß der Lebenssinn, den sie erleben und vermitteln, nicht der einzige ist. Um ganzheitlich zu sein, muß sich jede Tradition der zentripetalen und zetrifugalen Kräfte, die sie in ihrer Umlaufbahn halten, bewußt werden. So z. B. muß dem zentrifugalen Aspekt unserer Christologie (dem Universalisierungsdrang der Christen) eine zentrifugale Krishna-Erfahrung (der Universalisierungsdrang der Hindus) entsprechen, damit sie einander ergänzen und korrigieren. Wenn Christologie und Krishnalogie in ihrem jeweils absoluten Charakter sich dieses zentrifugalen Aspekts bewußt sind, dann könnte die Begegnung von zwei absoluten Ansprüchen zu einer gegenseitigen Relativierung führen, in der die Absolutheit des unaussprechbaren Geheimnisses aufrechterhalten bleibt. Eine ganzheitliche Christophanie würde aus den Doppelkräften einer universalisierenden Christologie und einer diese Christologie relativierenden Krishnalogie bestehen. Umgekehrt würde auch eine ganzheitliche Krishnaphanie aus den Doppelkräften einer universalisierenden Krishnalogie und einer diese Krishnalogie relativierenden Christologie bestehen. Die Ausdrücke Christophanie und Krishnaphanie wären dann vorläufig, aber vielschichtig. Aber sie wären auch Ausdrücke einer vielfältigen Ganzheitssuche.

Während die Tendenz, die Relevanz unserer Offenbarung zu universalisieren, auf dem Hintergrund unserer Erfahrung der Offenbarung selbstverständlich und im Raum des dialektischen Dialogs verständlich erscheint, kann die Relevanz der „Nachbar-Offenbarungen“ erst im dialogischen Dialog wahrgenommen werden. Unsere Universalisierungstendenz wird auf zweifache Weise gebremst: erstens durch das Bewußtsein, daß wir nicht die einzigen sind, die die Relevanz ihrer Offenbarung universalisieren – das tun auch die anderen genauso wie wir; und zweitens durch die Tatsache, daß wir keine Berechtigung haben, die Offenbarungsrelevanz unserer Tradition zu universalisieren, bevor wir die Offenbarungsrelevanz der Nachbar-Offenbarungen kennengelernt haben.

Gar keine Frage, daß D'Costa sich bemüht, die sozio-ökologischen Probleme der Zeit in seine Christologie aufzunehmen. Dabei merkt er nicht, daß auch die Vielfalt der Religionen zu den Problemen der Zeit gehört. Dieses Problem wird bei ihm durch eine souveräne und imperialistische „konstitutive Christologie" gelöst, ohne auf das Glaubenszeugnis der anderen Religionen oder auf das, was sie über sich selbst sagen, Rücksicht zu nehmen. Daß er dabei Rahner und den „Denzinger" in sein Argument einbaut, bestätigt noch mehr den Eindruck, daß solche Vorgehensweise einer Frosch-im-Brunnen-Mentalität entspricht, die keine anderen Brunnen kennt. Selbst die von D'Costa vorsichtiger formulierte Behauptung, daß die Kirche niemals a priori den vollen Sinn des Anspruchs, Gott habe sich endgültig in Jesus Christus geoffenbart, verstehen wird, bis sie sich mit allen Kulturen und der Schöpfung auseinandergesetzt hat, weil sie den vollen Sinn dieses Anspruchs erst entdecken wird, wenn die ganze Schöpfung erlöst ist – selbst diese Formulierung vertieft den Eindruck, daß der Anspruch der konstitutiven Christologie gut gemeint, aber nichts-destoweniger Zeugnis einer Frosch-im-Brunnen-Mentalität ist.

Andererseits weist D'Costas Vorgehen, von der methodologischen Perspektive aus gesehen, auf etwas Wahres hin. Denn in einer intrareligiösen Sicht ist es wichtig, daß die Gläubigen ihr Verständnis von der Relevanz und Wirksamkeit ihrer Offenbarung nicht auf sich allein beschränken, sondern es als alle Menschen und ihre Welt einschließend verstehen. So ist es gerechtfertigt, daß Rahner eine Christologie entwirft, die die Wirksamkeit der Heilkraft des Christus in der ganzen Geschichte sieht. In ähnlicher Weise würde ich argumentieren, daß die Krishna-Offenbarung für alle Kulturen von Relevanz ist. Dieser Überzeugung liegt das Prinzip zugrunde, daß eine Grunderfahrung Gültigkeit für alle hat, ja haben muß.

Im Lichte dieser Überlegungen muß man folgendes feststellen. Den Christologien, die durch die Angst vor Identitätsverlust und Relativismus eingemauert sind und daher die enormen Probleme der Zeit nicht aufnehmen, mangelt es an Glaubwürdigkeit. Daß die Probleme unserer Zeit keinen *methodologischen* Stellenwert in D'Costas Überlegungen haben, scheint mir symptomatisch für eine theologische Strömung zu sein, deren Priorität darin besteht, ein schönes, möglichst widerspruchloses Gedankengebäude zu errichten, bevor sie zu den Problemen herabsteigt.

3. Der dialektische Dialog zwischen Christus und Krishna

Solcher Dialog findet statt zwischen denen, die an Christus, und denen, die an Krishna glauben bzw. ihn erlebt haben. Beide sind sich im klaren, daß Christus mit Krishna nicht identisch ist und Krishna mit Christus nicht gleichgesetzt werden kann. Es könnte auch sein, daß beide erahnen, daß sie trotz der Verschiedenheit sich treffen oder treffen können. Diese Vermutung hat mit dem Drang zur Universalisierung einerseits und mit der geschichtlichen Eigenart der jeweiligen Traditionen andererseits zu tun. Beide Eigenschaften, Universalisierungstendenz und Aufrechterhaltung der geschichtlichen Partikularität, müssen ernstgenommen und miteinander in Verbindung gebracht werden.

Die Universalisierungstendenz taucht immer und überall spontan auf. Sie könnte zwar ein allgemein verbreitetes Vorurteil sein; andererseits wäre es aber nicht unvernünftig, aufgrund der Zusammengehörigkeit aller Menschen und ihrer universalen Kommunikationsmöglichkeit anzunehmen, daß auch in ihrer jeweiligen Eigenart etwas steckt, das allen Menschen relevant sein könnte.

Die eigentliche Funktion der Universalisierungstendenz könnte es sein, eben dieses anderen Menschen mitzuteilen. Bei einem solchen Verständnis würden wir weder der Wesensart unserer Tradition noch der der anderen Traditionen Gewalt antun; wir würden sowohl der Partikularität wie auch der Universalisierung unserer Offenbarung Gerechtigkeit widerfahren lassen.

Das „Eigene, das allen Menschen relevant sein könnte", ist der Treffpunkt der Religionen. Das unaussprechbare Geheimnis ist das Zentrum, aus dem jedwede Offenbarungsbewegung hervorgeht. Während das Zentrum immer ein unaussprechbares transzendentes Geheimnis bleibt, sind die diversen Offenbarungstraditionen verschiedene Polaritäten, die immer auseinanderzugehen scheinen. Sie haben aber ihre gemeinsamen Wurzeln im Geheimnis, das wie ein Märchenbaum sich unterschiedlich entwickelt und verschiedene Früchte hervorbringt.

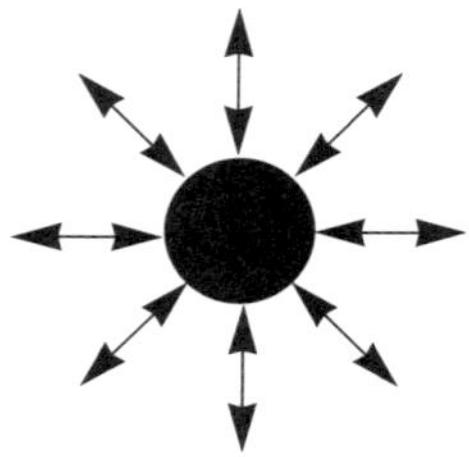

Vor dem Hintergrund dieser Überlegungen ist das Etikett „pluralistische Christologie“ sicherlich keine treffende Bezeichnung. Die eine Gemeinsamkeit, die uns alle verbindet, ist das große Schweigen des unaussprechlichen Geheimnisses. Wir nehmen sie dankend und bedenkend an. Die andere Gemeinsamkeit ist unser In-der-Welt-sein, das uns allen enorme Probleme aufgibt. Die erste Gemeinsamkeit, aus der Glaube, Liebe und Hoffnung entspringen und gedeihen, könnte uns befähigen, die zweite Gemeinsamkeit unseres In-der-Welt-seins gerechter und glücklicher zu gestalten. Die Echtheit unserer Glaubenserfahrung würde sich dann im Feuer des Engagements und nicht so sehr im Wortgefecht zeigen. Anscheinend ist nach dem kompromißlosen Zeugnis des Matthäus-Evangeliums (25,31ff) solches Engagement das ausschlaggebende Kriterium dafür, ob man vom Menschensohn endgültig angenommen oder verworfen wird. Natürlich geht es hier weniger um das endgültige Angenommen- oder Verworfensein als um den Stellenwert des Engagements in der christlichen Glaubenspraxis.

4. Der dialogische Dialog zwischen Christus und Krishna

Mit diesem ausschlaggebenden Kriterium des Matthäus-Evangeliums in den Ohren und Herzen sind wir imstande, dem Dialog zwischen Christus und Krishna zu lauschen. Offensichtlich ereignet sich der dialogische Dialog zuerst und vor allem im Leben; erst dann nimmt er Wortgestalt an.

Diesen Dialog haben längst die Menschen begonnen, die, an Christus glaubend, sich für die Einheit und Heilung der Menschen eingesetzt und die, an Krishna glaubend, die Welt als Leib Gottes angenommen haben. Auf beiden Seiten drückt sich Glaubenserfahrung im Leben aus.

Wenn es heute Christen gibt, die Irdisches wie Steine, Wasser, Bäume, Blumen, Tiere, Sonne und andere „Naturkräfte" mit dem Geheimnis in Verbindung bringen und dabei nicht mehr den Pantheismus fürchten, für die die Erde heilig und nicht mehr „bloß" Erde ist, dann verdanken wir das den Christ-Gläubigen, die den dialogischen Dialog durch das Glaubenszeugnis in ihrem Leben verwirklichen. Wenn heute unter den Hindus der Sinn für Gerechtigkeit und Menschenrechte zunimmt – daß die Frauen und die Kastenlosen nunmehr auch als gleichberechtigte Menschen gelten, daß die Religionsminderheiten vor den Hindu-Fanatikern geschützt werden müssen – dann verdanken wir das den Hindu-Gläubigen, die ebenfalls den dialogischen Dialog durch das Glaubenszeugnis in ihrem Leben verwirklichen. Wir verdanken diesen Menschen, daß heute Christusgläubige und Krishnagläubige miteinander arbeiten und sich für größere Gerechtigkeit für die am Rande der Gesellschaft Lebenden und für eine gesündere Umwelt einsetzen. Denn längst bevor wir etwas thematisieren, werden wir von Dingen und Ereignissen so beansprucht, daß unsere Beziehungen zu Menschen und Welt anders werden. Das wird aber nicht von jedem wahrgenommen, sondern nur von denjenigen, die sich auf das Geheimnis geöffnet haben.

Dieser Dialog wird von Krishnagläubigen und Christusgläubigen weitergeführt, die sich gegenseitig die Glaubensdimension ihres Lebens ergänzen, korrigieren und vertiefen. Das zeigt sich auf folgenden Ebenen. Erstens wächst nicht nur die Achtung für die heiligen Schriften der anderen, sondern auch deren Gebrauch nimmt zu. Hindus werden mit der Bibel und Christen mit den Upanishaden, der Bhagavadgita und den Schriften der heiligen Dichter (Poet-Saints) immer mehr vertraut. In manchem Gottesdienst von Christen spielen auch diese Schriften eine selbstverständliche Rolle. Das Studium der Hindu-Schriften nimmt unter den Christen immer mehr zu und wird immer wichtiger und selbstverständlicher. Es entsteht also in manchen Kreisen der Hindus wie der Christen eine gewisse Intertextualität der heiligen Schriften, bei der trotz der Verschiedenheit der Traditionen ein gewisses Ineinander in Erscheinung zu treten beginnt.

Die Intertextualität ist ein wichtiges Phänomen, und ihre Wirksamkeit ist auf diversen Ebenen festzustellen. Mir geht es hier um die Wirksamkeit dieses Phänomens auf der Ebene des Textes. Der Christ, der sowohl mit seinen heiligen Schriften wie auch mit den heiligen Schriften der Hindus vertraut ist, fängt nun an, sie mit anderen Augen, d. h. mit einem erweiterten Horizont zu lesen. Denn in ihm findet die Begegnung der zwei Texttraditionen statt; in der Begegnung entsteht eine gewisse Verbindung zwischen ihnen, eine Kontinuität. Diese Kontinuität ist dafür verantwortlich, daß der jeweilige Verlauf der „Heilsgeschichte" auf der christlichen Seite und der „Unheilsgeschichte" auf der hinduistischen Seite nicht mehr derselbe ist wie früher. Indem die zwei Texttraditionen sich begegnen, kommt eine wirksame Symbiose zustande. Wohin diese führen wird, läßt sich noch nicht voraussehen.

Zweitens läßt die Intertextualität der heiligen Schriften auch eine gewisse Intertextualität des jeweiligen Lebens entstehen. In der Intertextualität treffen sich nicht nur zwei Texttraditionen; es treffen sich zwei Lebens-Traditionen und damit beginnt eine Symbiose zwischen den beiden. Die Intertextualität des Lebens wird von den Krishnagläubigen und den Christusgläubigen durch ein neues Miteinander und Füreinander in den Fragen der Gerechtigkeit, der Umwelt und der gesellschaftlichen und politischen Ordnung bezeugt. Es ist daher nicht überraschend, daß in diesen Kreisen die „metaphysischen" Fragen zweitrangig werden und das, was früher als zweitrangig galt, nämlich die Aufgaben, die uns unsere Zeit stellt, Priorität erhalten. Die Provenienz der indischen Christophanie und Krishnaphanie im Werden ist hier zu suchen.

Drittens: Was noch vor etwa fünfzig Jahren als absolut unbestrittener Absolutheitsanspruch unter den indischen Christen galt, erzeugt heute eine zunehmende Ablehnung unter den professionellen indischen Theologen und langsam auch unter den Gläubigen. Das aber, was in der römischen Behördensprache „Relativismus" genannt wird, bereitet nicht nur in Rom, sondern auch bei gewissen um den Absolutheitsanspruch des Christentums besorgten europäischen Theologen erhebliche Probleme. Es ist symptomatisch, daß Handlungen der Ungerechtigkeit oder Umweltschäden diese Eiferer weniger herausfordern als die gutgemeinten, wenn auch nicht immer geschickt formulierten theologischen Deutungen eines ein Leben lang engagierten Tissa Balasuriya.

Viertens wächst auch die Zahl der Christusgläubigen und Krishnagläubigen, die eine Art *communicatio in sacris* praktizieren. Ihr Glaubenszeugnis macht deutlich, daß sie dadurch nicht nur ihre eigene Überlieferung besser und tiefer erleben, sondern daß ihnen die andere Tradition weniger fremd vorkommt und sie ein zweites geistiges Zuhause zu entdecken begonnen haben. Allen Anschuldigungen des Synkretismus zum Trotz behaupten sie, daß sie durch den synchronisierenden Blick aus den zwei Augen der beiden Traditionen eine Tiefenperspektive des Glaubens geschenkt bekommen haben.

5. Von Christologie und Krishnalogie zu Christophanie und Krishnaphanie

Was hier beginnt, ist der Anfang einer neuen Zeit und einer neuen Welt, in denen Christophanie und Krishnaphanie weder ganz verschieden noch ganz identisch sein werden. Die Christophanie der Christen ist die Ganzheitsoffenbarung in Jesus Christus, die uns den Weg weist, die Offenbarung des Geheimnisses in der ganzen Geschichte zu entdecken. Die Krishnaphanie der Hindus ist die Ganzheitsoffenbarung in Krishna, die uns den Weg weist, die Offenbarung des Geheimnisses im ganzen Kosmos zu entdecken. Weil beide, Christophanie und Krishnaphanie, Ganzheitsoffenbarungen sind, wird ihr Treffpunkt immer deutlicher. Die Christophanie, die die Bedeutung der Geschichte betont, wird in der Begegnung mit Krishna die Offenbarung im Kosmos und ihre Verbindung mit der kosmischen Geschichte entdecken. Die Krishnaphanie, die die Bedeutung des Kosmos betont, wird in der Begegnung mit Christus die Offenbarung in der Geschichte und ihre Verbindung mit der Geschichte der Menschen entdecken. Beide werden ihre jeweilige Eigenart behalten, aber ihr Blickpunkt wird erweitert, korrigiert und ergänzt.

Die Epiphanie des Christus ist, wie die des Krishna, allumfassend. Nur sprechen die Christen und die Hindus auf vielfache Weise und so werden die verschiedenen Christologien und Krishnalogien geboren. Unsere Christologien und Krishnalogien haben ihren Zweck erfüllt, wenn sie uns zu einer alles umfassenden Christophanie und Krishnaphanie leiten.

Schon die vedischen Seher hatten proklamiert: ekaṃ sat viprā bahudhā vadanti. Es gibt nur das Eine; die Seher sprechen von Ihm auf vielfache Weise. Das Letzte, das Nicht-Eins und Nicht-Zwei ist, bleibt immer ein Geheimnis. Wir glauben, daß wir alle Menschen dort treffen, aber wir wissen nicht wie. Wir glauben dies jedoch nicht willkürlich oder blind. Was alle Menschen verbindet, sind Geburt, Leben, Liebe, Leiden und Tod. Unser Anfang und unser Ende, selbst wenn sie von Menschen unterschiedlich verstanden und erlebt werden, sind Teil des großen Geheimnisses.

Wir wissen heute, daß die Theologie keine neutrale Tätigkeit ist. In der Art und Weise, wie wir Theologie betreiben, spiegeln sich unser Leben, unsere Lebenseinstellung und unsere Lebenswerte wider. Die Suche nach der Wahrheit der Religionen vollzieht sich selten abseits von unseren Lebensinteressen. Die Frage ist also nicht, ob wir von Interessen getrieben werden, sondern von welchen Interessen wir getrieben werden. Dies nicht zu übersehen, ist für das Gelingen des Dialogs unabdingbare Voraussetzung. In der Offenheit eines Dialogs, der das beachtet, können die Gesprächspartner die Spreu ihrer Interessen vom Weizen der Wahrheit trennen.

Der Austausch des Lebens geschieht wesentlich früher als der Austausch in der Sprache. Was wir zur Sprache bringen, ist unser Leben selbst: die Vielfalt der Widerfahrnisse in der Einheit des Lebens, die Vielfalt des Lebens in der Einheit des Geistes und die Vielfalt der Offenbarungen in der Einheit des Geheimnisses.

Es kann also kein alles vereinheitlichendes und umfassendes System geben, keine pluralistische Christologie oder Krishnalogie, die alle verschiedenen Bedeutungsuniversa unter ihre Fittiche nähme. Es wird nur eine immer breiter und tiefer werdende Gemeinsamkeit, einen immer deutlicher werdenden Treffpunkt der unterschiedlichen Traditionen geben. Das aber ereignet sich in einem Geheimnis, dem weder das Wahrheitsverständnis noch die Wirkungsgeschichte der verschiedenen Überlieferungen etwas vorzuschreiben haben. Denn in ihm leben alle Traditionen, bewegen sie sich und sind. So bleibt ihnen nur der Weg des Zeugnisses. Jede Tradition muß in ihrem Wort und Werk Zeugnis von ihrem Offenbarungserlebnis ablegen.

Dieses vielfältige Zeugnis wird uns davor schützen, unser eigenes Zeugnis zu verabsolutieren; umgekehrt wird es uns auch drängen, überall mit Menschen guten Willens zusammenzuarbeiten, damit das Wesen und Wirken des hohen und heiligen Geheimnisses in unserer Welt immer mehr sichtbar wird.

Klaus Otte

Das Absolute und die Absolutisten

In der Hermeneutik des offenen oder auch impliziten Dialogs zwischen den Religionen tritt seit alters bei genauem philosophischem und religionstheologischem Hinsehen das Problem des Absoluten als maßgebliches Kriterium fungierend in Erscheinung.

Das Absolute implizit

Was in den jeweiligen Traditionen des zwischenreligiösen Geschehens oft in Textzeugnissen, wie in der Bibel, unausgesprochen eingeschlossen ist, was sich in der besonderen Logik der von der historisch-kritischen Exegese europäischen Stils meist mißverstandenen Allegorie sinngründend verborgen hält, was der zahllosen Symbolwerdung und -vermischung zwischen den Religionen jenes geheimnisvolle Wachstum und die immerdauernde Fruchtbarkeit gegeben hat, ja mehr noch: was sich in der Kunst, der Musik, Architektur und Kultur in den Grenzgebieten der Religionen und was sich schließlich heute weltweit an Zeugung und Geburt in unserem thematischen Bereich von „Horizontüberschreitung“ [1] und „Befreiung“ [2] auch ohne ein wie auch immer beschaffenes „nihil obstat“ selbstsicherer Katheder oder Kanzleien vollzieht, dies alles ruft nach neuen hermeneutischen Kriterien – vielleicht sogar nach einer neuen Logik [3] – im universalen kommunikativen Prozeß bis hin zu einer neuen ontologischen Exegese der Sachphänomene.

---

1 Vgl. R. Bernhardt (Hg.), Horizontüberschreitung. Die Pluralistische Theologie der Religionen, Gütersloh 1991.

2 Vgl. P. F. Knitter, Horizonte der Befreiung. Auf dem Weg zu einer pluralistischen Theologie der Religionen. Hg. von B. Jaspert, Frankfurt a. M./Paderborn 1997.

3 Vgl. K. Otte, Verstehen des Fremden, in: Dialog der Religionen, Jg. 3, Gütersloh 1993, 50 ff; ders., Erfahrungen im Haus der Begegnung in Kyoto. Dritte Basler Albert-Schweizer-Gespräche: Dialog der Weltreligionen, Basel 1993, 42 ff.

Das Absolute explizit

Was an Absolutheitsproblematik in den unser Thema tangierenden Dokumenten in fast allen Kulturen und Religionsformen meist unreflektiert, darum aber nicht weniger wirkungsvoll einbezogen war, tritt seit geraumer Zeit regulierend mehr und mehr ins kritische Bewußtsein: Friedrich II. mit seinen *Annalen von Melfi*, Boccaccios *Decamerone*, Nikolaus von Kues' *De pace fidei*[4], Lessings *Nathan* und andere behandelten die Absolutheitsfrage zwischen den Religionen – wenn auch meist noch hermeneutisch unthematisch. Kritisch thematisiert wurde das Absolutheitsproblem zwischen Religionsausprägungen in neuerer Zeit, nachdem die Frage nach einer pluralistischen Theologie der Religionen unausweichlich geworden ist. Bis dahin behauptete sich zumindest in Europa weitgehend die idealistische Vorstellung von der Absolutheit allein des Christentums.

„Absolut" – hermeneutisch-kritisch

Nachdem der weltweite Dialog zwischen den Weltreligionen durch das Zusammenwachsen der wirtschaftlichen und kulturellen Beziehungen der Kontinente in Gang gekommen ist und somit auch die Erforschung einer globalen Hermeneutik[5] immer dringlicher wird, gerät die Frage nach dem sogenannten Absolutheitsanspruch für jedermann in den Brennpunkt der Besinnungen. Indessen fällt bei einem systematischen Durchgang durch die Veröffentlichungen der Pioniere einer pluralistischen Theologie auf, daß allein schon der Begriff „Absolutheitsanspruch" merkwürdig europäisch-abendländisch prädisponiert zu sein scheint – von anderen unreflektierten Prämissen ganz zu schweigen. Dies gilt gar nicht nur für die euro-amerikanische Spezialliteratur, sondern findet sich auch bei Dialogteilnehmern aus anderen Kulturen.[6]

---

[4] Vgl. ders., Rechtfertigung aus Glauben bei Nikolaus Cusanus als Grundlage des Gesprächs zwischen den Religionen, in: Mitteilungen und Forschungsbeiträge der Cusanusgesellschaft, hg. von R. Haubst, Bd. 16, Mainz 1984, 333 ff.

[5] Vgl. ders., Global Hermeneutics, Tokio 1991 (japanisch, zus. mit Tokuaki Furuzawa).

[6] Vgl. H. Olles, Religionsdialog, Ost-West-Dialog, in: Philosophischer Literaturanzeiger, Meisenheim/Glan, Bd,40, H. 1, 1987 und Bd. 49, H. 3, 1996.

„Absolutheitsanspruch" in doppelter Sicht

Der Begriff *Absolutheitsanspruch* kann grundsätzlich entgegengesetzt unterschiedlich verstanden werden: Einerseits kann es sich um den Anspruch handeln, den das Absolute in seiner ureigenen Unabhängigkeit in Geltung setzt. Andererseits kann es sich aber auch um den Anspruch handeln, den der Mensch für sich behauptet, welcher das Absolute in Raum und Zeit auf irgendeine Weise erfahren zu haben meint.

Im ersten Fall ist das Absolute der Ur-Sprung des Anspruchs, welcher alle daraus bewirkten Phänomene nach sich zieht. Im anderen Fall gerät das Absolute in die Nähe des Objektiven, welches der raum-zeitliche Mensch zusammen mit allem Dasein irgendwie gewahrt, in subjektiver Selbstverständlichkeit vor sich hinstellt und solche Vorstellung als allein gültig verteidigt. Unter den Gesichtspunkten euro-amerikanischer grammatikalischer Kategorien könnte man einmal von einem Genitivus-Subjektivus und dann von einem Genitivus-Objektivus sprechen, unter welchem das Absolute jeweils sprachgefaßt in Erscheinung tritt.

Die „objektivistische" Nuance

Die eher objektivistische Nuance von Absolutheitsanspruch diagnostiziert der buddhistische Philosoph und Zen-Meister Keiji Nishitani aus Kyoto für das christliche Selbstverständnis folgendermaßen: Wegen der Behauptung seiner in Jesus Christus gegebenen einmaligen historischen Heilstatsache müsse dieser Glaube „ausschließliche Absolutheit für sich beanspruchen".[7] Damit scheint das Absolute dieses Anspruchs in einer zeit-räumlichen Geschichtsdeutung begründet zu sein und nicht in der Ursprünglichkeit des Absoluten. Es ist dabei zwar die Frage, ob Nishitani das endgültige Wesen des Absoluten für sein eigenes Verständnis so fassen könnte oder ob er hier nicht das europäische Allgemeinverständnis zur Charakterisierung des christlichen Selbstverständnisses übernommen hat, das auch die Europäer mit dem Absolutheitsanspruch verbinden. Der Zen-Philosoph begreift nämlich sonst das, was absolut meint, eher im Sinne eines Ur-Springens des alles Bedingenden, bzw. der Nichtung des realen Nichts.

---

[7] K. Nishitani, Was ist Religion?, Frankfurt/M. 1982, 318.

Mit seiner Verwendung von *Absolutheitsanspruch* trifft Nishitani indessen gleichwohl den europäisch-christlichen Common sense von *absolut*. Der europäische Nishitani-Interpret Hans Waldenfels[8] beweist dies möglicherweise, wenn er eines seiner Bücher „*Absolutes Nichts*" nennt. Das *absolute Nichts* sei für Nishitani „letztes Prinzip": „Das Nichts als absolutes Nichts tritt bei ihm an die Stelle des Seins."[9] Hier ist das Absolute zum Adjektiv geworden und somit ist es nicht mehr das in jeder Hinsicht Ur-Sprüngliche. Ein Adjektiv fügt einem Sachverhalt etwas anderes hinzu. In diesem Fall würde dem Absoluten ein Absolutes hinzugefügt, was soviel wie ein weißer Schimmel wäre. Nishitani soll gegenüber diesem Verständnis seiner Gedanken selbst Verstehenszweifel geäußert haben.

Walter Strolz dehnt in seinem Buch „Offenbarung als Heilserfahrung im Christentum, Hinduismus und Buddhismus" (1982) ein solches Verständnis von *absolut* im Sinne von *ausschließlich* noch weiter aus. Im Hinblick auf die Gegensätze in den verschiedenen Weltreligionen sei ein „Absolutheitsanspruch heute unhaltbar".[10] Dies besagt doch, daß die jeweils raum-zeitlich gedeuteten und so vereinnahmten Phänomene des eigentlich Absoluten selbst nicht den Anspruch auf Absolutheit erheben können.

Aus der Sicht vielfältiger verobjektivierter Einzelphänomene des Absoluten ist man zu „absolut aufgefaßten Orientierungssystemen" gekommen.[11] Ob die Orientierungsversuche von Perry Schmidt-Leukel in diesem Band auch dazugehören, müßte untersucht werden.[12] Jedenfalls handelt es sich aber auch bei der phänomenologischen Freilegung von differenzierenden Archetypen, wie etwa bei C. G. Jung, nach G. Hummel nur um ein vergleichswissenschaftliches Forschungsergebenis und nicht um eine Erscheinungsform des *Absoluten*. Wann immer der Mensch aus angenommenen absoluten Mächten Handlungsweisen ableitet, verweilt er

---

8 H. Waldenfels, Absolutes Nichts. Zur Grundlegung des Dialogs zwischen Buddhismus und Christentum, Freiburg i.Br. 1976.

9 H. Olles, a.a.O. Bd. 40, H. 1, 90.

10 ebd. 100.

11 J. Waardenburg, Religionen und Religion, Berlin 1986.

12 Vgl. P. Schmidt-Leukel, Das Problem divergierender Wahrheitsansprüche im Rahmen einer pluralistischen Religionstheologie. Voraussetzungen zu seiner Lösung; in diesem Band S. 39–58.

nach Günter Dux[13] im Bereich eines additiv verstandenen Absoluten. In diesem Bereich bewegen sich teilweise auch noch die Versuche, dem Absoluten die Kraft des Aushaltens „aufbrechender begrifflicher Spannungen" oder gar für Sinnkonzepte von Wirklichkeit zuzusprechen.[14]

Die „phänomenologische" Nuance

Indessen ist aber hier schon die Grenze erreicht, welche das partiell für absolut Gehaltene an das tatsächlich Absolute rühren läßt. Falk Wagner[15] möchte das Absolute vom Bewußtsein des menschlichen Absolutsheitsanspruchs unabhängig sehen und ausschließen, daß das Absolute irgendwie als gründender Grund für etwas angesehen werden kann. Dabei ist auf die Bestreitung einer kausalen Rückführung raum-zeitlicher Phänomene angespielt und nicht auf die unbestreitbare Bedingungsermöglichung für Dasein. Auch das Absolute schlechthin nämlich läßt sich nur zur Sprache bringen, wenn es als Bedingung oder als alle Wirklichkeit durchwaltend erfahren wird. Im Buch „All-Einheit" behauptet der Japaner Tomonobu Imamichi, daß in der chinesischen Klassik das Philosophieren bei Tschuang Tschou zur „Geisteserfahrung des Einen als des Absoluten" führe.[16] Das Absolute sei zugleich Nichts und Vielheit. Heinrich von Stietencron weist auf die Erfahrung des unpersönlichen Absoluten im Hinduismus hin.[17] Hier muß auch der „Standort" bei Keiji Nishitani gesucht werden: Mu und Sunyata, das reine Nichts bzw. "the real emptiness". „Sein ineins mit Leere" könnte das Absolute genannt werden, wenn ein solches für den Buddhisten in Frage kommt.

Das „Absolute" bei Paul Knitter

Die zusammengetragenen Gesichtspunkte zum entgegengesetzten Verständnis von *Absolutheitsanspruch* – einerseits als Anspruch

---

[13] G. Dux, Logik der Weltbilder, Frankfurt/M. 1982/1991.

[14] W. E. Paden, Am Anfang war die Religion, Gütersloh 1990.

[15] F. Wagner, Was ist Religion?, Gütersloh 1986.

[16] T. Imamichi, Die freie Wanderung des Denkens nach dem Einen. Das Eins-Alles-Problem in der chinesischen Klassik, in: D. Henrich (Hg.), All-Einheit. Wege eines Gedankens in Ost und West, Stuttgart 1985, 85.

[17] H. von Stietencron, Christentum und Weltreligionen, München 1984, 205–410.

des Absoluten selbst und andererseits als Anspruch des im Absoluten scheinbar erfahrenen Menschen – sollen nun an Paul F. Knitters Gedanken zur pluralistischen Theologie gesichtet werden. Knitters „Ein Gott – Viele Religionen“ beschäftigt sich ja mit dem Absolutheitsanspruch des Christentums.[18]

Mit Toynbee weist Knitter den Absolutheitsanspruch des Christentums in seine Schranken. Wie Nishitani in der historischen Vereinmaligung einen notwendigen Schritt zur Verabsolutierung sieht, so erblickt Knitter in der Verwandlung umfassender, teils mythologischer Theologumena zu ausschließlichen Kategorien eine Verabsolutierung des Christentums. Genau wie andere interreligiöse Ausschließlichkeitsansprüche von Seiten des Christentums zu einem Absolutheitsanspruch im Sinne christlicher Selbstbehauptung führen, so mündet auch die Behauptung absoluter Endgültigkeit und Normativität Christi in einen unmöglichen Absolutheitsanspruch; unmöglich, weil die hier vorausgesetzten historischen Urteile selbst raum-zeitlich und nicht absolut sind.

Wenn vorläufige Normen zu absoluten erhoben werden, sind sie nicht mehr ethisch in sich und damit sind sie unreal. „Wir müssen die Wahrheit jeder christologischen Aussage an ihren sittlichen Früchten messen“, fordert der Befreiungstheologe prinzipiell. Wirklichkeit erfüllt sich nicht im Personenkult, sondern in der personal-ontischen Verwirklichung des Heils. „Unser ‚Absolutes‘ ist nicht Christus, noch nicht einmal Gott. Es ist vielmehr soteria – menschliche Erlösung“, spitzt Knitter in seinem Aufsatz „Religion und Befreiung“ zu.[19] Damit wird anscheinend sachliche Absolutheit von institutionell-formaler unterschieden. Ineins damit wird die Realität der Basis von der Definition des Lehramtes unterschieden, die Praxis von der Systembildung, die Orthopraxie von der Orthodoxie. Das Christentum wird infolgedessen nicht rein formal schon als absolut verstanden werden können, sondern das Absolute *geschieht* im Vollzug der Theologie der Religionen.[20]

Unter der Perspektive einer globalen Theologie der Befreiungspraxis reden die vielen Religionen miteinander, wie ihre

---

18 Vgl. P.F. Knitter, Ein Gott – Viele Religionen. Gegen den Absolutheitsanspruch des Christentums, München 1988.

19 ders., Religion und Befreiung, in: Horizonte der Befreiung, a.a.O. 212.

20 Vgl. ders., Kein Absolutheitsanspruch und doch missionarisch?, ebd. 241ff.

jeweilige Welt des Absoluten zur Beseitigung des Bösen beitragen könne, meint Knitter in *Ein Gott – Viele Religionen.*[21] Ein solcher Dialog kann indessen nicht allein ein Theologisieren über das Absolute sein, sondern muß ein Reden *aus* dem Absoluten werden, das einen jeden Partner auf seine Weise unbedingt angeht. Ein solcher Dialog kann auch nicht an der europäisch-abendländischen Skepsis scheitern, ob denn alle Religionen die dialogische Notwendigkeit wie das Christentum realisierten; oder ob man sich christlicherseits nicht doch zu viel vergebe oder gar aufdringlich erscheine, wenn man den Dialog forciere.

Letzteres wären im Grunde unsittliche Einwände im Hinblick auf die Notwendigkeit weltweiter Überlebensprobleme. In jeder Hinsicht wissenschaftliche Sachnotwendigkeiten erfordern diesen Dialog, wie etwa der hohe Analphabetismus in den Drittweltländern oder die ökologischen Probleme sowohl in den Industrieländern als auch anderswo. Auf dem Prüfstand weltweiter Problemlösung muß sich die Kraft des Absoluten zeigen, welche real zu tragen vermag. Keine Religion kann sich diesem Postulat entziehen, wenn sie religionsfähig und heilbringend im Sinne Knitters sein will.

Das Absolute und die Einzigartigkeit Jesu Christi

Wie steht es dann aber mit der *Einzigartigkeit Jesu Christi?* Gewiß mag der unter solcher Forderung nach Christi Einzigartigkeit definierte kirchenkonforme und in diesem Sinne formale Kanon[22] auf den ersten Blick nicht erfüllt werden. Möglicherweise geraten sogar herkömmliche europainterne Identitätsvorstellungen ins Wanken. Vielleicht wird man mit Knitter nach dem suchen müssen, was über die Geschichte Jesu hinausgeht. Eventuell wird man auch die Maßstäbe der persönlichen Rührung, Erschütterung, Plausibilität, Wertstimmigkeit usw. als Kennzeichen für Realitätsbezogenheit im Hinblick auf die jeweiligen Offenbarungen zusammen mit dem Befreiungstheologen anlegen müssen, um die Echtheit einer Religion zu erfahren.[23] Vielleicht und mit an Gewißheit grenzender Wahrscheinlichkeit wird man aber nach der bisher so

[21] Vgl. ders., Ein Gott – Viele Religionen, a.a.O. 191.
[22] Vgl. K. Otte, Der Kanon, in: H. Ott, K. Otte, Die Antwort des Glaubens, Stuttgart/Berlin ^{3}1981, 43ff.
[23] Vgl. P. F. Knitter, Horizonte der Befreiung, a.a.O. 194.

selbstverständlich kolportierten Einzigartigkeit[24] ganz neu fragen müssen, indem man das historienmächtige Gebilde eines schon sehr frühen Dogmatismus zu unterscheiden lernt von der Tiefe des Absoluten, aus der auch Jesus existiert und die er verkündet hat, ja die er selbst ist.

Das Absolute und die Religionsvergleiche

Die Frage nach der einfachen Vergleichbarkeit der sogenannten Religionen erübrigt sich in dem Moment, in dem das Absolute selbst zum Tragen kommt. Die Herkunft spielt dann nicht mehr die entscheidende Rolle, sondern die tatsächliche – und nicht nur eingebildete – Funktionabilität des Heils für die Welt.[25] Nicht in der dogmatischen Identitätsbehauptung, sondern in der Konkurrenz zwischen den anscheinend vielen Religionen zeigt sich die verändernde Kraft. Der Religionsdialog wird damit zum Katalysator. Indessen kann dabei die je einzelne Religionsform auf ihre Herkunft und Tradition alles setzen, denn je umfassender der Dialog ist, desto tiefer werden die eigenen Wurzel tätig (vgl. dazu Röm 11,11–24).

Das Wesen des Absoluten

Deshalb läßt sich erfahrenes Absolutes auch nicht einfach andozieren und demonstrieren, noch eigentlich unwiderlegbar behaupten. Wer auf Absolutes kontrollierend und selbstsicher pocht, wird leicht zum Absolutisten, weil sich das Absolute um seiner selbst willen stets dem Vorläufigen entzieht. In diesem Zusammenhang ist auch an die Vorläufigkeit als absolut eintaxierter wissenschaftlicher Kategorien und Logik zu erinnern, welche gerade wegen ihrer scheinbar unhinterfragbaren Selbstverständlichkeit im Hinblick auf die Realität so absolutistische Auswirkungen haben kön-

---

[24] Vgl. K. Nishitani, All-Einheit als eine Frage, in: D. Henrich (Hg.), All-Einheit, a.a.O.13 ff; vgl. auch: S. Ueda, Vorüberlegungen zum Problem der All-Einheit im Zen-Buddhismus, ebd. 136ff.

[25] Vgl. K. Otte, Essential Structure of Being through Salvation in Buddhism and in Christianity – To what extent do the Other Power and Grace provide a universal source for the 21st century?, in: The Pure Land, New Series No. 12, Kyoto 1995; vgl. ders., Art. Gnade, in: TRE Bd. XIII, Berlin/New York 1984.

nen. So kann auch weder eine religiöse Lehre noch ein raum-zeitlich angestrebtes Ziel als absolut eingestuft werden: im Grunde auch die oben erwähnte *soteria* nicht. Indessen kann das Horchen auf die Dynamik des Absoluten möglicherweise zur *soteria* führen.

„Absolut ist dasjenige, was in sich selbst und durch sich selbst ist und von nichts anderem abhängig ist. Das Absolute überhaupt ist dasjenige, was als aus sich seiend, aus sich wahr und aus sich gut gedacht wird, und dies in keinerlei Abhängigkeit", heißt es im Kleinen Theologischen Wörterbuch von Karl Rahner und Herbert Vorgrimler.[26] So ist das Absolute das vollkommene Sein, von dem alles Seiende abhängig ist, der Grund, der alles trägt und bewegt, und das letzte Ziel, dem alles Wirkliche zustrebt.[27]

Negativ ausgedrückt wäre das Absolute das Gegenteil vom Endlichen und Bedingten, vom Ungewissen und Relativen, vom Vorläufigen und nur beschränkt Gültigen. Wirkt aber das Absolute bedingend in Raum und Zeit und auf Raum und Zeit ein, bewirkt es möglicherweise sogar auch die Aufhebung aller gewohnten Ordnung und bleibt wegen seiner raum-zeitlichen Einlassung immer nur partiell, als *pars pro toto.* Es hat demgemäß Bedingungs- oder Verweischarakter.[28] Diese Denkdimensionen gehen dem Absolutistischen ab, weil der Absolutist immer nur das will, was Raum und Zeit sicherstellt.

Wenn Raum und Zeit das aus dem Absoluten Bewirkte fixieren, erstarrt das Dasein zum Statischen. Wenn Raum und Zeit vom Absoluten ergriffen sind, wird der Raum weiter anberaumt und die Zeit weiter gezeitigt[29]: Es entsteht Geschichte, welche nicht in historischen Kategorien erstickt. Eine letztgültige Definition versagt sich dabei. Das aus dem Absoluten Eingeräumte und Gezei-

---

26 K. Rahner, H. Vorgrimler, Kleines Theologisches Wörterbuch, Freiburg/Br. 1961, 11.

27 R. Veldhuis, Art. Das Absolute, in: EKL 3. Aufl., Bd. 1, Göttingen 1986, 38f.

28 Vgl. H.G. Gadamer, Wahrheit und Methode, Tübingen 1960, 383f.

29 Vgl. K. Otte, Die Zeitigung der Zeit als kategoriales Problem einer zukünftigen Hermeneutik in der sich vollziehenden praktischen Begegnung der Religionen und ihrer zunehmenden Wechselbeziehungen zueinander, in: Religion und Gestaltung der Zeit, Kampen 1994, 123ff.

tigte ist seinem Ur-Sprung[30] analog, nämlich dynamisch, und befindet sich in steter Wechselbeziehung bzw. Korrelation.

So erweist sich das Geschehen der Zeit als ein Stück wirksamer Ewigkeit.[31] Die Freiheit des Raumes ist Einräumung des Absoluten in Gestalt der Befreiung. Die Identität des Realen entzieht sich dem Definitiven idealistischer Identität von „a gleich a" und gerät zur dynamischen Identität des „Identischen im Nicht-Identischen": Die Kraft der Identität ist wirksam, weil sich in ihr auch gleichwohl und ineins immer gleichursprünglich der Prozeß des sich im Absoluten Widersprechenden ereignet.[32]

Das Absolute als Nichtung des Nichts

Damit enthüllt sich das Absolute als die radikale Nichtung des Nichts, als Nichtung der Leere und somit als das ständige Ur-Springen allen Seins. Asiatische Religionen haben dafür das interdynamische Symbol von Yin/Yang aus sich herausgesetzt. Im christlich-abendländischen Bereich sollte das Absolute das sich ständig sowohl im Individuum als auch in der Kommune als auch in der gesamten Schöpfung wiederereignende Kreuzes- und Auferstehungsereignis sein, wie es abseits von aller absolutistischen Vereinnahmung und dogmatischen Festschreibung absoluter Ur-Sprung bzw. das absolute Ur-Springen allen christlichen Daseins sein kann.

„Das Absolute in Welt", in Anlehnung an K. Rahners „Geist in Welt"[33], ist das Geheimnis aller Befreiung und des Lebens in Raum und Zeit. Es entzieht sich den Absolutisten, weil diese sich dem Absoluten verweigern, ihre jeweiligen sporadischen Absolutheitserfahrungen vereinzeln und verabsolutieren und sich damit dem lebenspendenden Ur-Sprung entziehen. Das Absolute ist Impulsgeber (Generator) und Garant für die Phantasie und Durchhaltekraft, welche Dasein aus dem Absoluten ermöglicht.

---

[30] Vgl. ders., The Kyoto Philosopher's Call „Ad Fontes" – Asian Humanism, in: The Eastern Buddhist, New Series, Vol. XXVI No.1, Kyoto 1993, 94–100.

[31] Vgl. ders., Lernen als reflexiv vollzogene Existenz, Bern 1978, 37f.

[32] Vgl. ders., Identität und Nicht-Identität zwischen den Weltreligionen und Kulturen, in: Weltoffenheit des christlichen Glaubens. Fritz Buri zu ehren, Bern 1987, 155f und ders., Art. Spekulative Theologie, in: EKL 3. Aufl., Bd. 4, Göttingen 1996 , 387f.

[33] K. Rahner, Geist in Welt, München 1964.

Das Absolute als Bedingung für Freiheit und Universalität

Das Absolute befreit aber nicht nur zu einer politisch relevanten Befreiung, sondern auch zur Freiheit aus definierten Raum-Zeit-Gewohnheiten und -Zwängen.[34] Auch jeweilige Kulturbereiche können die Kraft des Absoluten nicht daran hindern, in jeweils anderen Räumen der Kultur und Religion das zu erwirken, was Freiheit und Erlösung bringt. Die je-meinige Herkunft ist unverzichtbar, damit das Absolute gründlich, d. h. gegründet erfahren werden kann. Die mir zufallenden fremdkulturellen Erfahrungen vertiefen die eigenen Wurzeln, indem sie die korrelative Dynamik des Absoluten interpersonal und interreligiös zur Geltung bringen. Der interreligiöse Dialog verhilft der jeweiligen Einstiegserfahrung zur Entfaltung und möglicherweise auch zur Vollendung.

Für jeden durch das Absolute irgendwo Eingeborenen ist die vom Absoluten ermöglichte Einweihung durch Schrift oder Ritual notwendig. Aber alle heiligen Schriften und heiligen Rituale gründen in der Tiefe des Seins und weisen dabei stets über sich selbst hinaus. Dies kann sowohl in asiatischen heiligen Büchern, wie im Koran, wie auch im jüdisch-christlichen Zeugnis vom Absoluten aufgezeigt werden. Dazu bedarf es allerdings nicht nur der historisch-kritischen Exegese mit ihren prädisponierenden und präjudizierenden einseitig europäischen historischen Normen, sondern vor allem auch einer *religionstheologisch-ontologischen* Auslegungsmethode, welche der Eigenlogik solcher heiligen Texte[35] entscheidendes Mitspracherecht im Verstehensprozeß einräumt.

Durch eine solche Auslegungsweise gewinnen die vielschichtigen Texte des jüdischen Thanach und die christliche Kanon-Sammlung weitaus größere Horizonte, als sie diese durch die abendländische, vom Subjekt-Objekt-Schema eingeengte Sichtweise des Auslegers in der Regel aufgezwungen bekamen. Wenn immer der Absolutheitsanspruch des kirchlichen Christentums durch seine ihm eigentümliche Dogmenbildung die Erfahrung des Absoluten zum definierenden Absolutismus pervertiert hat, so zeigt eine hermeneutisch behutsame Analyse vieler Aussagen über

---

34 Vgl. K. Otte, Freiheit bei Paulus, Stuttgart 1984.

35 Zum interkulturellen Sprachproblem vgl. K. Otte, Das Sprachverständnis bei Philo von Alexandrien, Tübingen 1968, und ders., Wandel und Bestand in der Sprache zu Hause, in: Wandel und Bestand. Denkanstöße zum 21. Jahrhundert, Paderborn/Frankfurt a. M. 1995, 675 ff.

Jesus Christus, z. B. bei Paulus und Johannes, daß sie in der Tiefe der Tradition einen unerwartet offenen Horizont für andere Religionen freilegen und somit einen Absolutheitsanspruch enthüllen, welcher vielleicht sogar die kühnsten Visionen heutiger pluralistischer Befreiungstheologen positiv übertrifft.

Erst das insgeheim dirigistische Bibelauslegungsgeschäft der Kirche hat die hermeneutischen Bedingungen so vorgeprägt, daß aus den Texten des freiwirkenden Absoluten Texte eines angemaßten Absolutheitsanspruches des Christentums, d. h. Argumentationsrezepte für die Absolutisten wurden. Die Auslegungsmethoden gewisser Bibelforscher sind dafür der schlagende Beweis. Läßt man, geschult an der Ursprungssituation zeitgenössischen Denkens, die biblischen Texte zur Sprache kommen und sie, geleitet von ihrer je eigenen Logik, sprechen, dann entfällt fast die Notwendigkeit, gegen den Absolutheitsanspruch zu Felde zu ziehen. Dann zeigt sich in Jesus Christus eine pluralistische Offenheit im Vertrauen auf das Absolute, die von einer heutigen Theologie der Religionen kaum übertroffen werden kann. Dann zeigt sich auch, daß der von der Kirche dogmatisch definierte Christus den Jesus Christus des Ur-Sprungs beim Verstehen meist überlagert hat.

Erfahrung des Absoluten in der Bibel

Mögen einige wenige Beispiel aus meinen Versuchen einer alternativen Exegese die bisherigen Ausführungen konkretisieren und zu einer Schlußfrage an Paul Knitter führen. Der Künder des Absoluten, der Logos aus der ‚*arché*' bei Johannes, involviert sich seinem Eigentum, dieser raum-zeitlichen Welt. Nicht von dieser Welt und doch in ihr sind er und die Seinen. In den alltäglichen Lebenssituationen realisiert er die korrelative Macht des Absoluten: bei der Hochzeit zu Kana im Weinwunder, im entdeckenden Gespräch mit der Samaritanerin am Jakobsbrunnen [36], als Brotbeschaffer, als der gute Hirte schlechthin, als der Nahrung vermittelnde Weinstock, als Weg, Wahrheit und Leben Gottes in dieser Welt. Immer entlarvt er sich als der Logos in allen Lebenssituationen: Der jeweils Gesuchte und Notwendende ist er, der Logos der totalen Widersprüchlichkeit, nämlich der Logos von Kreuz und

---

[36] Vgl. ders., Hermeneutics of Being-in-the-World, in: Kirisutokyo Kenkyu Vol. LII No. 2, Kyoto 1991, 57–67 (japanisch).

Erhöhung. Das Absolute geschieht in der Welt an ihm und mit ihm. Und nach ihm wird der Tröstergeist alle diese Dinge weiterführen: das Lösen und Binden, das Sterben und Auferstehen, das Beten und Aufheben der Gottesferne, d.h. der Perversion des Absoluten ins Absolutistische. Das Absolute wird geklärt und real. Hier erscheint kein Ausschließlichkeitsanspruch durch Einmaligkeitsbehauptung, sondern: „Wer aus der Wahrheit ist, der höret meine Stimme".

Dieser Zeuge des Absoluten hält für die Menschen viele Wohnungen bereit. Kein definierbarer Gott, sondern Erfahrung von Tödlichkeit und gottmächtiger Auferstehung ineins müssen für seine desorientierten Nachfolger genügen (vgl. Joh 14,1–11). Im Umgang mit anderen Religionen findet er sich selbst ohne Umstand, beispielsweise im Demeterkult, wieder: Aufgesucht von Griechen und somit in den interreligiösen Dialog gezogen, spricht Jesus vom Absoluten und eben nicht von einer absolutistischen Selbsteinschätzung „Wenn das Samenkorn nicht in die Erde fällt und erstirbt, bleibt es allein; wenn es aber erstirbt, bringt es viel Frucht" (Joh 12,24). Indem die Wahrheit der den Griechen vertrauten Demeter auf das eigentlich Absolute weist, stellt sich Christus gerade selbst ganz und uneingeschränkt dar. Im interreligiösen Geschehen geschieht das Absolute.[37]

Bei Paulus zieht das Sein in Christus (2 Kor 5,17) in die Dialektik von Kreuz und Auferstehung in der Weise hinein, welche an das seinsbedingende Yin und Yang der asiatischen Religionen erinnert. Diese Dialektik ermöglicht die Gemeinschaft der Unterschiedlichen in dem Einen, weil die Unterschiede im Kreuz „aufgehoben" sind und in der Auferstehung Jesu zu einer wunderbaren Einheit finden (vgl. 2 Kor 5,11 ff). Diese Dialektik konstituiert jegliche Realität: Sie läßt Juden und Griechen, Mann und Frau, Freie und Sklaven „absolut" eins werden und doch unterschieden bleiben (Gal 3,28). Nicht Christus „nach dem Fleisch" war für Paulus

---

37 Vgl. R. Okochi, K. Otte, Tan-Ni-Sho, Begegnung zwischen Buddhismus und Christentum, Bern 1979; vgl. K. Otte, Die Gnade im Jodo-Buddhismus verglichen mit ausgewählten Parallelen aus der christlichen Gnadenlehre, in: Mitten im Tod vom Leben umfangen. Gedenkschrift für Werner Kohler, Bern/Frankfurt/New York/Paris 1988, 89ff. Zur Frage einer interkulturellen Religionstheologie vgl. ders., Religionstheologie und interreligiöser Dialog, in: Geh durch das Tor zum Leben, Düsseldorf 1994, 73ff.

ausschließlich (2 Kor 16 ff.), sondern die Verleugnung der Botschaft Christi aus dem Absoluten, die Verkennung des „Logos vom Kreuz“ (1 Kor 1,18) ließ den Apostel ungehalten und sogar ungehörig werden: Betrunkene (Gal 3,1), Hunde (Phil 3,2) und Abartige (Gal 1,8) schimpft er solche Kurzsichtigen.

Die tiefste und letztgültige Bedeutung der Sendung Jesu war nicht die mit Hilfe einer machtinteressierten kirchlichen Sündenlehre aufgebauschte und auch von der Reformation noch unbewußt prolongierte Sünden- und Rechtfertigungslehre, sondern die Botschaft aus dem Absoluten. Die Bergpredigt (Mt 5 ff) ist das beste Beispiel: Der Ruf Jesu zur Buße drückt sich im Griechischen so aus: „Denkt neu! Das Reich der Himmel hat sich genaht!“ Oder: „Laßt die neuen Kategorien des Seins gelten, denn das Absolute ist offenbar!“ Auch hier kein Absolutsheitsanspruch, sondern Kunde vom Absoluten, die jedweden zu bewegen vermag und neues Sein ermöglicht. Bei den Seinen ist der Auferstandene bis in die letzten Ecken und Zeiten der Welt. Meist ist er auch schon vorher da gewesen, wenn etwa christliche Missionare mit ihrem angelernten Absolutheitsanspruch, in Wahrheit aber mit dem Anspruch der Absolutisten kamen.

Eine Frage an Paul Knitter

Schlußendlich aber die Frage an Paul Knitter: Könnte es sein, daß er, statt den Absolutheitsanspruch des Christentums, den Anspruch einer absolutistischen Christenheit widerlegen wollte? Ist der Ausdruck *Absolutheitsanspruch* für jenes fundamentalistische und selbstvergessene Christentum vieler Kirchen nicht zu ehrenvoll, wenn man bedenkt, daß es ja eigentlich den Anspruch des unbestreitbar Absoluten an und auf uns meint? Gerade einen solchen Anspruch wollen die sakralen und profanisierten Frömmler nicht, sondern sie verteufeln alle anderen, die ihrem meist rationalistischen Absolutismus in mancher Hinsicht widerstehen.

Ist Christus nicht das Geheimnis und die Ermöglichungsbedingung unserer interdialogischen Toleranz, welche es auch nicht nötig hat, mit Kriegsfahnen ins Feld der Friedensarbeit zu ziehen, sondern auf Christus traut, welcher schon einmal im Gewand des Fremden uns begegnet ist (vgl. Mt 25)? *Ein Gott – Viele Religionen,* das meint: den Absolutheitsanspruch des Christus!

Theologie aus dem Absoluten und die Bibel

Eine Theologie, welche den Anspruch des Absoluten gegenüber der Welt insgesamt nachbuchstabiert und die anspruchsvollen Anmaßungen der absolutistischen Besserwisserei eindämmen will, hat einen breiten Rückhalt in den heiligen Schriften vieler Religionen. Im jüdisch-christlichen sogenannten Alten und Neuen Testament sind die entscheidenden Gotteserfahrungen epiphanieartig: Der oder das Absolute erscheint oft unerwartet und grenzenlos; es umhüllt den Menschen und ändert sein Leben. Die jeweils raumzeitlichen Manifestationen des Erfahrenen bezeugen zwar das Absolute, bleiben aber versprachlicht eben Gottes Wort und nicht rechthaberisches Menschenwort oder gar das „reine" Evangelium der Atheisten.

Im jüdischen Thanach sind neben den zahlreichen Gottesererscheinungen etwa der Jakobkampf (Gen 32) zu nennen, bei welchem der Absolute Zug um Zug zu dem Gott wird, mit dem Jakob gestritten hat. In diesem Prozeß wird Jakob zu „Israel" (dem Gottesstreiter). Oder aber der machtvolle Psalm 139, der uns den geheimnisvollen Absolutheitsanspruch dessen zeigt, der den Menschen umgibt und durchdringt.

In den christlichen Glaubenszeugnissen der frühesten Zeit lassen neben den schon erwähnten johanneischen und paulinischen Grundaussagen auch die synoptischen Evangelien, der Hebräerbrief und andere diesen Ansatz erkennen. So ermöglicht der Anspruch des Absoluten gegenüber den absolutistischen Anmaßungen gerade in den Gleichnissen Jesu die große Befreiung über alle engen Grenzen hinaus. Besonders auch der größte Teil der österlichen Auferstehungsberichte entstammt dem Absolutheitsanspruch des noch nicht Erkannten, des objektivistisch nicht Definierbaren und damit Unantastbaren. Dieser letztlich Unaussprechliche ist nicht an menschliche Grenzen gebunden: Auf dem Weg nach Emmaus, im Friedhofsgarten, hinter verschlossenen Türen im Obergemach, bei der Fischerarbeit auf dem See in Galiläa, auf dem Berg bei Jerusalem läßt er sich sehen. Nur weil sich der Anspruch des Absoluten unkontrollierbar durchsetzt, kommt es zum Osterglauben, welcher gelassen in die Zukunft geht. Die Absolutisten verfangen sich in historistische Mückenseierei und stehen in ihrem Übereifer meist in Beweisnot. Der Hebräerbrief spricht von zahlreichen Begegnungen mit dem Absoluten: Im Eschaton der Tage, d. h. im damals und dort empfundenen Kairos hat Gott durch den Sohn gesprochen, in dem sich die große Seinswirklichkeit manifestiert, ohne allerdings auf Ausschließlichkeit zu beharren. Allein im Vergleich zu den Engeln kommt ihm eine einzigartige Stellung zu.

Das Absolute als Ermöglichungsbedingung für den multireligiösen Dialog

Neben zahlreichen Beispielen aus der Kirchengeschichte lassen sich auch besonders Bekenntnissituationen heranziehen, in denen unser Ansatz verständlich wird. Selbst die Barmer Theologische Erklärung von 1934 ist deshalb so aussagekräftig gewesen, weil sie den Absolutheitsanspruch des Absoluten selbst gegenüber allem absolutistischen Deutschchristentum zur Geltung brachte. Schließlich hat sich erwiesen, daß tiefgreifende Mission und interkulturelle Christusverkündigung gerade dann fruchtbar geworden sind und werden, nicht wenn absolutistische Richtigkeiten anderen aufgezwungen wurden, sondern wenn es zu einem kreativen und phantasievollen Heilsgeschehen kam, welches das Geheimnis des Absoluten zur Entfaltung und jeweils neuen Realisierung brachte.

Im Banne des universalen Christus so zu reden, als redeten wir nicht von ihm, mag an Bonhoeffers nicht-religiöse Interpretation erinnern. An das paulinische „Haben als hätten wir nicht" erinnert es auf jeden Fall. Haben als Nicht-Haben macht neugierig und zu einem schöpferischen Dialog mit anderen Religionen bereit. So drängt der Anspruch des Absoluten durch Christus gegenüber allem absolutistischen Vorbehalt zu einer Theologie der Religionen und schafft die eigentliche Identität eines freien Christentums.

Daniel Jeyaraj

Glaubenspluralismus und Weltverantwortung in Südindien

Eine christliche Perspektive

Einführung

Seit Jahrhunderten ist Indien eine Heimat für verschiedene Religionen. Religionen lassen sich schwer definieren. Sie beschäftigen sich meistens mit der Frage nach der letzten transzendenten und immanenten Wirklichkeit, die man Gott nennen könnte, mit der mannigfachen Beziehung der Menschen zu dieser Wirklichkeit und den Folgen dieser Beziehung für die Menschen in der Welt. Diese dreifache Fragestellung konkretisiert sich in einem Kult mit entsprechenden Riten und Ausdrucksformen, die sich allmählich an die jeweiligen kulturellen Gegebenheiten anpassen. Daher ist keine Religion unveränderbar. Religionen entwickeln sich durch ihre Auseinandersetzung mit anderen Glaubensrichtungen, die in gleichberechtigter Weise zur Geltung kommen wollen. Dies gilt für indische Religionen auf eine besondere Weise. In Indien findet man die unterschiedlichsten Glaubensrichtungen: Es gibt weltzugewandte und weltabgewandte Religionen; daneben kann man sowohl monistische als auch polytheistische Ausdrucksformen treffen; einige Menschen orientieren sich an geistig-gnostischen und andere an materialistisch-atheistischen Religionen. Alle diese Glaubensgemeinschaften gehören zu dem von den nichtindischen Eroberern erfundenen Sammelbegriff „Hinduismus“.

Im Westen ist der Hinduismus ausschließlich mit dem Studium des „Brahmanentums“ und mit der Kultsprache Sanskrit verbunden. Im Gegensatz dazu wird in diesem Aufsatz eine drawidische, d.h. südindische, Frömmigkeit vorgestellt, die sich ursprünglich um die ersten drei Jahrhunderte n. Chr. in zwei Strömungen, im Shivaismus sowie im Vishnuismus, entwickelt hat, und zwar ohne großen Einfluß des Sanskrit. Mitte des 8. Jahrhunderts n. Chr. erreichten diese beiden Strömungen ihren Höhepunkt. Noch heute üben sie einen bestimmenden Einfluß auf die Mehrheit der Südinder aus.

In diesem Aufsatz konzentriere ich mich aber weder auf die Entstehungs- und Entfaltungsgeschichte der *Bhakti*-Frömmigkeit noch auf ihre Vielfalt. Es werden hier lediglich die beiden bereits erwähnten *Bhakti*-Strömungen besprochen und ihr Beitrag zur Weltverantwortung herausgearbeitet.

In dieser empirischen Darstellung werden viele Bereiche wie Religion, Geschichte, Politik, Stellung der Frauen und Kinder, Umweltschutz usw. besprochen. Der Autor als aus der Volksfrömmigkeit zum christlichen Glauben bekehrter Tamile, als Kirchenhistoriker und als Theologe bekennt aber, daß er keine umfassende Kenntnis über alle Einzelheiten der angesprochen komplizierten sozialen Sachverhalte hat.

Die Abhandlung bedarf noch einer geographischen Beschränkung. Im Rahmen dieser Darstellung ist es unmöglich, die *Bhakti*-Bewegung umfassend zu beschreiben, wie sie in Südindien, also in vier großen Bundesstaaten Indiens, vorkommt. Die wichtigsten *Bhakti*-Ursprünge lagen im heutigen Bundesstaat Tamil Nadu. Die grundlegende *Bhakti*-Literatur ist auch in Tamil verfaßt worden. Daher beschränkt sich die Darstellung auf die tamilische *Bhakti*-Frömmigkeit. Neben dem Shivaismus und dem Vishnuismus gibt es andere Glaubensrichtungen: Buddhismus und Jainismus sind die Reformbewegung des Brahmanentums; Islam und Christentum sind ebenso vertreten. Diese werden in dieser Darstellung mit berücksichtigt.

I. Tamilische Bhakti-Frömmigkeit und Glaubenspluralismus

Bhakti ist ein religiöser Begriff, der die inbrünstige, intime Liebe zu einem gewählten Gott durch Anbetung, Verehrung, Meditation, Singen, Tanzen, Wallfahrten und andere religiöse Riten ausdrückt.[1]

---

[1] Vgl. Stephen Neill, Bhakti Hindu and Christian, Madras 1974, 65: Bhakti in Puranas has „most intensive forms; it expresses itself in limitless enthusiasm, and includes floods of tears, speechlessness, even fainting and hysteria. It includes study of the Scriptures, praise of the attributes of the god, meditation on him, devout worship at his feet, wil-

Die *Bhakti*-Bewegung wurde als Antwort auf die Fremdreligionen und auf das ritualisierte Brahmanentum, den „atheistischen“ Buddhismus und den rigorosen Jainismus ins Leben gerufen. Sie hat sich bald weit verbreitet und jeweils eine dem spezifischen Kontext geeignete Form angenommen. Jede religiöse *Bhakti*-Gemeinschaft hat ihre Besonderheiten, die ihren Mitgliedern eine sowohl äußerliche als auch innerliche Identität verleiht.[2]

Bevor die Arier nach Südindien wanderten und die dortigen Ureinwohner durch ihre Kriegskunst, ihre Gelehrsamkeit und ihre religiösen Riten und Praktiken eroberten, hatten die Tamilen ihre eigene Religion. Die ältesten literarischen Werke der Tamilen (z. B. die *Sangam*-Literatur) beweisen, daß die Tamilen die Naturkräfte wie Sonne, Meer, Hügel, Pflanzen und Tiere verehrten. Ihr Leben spielte sich zum großen Teil in ihren Dörfern ab. Ihre religiösen Feste spiegelten den Rhythmus des Säens und des Erntens wider. Sowohl in ihren Tempeln als auch in ihren Wohnhäusern spielte ihr Glaube eine wichtige Rolle. Ihre Gottesvorstellung schloß Götterwesen, Helden, Geister und Dämonen ein.[3] Gott war für sie wie ein heiß erwarteter Gast, der empfangen, bewirtet, gesättigt und besänftigt werden sollte. Der Gläubige mußte als Gastgeber im Gottesdienst viele Vorbereitungen treffen, um den Gast ordnungsgemäß zu empfangen und ihn anzubeten. Dadurch erfuhr er den Segen Gottes.

Ab dem 3. Jahrhundert n. Chr. änderte sich die Sachlage. Nachdem die Reformbewegungen wie der Buddhismus und der Jainismus, die etwa im 6. Jahrhundert v. Chr. entstanden waren und das klassische Brahmanentum, insbesondere das Kastenwesen und die Tieropfer kritisierten, in Nordindien beachtliche Fortschritte gemacht und die Unterstützung der großen „Kaiser“, wie der Asokas, bekommen hatten, wollten sie den Süden Indiens missionie-

---

lingness to serve in his sanctuary. The worshipper must take the god as his most intimate friend, must praise him and submit himself entirely to him.“

2 Vgl. Siddhantashastree, 1985, 141–145. Madhava (1199–1278) beförderte den Dualismus. 1162 gründete Nambarka seine „Dvaitadvaida- oder Bhedabheda-Schule“, die die widersprüchlichen Lehren des Monismus und Dualismus in sich einzuschließen versuchte. Dazu entstanden zahlreiche andere *Bhakti*-Frömmigkeitstypen.

3 Vgl. K. N. Sivaraja Pillai, The Chronology of the Early Tamils. New Delhi 1984.

ren. Während der ersten zwei Jahrhunderte waren sie im heutigen Tamil Nadu sehr aktiv. Sie wandten sich gegen das Sanskrit, die Kultsprache der Brahmanen. Für ihre religiöse Propaganda bedienten sie sich der Tamilsprache. Unter den Tamilen entstand eine Mischung zwischen den fremden Lehren (ausgeprägte Enthaltsamkeit, absolute Gewaltlosigkeit usw.) und der tamilischen Religion. Die großen Tamil-Epen *Silapadikaram* und *Manimehalai* belegen, daß das Idealbild der Jainas unter den Tamilen sehr beliebt war. Andererseits entstand ein gewaltiger Haß gegen die Fremdreligionen, die mit ihren Absolutheitsansprüchen durch eine Minderheit von Priestern das ganze Tamil Nadu geistig zu erobern drohten. Die Mehrheit der Tamilen konnte jedoch dem harten Lebensideal der Buddhisten und der Jainas nicht nachkommen. Für ihre Empfindung ließen diese Fremdreligionen keine Äußerung des Gefühlslebens zur Geltung kommen. Das religiöse Leben beschränkte sich auf eine kleine Elite; die Masse aber blieb fast unbeteiligt. Deshalb war eine Änderung der religiösen Einstellung abzusehen. Die *Bhakti*-Bewegung war eine tamilische Gegenbewegung, die durch die Vertreibung und gewaltsame Verfolgung seitens der *Bhakti*-Verehrer (Könige als Nachfolger und Förderer der *Bhakti*, *Bhakti*-Dichter usw.) die Fremdreligionen allmählich, aber ein für allemal verdrängte.[4] Die *Bhakti*-Dichter, bzw. die *Nayanmar* des Sivaismus und die *Alvar* des Vishnuismus, haben bis zum 13. Jahrhundert eine reiche Fülle von Liedern komponiert, die noch heute das Herz der Tamilen lebhaft fesseln.

---

4 K. A. Nilakanta Sastri, A History of South India from Prehistoric Times to the Fall of Vijayanagar, Third Edition, Oxford 1966, 423: The Tamils „began to entertain fears of the whole land going over to Jainism and Buddhism. At any rate, worshippers of Siva and Vishnu felt the call to stem the rising tide of heresy. At any rate, worshippers of Siva or Vishnu and, on the other, of an outspoken hatred of Buddhists and Jains, are the chief characteristics of the new epoch. Challenges to public debate, competition in the performance of miracles, tests of the truth of doctrines by means of ordeal, became the order of the day. Parties of devotees under the leadership of one gifted saint or another traversed the country many times over, singing, dancing and debating all their way. This great wave of religious enthusiasm attained its peak in the early seventh century and had not spent itself in the middle of the ninth."

Durch die ununterbrochenen Aktivitäten der *Bhakti*-Dichter und *Bhakti*-Heiligen waren zahlreiche Tempel entstanden, die jeweils eine besondere Erscheinung des Gottes veranschaulichen sollten; außerdem wurden unterschiedliche *Bhakti*-Klöster und andere Institutionen gegründet, die die Verbreitung und Verankerung der *Bhakti*-Bewegung sicherstellten. In einer Zeit der Konsolidierung wurde aber die *Bhakti*-Frömmigkeit mit einer anderen Fremdreligion, nämlich dem Islam, konfrontiert. Die islamische Zentralverwaltung hatte ihren Sitz in der Stadt Delhi. Der islamische Fürst Garshasp Malik hatte im Jahre 1296 das hinduistische *Yadava*-Fürstentum in Devagiri erobert. Bis 1346 brachten die Muslime weite Teile Südindiens unter ihre Herrschaft und setzten ihre religiösen Besonderheiten durch. Danach schlossen sich viele Hindu-Fürsten Südindiens zusammen und gründeten das berühmte Vijayanagar-Reich (Stadt des Siegs, 1336–1565–1646, heute die Stadt Hospet), das mehrere Jahrhunderte lang die islamische Herrschaft in Schranken hielt und die hinduistische Frömmigkeit entschieden beförderte. Krishna Deva Raya (1509–29) war ein berühmter König, der dieses Hindu-Reich befestigte und hinduistische Bauten, Literatur, Musik und Dramen unterstützte. Ramraja war der letzte wichtige König, der 1565 durch die Muslime in Talikota besiegt wurde.

Drei wichtige Konsequenzen sollen hier kurz erwähnt werden: Die feindlichen Ausschreitungen der nordindischen Muslime wurden durch das Vijayanagar-Reich gedämpft. So konnten Hindus und Muslime in Südindien lange Zeit nebeneinander und zum Teil ohne große Spannungen miteinander leben.[5] Diese Sachlage sollte sich aber später ändern. Zweitens kann man feststellen, daß die

---

[5] Nilakanta Sastri, a.a.O. 309: „The emperors of Vijayanagar addressed themselves deliberately to the task of preserving the Hindu social and political order from being destroyed by Islam, and in this task they were eminently successful in spite of repeated reverses in the field of battle. That today South Indian society presents a striking contrast in many respects to society in North India, that South India is still adorned by a large number of great temples that enshrine the artistic achievements of successive generations of Hindu master-builders, and that the Hindu-Muslim ‚problem‘ was virtually unknown in the South furnish some measure of the success that attended the efforts of Vijayanagar and its rulers.“

islamische Herrschaft das Gesicht Tamil Nadus nicht sehr verändert hat. Die Muslime waren eine Minderheit. Sie mußten sich für ihr Überleben und Gedeihen auf das Wohlwollen der *Bhakti*-Verehrer verlassen. Die Tamilen, die sich zum Islam bekehrt hatten, behielten ihr kulturelles Erbe bei.[6] Tamilische Muslime studierten Tamilliteratur und schufen literarische Werke, wie zum Beispiel das *Sira-Puranam* des Umaru Pulavar (17. Jh.), in dem das Leben und die Wundertaten Muhammads besungen werden. In späterer Zeit gab es weitere tamilische Werke, die den islamischen Glauben und die Landschaften in Arabien nach tamilischer Art beschrieben. Diese Werke haben die tamilische Literatur bereichert. Im alltäglichen Sprachgebrauch benutzen die Tamilen viele arabische Begriffe.[7] Der dritte Aspekt war die Stellung der Frauen im Vijayanagar-Reich. Aus einer Felseninschrift (1652) geht hervor, daß dieses Reich zum Schutz der Götter, Kühe und Brahmanen gegründet worden sei. Frauen wurden als Verkaufsgegenstände behandelt; Prostitution wurde als eine angesehene Tätigkeit betrachtet. Witwenverbrennung fand oft statt; wenn ein König starb, wurden seine Ehefrauen, Nebenfrauen und Sklavinnen, deren Zahl sich manches Mal auf 1000 belief, lebendig verbrannt oder begraben.[8] Diese inhumanen Praktiken wurden später beseitigt. Nach dem

---

6 P. Subramanian, Social History of the Tamils. Reconstructing Indian History & Culture, No. 7, New Dehlhi 1996, 4–5: „The Muslims, due to their constant and continuous contact borrowed many customs which were purely Hindu. ... They celebrated their festivals with rivalry and music like the Hindus. The ‚New Muslims‘ continued to follow certain customs which they had inherited from their Hindu forefathers. Like Hindus, they kept faith in vows and approached pirs (Muslim saints) in order to fulfill their long cherished customs. ... Like the Hindus, many of the high caste converts abstained from meat-eating. ... This kind of adjustment and adaptability ‚did much to soften the acrimonious differences between the two communities and assist the transplanting of the customs of the one to the fold of the other.‘“

7 Vgl. Subramanian (s. Anm. 6) 451: The words for answer, harvest, bridge, judge, confiscation, etc. are Arabic words used in Tamil. „These borrowed words are cultural indices and indicate the intense interaction that has taken place between two religious sects over the centuries.“

8 Vgl. Benjamin Walker, Hindu World – An Encyclopaedic Survey of Hinduism, Vol. II, New Delhi 1983, 566–569.

Verfall des Vijayanagar-Reichs führten die Fürsten in Tamil Nadu häufig Kriege gegeneinander. Allmählich wurde der Weg vorbereitet, daß die Fremdherrscher, Muslime (Nawabs von Arcot) und hinduistische Marathas (ab 1676 in Tanjore), in Tamil Nadu die Verwaltung übernahmen. Die herzliche Koexistenz der Hindus und der Muslime geriet ins Wanken.

Während sich das Vijayanagar-Reich konsolidierte, versuchte das Christentum in Südindien Fuß zu fassen. 1498 landete Vasco da Gama in Calicutt (im heutigen Bundesstaat Kerala in Südindien). Nach vier Jahren wurde die erste portugiesische Kirche errichtet. 1510 wurde Goa der Sitz der portugiesischen Handelsgesellschaft und damit auch das Zentrum der Katholiken in Indien. Die Fischervölker im Küstengebiet hatten allmählich das portugiesische Christentum aufgenommen, weil die Kolonialherren sie vor den Angriffen der arabischen Piraten beschützten und weil sie selbst durch ihre Bekehrung einen sozialen Aufstieg erzielen wollten. Die exemplarische Missionierung durch Franz Xaver (1542–1552) war der Beginn für zahlreiche Missionsversuche der Jesuiten und anderer katholischer Orden. Im Jahre 1606 begann Roberto de Nobili (1577–1656) seine Akkomodation und erzielte beachtliche Erfolge.[9] Etwa hundert Jahre später, am 9. Juli 1706, landeten die ersten evangelischen Missionare Bartholomäus Ziegenbalg und Heinrich Plütschau in der kleinen dänischen Handelskolonie Tranquebar, die etwa 300 km südwestlich von Madras liegt.[10] Die New-Jerusalem-Kirche, die 1718 in Tranquebar eingeweiht wurde und noch heute voll in Betrieb ist, ist die Mutterkirche aller evangelischen Kirchen in Indien geworden. Sie war die erste Kirche, die für die Einheimischen gebaut wurde. Nachdem die englische ostindische Handelsgesellschaft, die in Indien inzwischen weite Gebiete beherrschte, 1833 Indien für Missionsarbeit

---

[9] Vgl. S. Rajamanickam, The First Oriental Scholar, Tirunelveli 1972. Dies ist ein Werk über das Leben und Wirken de Nobilis.

[10] Vgl. Anders Norgaard, Mission und Obrigkeit – Die dänisch-hallische Mission in Tranquebar 1706–1845, Gütersloh 1988 (Missionswissenschaftliche Forschungen, Band 22) und Daniel Jeyaraj, Inkulturation in Tranquebar – Der Beitrag der frühen dänisch-halleschen Mission zum Werden einer indisch-einheimischen Kirche 1706–1730, Erlangen 1996 (Missionswissenschaftliche Monographien Band IV).

„freigab“, kamen zahlreiche Missionsgesellschaften und gründeten ihre europäischen Filialkirchen.

Die Missionare und die Neuchristen mußten den Gläubigen der *Bhakti*-Frömmigkeit auf vielfältige Weise begegnen. Die Reaktionen der *Bhakti*-Verehrer waren nicht nur eine distanzierte Gleichgültigkeit und totale Verachtung für die Christen, sondern auch eine gegenseitige Aneignung und Befruchtung. Die Tamilen, die zu einer höheren Kaste gehörten, waren normalerweise gleichgültig; sie betrachteten das Christentum als eine unerwünschte Religion der „barbarischen“ Europäer. Sie verachteten die Neuchristen, die normalerweise aus einer niederen Kaste stammten. Heutzutage taucht diese Problematik in der indischen Befreiungstheologie (*Dalit*-Theologie)[11] auf. Andere Denker wollten die *Bhakti*-Frömmigkeit vor dem Christentum schützen. Sie benutzten christliche Gedankengänge und Begriffe, um ihren Glauben neu zu deuten und ihn an die Moderne anzupassen. Als Beispiel kann man den begabten Schriftsteller und Exegeten Arumuga Navalar (1823–1873) nennen, der einigen protestantischen Missionaren in Jaffna (Sri Lanka) und in Tamil Nadu die Tamilsprache beibrachte und sogar die Bibel nach seinem Gutdünken ins Tamil übersetzte. Trotzdem war er ein entschiedener Gegner des Christentums. Auf einfache und verständliche Weise erklärte er die heiligen Schriften des Shivaismus (z. B. *Periyapuranam, Kanthapuranam* usw.). Er führte eine Reinigungszeremonie ein, mit der die Neuchristen zum Shivaismus zurück bekehrt und gereinigt wurden. Zwischen den Christen und den Hindus gab es zahlreiche Berührungspunkte, besonders bezüglich der Intensität, mit der sie ihre Frömmigkeit in der Tamilsprache und -kultur ausdrückten. Der Beitrag der Christen zur Entwicklung der Tamilsprache, insbesondere der Prosa durch Bibelübersetzungen, wird von allen Tamilen anerkannt.[12] Christliche Dichter wie Vedanayaham Sastriar, H. A. Krishna Pillai u. a. haben christliche Motive so fein in Tamilversen gedichtet und sie

---

11 Vgl. Evangelisches Missionswerk in Deutschland (Hg.),Gerechtigkeit für die Unberührbaren – Beiträge zur indischen Dalit-Theologie. Weltmission heute – Studienheft 15, Hamburg 1995.

12 Vgl. M. Mathialagan und V. M. Gnanapragasam, Contributions of Foreign Scholars in Tamil, in: Encylopaedia of Tamil Literature. Vol. I. Madras 1990, 367–379. Hier findet man eine ausführliche Bibliographie über die verschiedenen Beiträge der christlichen Missionare zur Entwicklung der Tamilsprache.

mit einer „herzschmelzenden" Melodie versehen, daß sie sich heute noch großer Beliebtheit erfreuen.[13] Eine Reihe von Theologen ist von der tamilischen Frömmigkeit ausgegangen und hat sie zum Ansatzpunkt für eine kontextbezogene Theologie gemacht. Vengal Chakkarai (1880–1958) betonte das *Avatara*-Muster (Herabneigung, Inkarnation Vishnus), um die Menschwerdung Jesu Christi zu verdeutlichen.[14] Bischof Aiyadurai Jesudasan Appasamy (1891–1975) betrachtete die durch den *Bhakti*-Reformator Ramanuja begründete Frömmigkeit als Basis und legte den christlichen Glauben als die Erfüllung oder Krönung aller *Bhakti*-Bemühungen aus.[15]

II. Tamilische Lehre über die Weltverantwortung

Bhakti betont die religiöse Beziehung, insbesondere das Einswerden des Menschen mit seinem *Istadeva* (selbst gewählten Gott). Die zwischenmenschliche Verantwortung findet normalerweise keine besondere Erwähnung in den religiösen Büchern. Die gefühlsmäßige Beziehung zur Gottheit wurde mit einem solchen Nachdruck angestrebt, daß die *Bhakti*-Verehrer oft ihre Pflicht gegenüber ihrer eigenen Familie und ihrer Gesellschaft nicht erfüllten. Das allgemeine Wohl der Mitmenschen schien ein Fremdgedanke zu sein. Was die Welt für die alten Tamilen bedeutete, ist sehr umstritten. Ihre geschichtlichen und geographischen Auffassungen waren mangelhaft. Zum Beispiel glaubten sie an sieben hierarchisch aufgebaute Himmel und Höllen. Ihre Vorstellung der Welt kreiste um die eigene Familie. Shiva und seine Gattin Parvati hatten ihre Söhne Subramanian und Vinayahan aufgefordert, um die Welt zu reisen. Wer als erster zurückkäme, sollte eine Belohnung erhalten. Der elefantenköpfige Vinayahan, das Sinnbild für Gelehrsamkeit und Weisheit, drehte eine Runde um seine Eltern und bekam seine Belohnung.

---

13 Vgl. Devanesan Rajarigam, Christliche Literatur in der Tamilsprache. Übersetzt von Hans-Werner Gensichen, Gütersloh 1961.

14 Vgl. Robin Boyd, An Introduction to Indian Christian Theology (first published 1969), Delhi 1989, 165–185; Felix Wilfred und M. M. Thomas, Theologiegeschichte der Dritten Welt. Indien, München 1992, 93–97.

15 Vgl. A. J. Appasamy, Christianity as Bhakti Marga (first published 1930), Third Edition, Madras 1991.

Die ältesten und vornehmsten Morallehren der Tamilen findet man in den ethischen Spruchgedichten *Thirukural* und *Naladiyar.* Karl Graul (1814–1864), der erste Direktor der Leipziger Mission und Erforscher der Tamilliteratur, betrachtete den *Thirukural* als den „Edelstein der gesamten Tamilliteratur". Der *Thirukural*[16] besteht aus drei Teilen: Die erste Abteilung (380 Verse) behandelt das Thema des *Arams,* was man ungefähr mit *Tugend* übersetzen könnte. Hier werden die guten Eigenschaften eines Menschen, wie sie sich in Gedanken, Wort oder Tat ausdrücken, aufgelistet. Jeder Mensch soll dafür sorgen, daß seine unmittelbare Gesellschaft, vor allem die Großfamilie, ohne Spannungen funktioniert. Für die Ehefrau und Mutter werden verschiedene Verhaltensweise vorgesehen, die ihre Treue, Keuschheit und Opferbereitschaft befördern. Das Ideal der Tugend ist aber paradoxerweise die Askese. Das Leben eines Waldsiedlers, Allentsagers und Büßers wird gelobt. Diese Lebensart soll dem Menschen die nötige Lebensweisheit vermitteln, mit der er in dieser Welt ohne Bindungen an Reichtum, Familie und Gesellschaft existieren kann. Der zweite Teil (700 Verse) beschäftigt sich mit Politik und gesellschaftlicher Ordnung. Der Nachdruck liegt auf den Qualifikationen des Königs, seiner Minister und Diener. Der bewußte Einsatz für Gerechtigkeit und Gleichheit aller Einwohner fehlt jedoch ganz. Die dritte Abteilung beschreibt sowohl die heimlichen als auch die öffentlichen Liebesbeziehungen der Menschen.

Darüber hinaus gibt es eine große Anzahl von Moralschriften in Tamil, die in die Alltagssprache und Gewohnheiten der Tamilen eingegangen sind. Fast alle schreiben vor, wie man das Wohl des Individuums, der Familie und manchmal auch der Gesellschaft erarbeitet.[17] Nicht ausschließlich religiöse Anreize, sondern auch

---

[16] Vgl. Karl Graul, Der Kural des Tiruvalluvers. Ein gnomisches Gedicht über die drei Strebeziele des Menschen. Übersetzung und Erklärung. Leipzig 1856. Nach wie vor gilt dies als die beste deutsche Übersetzung des Thirukural.

[17] Vgl. das unveröffentlichte Manuskript, das sich in der Tamil-Bibliothek der Leipziger Mission in Leipzig befindet: Hugo Schanatz, Indische Wissenschaft. Heft 8: Politik und Militärisches, 4. August 1871, 2–3. Die Widerwärtigkeiten, die einem Land schaden können, sind „Mord, Diebstahl, Unterdrückung durch Fremdherrschaft, Bedrückung durch die Agenten des Königs und Habsucht des Königs selbst." Genauso wurden die Zauberer für Schädlinge gehalten. Vgl. Hugo Schanatz,

humanitäre Überlegungen bildeten ein tragfähiges Fundament, worauf sich das spätere Bewußtsein für die Weltverantwortung stützen konnte.

III. Tamilische Wahrnehmung der Weltverantwortung

Im Bundesstaat Tamil Nadu, der heute 130 058 km² groß ist, leben etwa 70 Millionen Menschen, die zu vielen Glaubensrichtungen gehören; die meisten von ihnen entweder zur *Bhakti*-Religion, zum Islam oder zum Christentum. Buddhisten und Jains sind gering vertreten. Im Gegensatz zu Nordindien, wo die vielen Eroberer und Einwanderer aus fremden Nationen ihre bleibenden Spuren hinterlassen und dadurch einen beachtlichen Kulturwandel verursacht haben, blieb der Süden, insbesondere Tamil Nadu, eher konservativ und bodenständig. Nach wie vor wird die Kaste, eine spezifisch arisch-indische Gesellschaftsstruktur, mit aller Vorsicht und Hingabe aufrecht erhalten. Die Bevölkerung lebt in Dörfern und ernährt sich durch Landwirtschaft und Viehzucht.

A. Ursachen des sozialen Wandels

Die große soziale Umwälzung, die sich heute vollzieht, hat ihre Wurzeln in mehreren Ursachen. Die Lehren und die Praxis der christlichen Missionen, die seit 1542 in Tamil Nadu aktiv waren, haben die Tamilen stark angesprochen. Der Einfluß läßt sich nicht zahlenmäßig bestimmen, aber er wirkt unter den Tamilen wie „Salz und Licht“. Daß Gott in Christus alle Menschen ohne Kastenunterschiede gewollt und erschaffen und sich am Kreuz an ihrer Stelle als Sühne geopfert hat, und daß er alle Menschen in ihrem Leben, hier und jetzt, retten will, besitzt eine unvergleichliche Kraft der Verwandlung. In ihrer neu gewonnenen Beziehung zu Gott haben die Neuchristen ihre Dignität und ihr Selbstwertgefühl als Menschen erhalten. Dieses Bewußtsein hat sie aber auch auf ihre Rechte und Pflichten in der Gesellschaft aufmerksam

---

Indische Wissenschaft. Heft 4: Anthropologie – A. Physiologie und Anatomie; B. Psychologie und Moral, 25. Februar 1871, 11. Die folgenden bösen Neigungen werden verabscheut: Fleischeslust, Zorn, Geiz, Ausschweifung, Stolz, Neid oder Bosheit, Arroganz, Neid oder Verleumdung.

gemacht. Christliche Missionare haben den Reichtum der Tamilsprache und -literatur erforscht und ihn der weiten Welt bekannt gemacht. Christliche Schulen sowie Wohn- und Waisenhäuser haben vielen Menschen das akademische und pragmatische Wissen vermittelt, das sonst nirgends zu finden war.[18]

Auch der Islam predigte eine gleichwertige Brüderlichkeit. Mindestens in ihrer Moschee erleben Muslime die Gleichheit aller Gläubigen. Im Alltag haben sie sich jedoch an das hinduistische Kastensystem einigermaßen angepaßt. Dennoch entwickelten sie ein starkes Zusammengehörigkeitsgefühl, das sie in den Krisenzeiten zusammenhält.

Der dritte unverkennbare Einfluß wurde von der englischen Kolonialherrschaft ausgeübt. Die grausame Gewalt, mit der sie die einheimischen Fürsten wie den Kattapomman in Tirunelveli entrechteten und aufhängten, hatte das tamilische Bewußtsein zutiefst verletzt. Ihre Ausbeutungsmethoden (durch unerträgliche Steuerlast, Landeinteilung, Aufstellung der einheimischen Truppen gegen ihre eigenen Landsleute usw.) riefen bei den Tamilen Widerstand hervor. Andererseits boten die von den Engländern gegründeten Schulen einen fruchtbaren Nährboden für neue Ideen, Einsichten in die Geschichte Europas und sozialen Wandel. Besonders die Ideen der Französischen Revolution, des Rationalismus und der Aufklärung erfaßten einige einflußreiche Führungskräfte in Tamil Nadu.

Englische Literatur trug dazu bei, tamilische Literatur neu zu entdecken, sie zu verbreiten und weiterzuentwickeln. Seitdem Bischof Robert Caldwell (1819–1891) sein berühmtes Werk *A Comparative Grammar of the Dravidian or South Indian Languages* 1856

---

[18] Der Profanhistoriker Jegadesan, der als Professor den Fachbereich Geschichte an der Madras-Universität leitet, hat am 1.4.1997 auf einer Tagung in Madras erklärt, wie manche hinduistische Schulen in Trichi bis in die 50er Jahre die Schüler nach ihrer Kastenzugehörigkeit trennten und sie in diesem Sinn erzogen. Dagegen betonte Prof. Kathirvelu, wiederum ein Profanhistoriker im Ruhestand, er habe in den 50er Jahren in Trichi christliche Schulen besucht und dort keinen Kastenunterschied wahrgenommen.

veröffentlicht hatte, begann in Tamil Nadu eine Renaissance der Tamilsprache.[19]

Vor diesem Hintergrund entstand aber nicht nur eine Anzahl beachtlicher Beiträge zur Tamilliteratur, sondern auch eine schädliche Art von Ethnizität, die am Anfang dieses Jahrhunderts im Namen der drawidischen „Rasse" geistige Feindschaft und sozialen Argwohn gegen die Arier Nordindiens erweckte und eine Spannungs- und Konfliktsituation herbeiführte.[20]

Neue Kommunikations-, Transport- und Geschäftsmöglichkeiten durch Eisenbahn und Kraftfahrzeuge, neue Medien wie Fernsehen und Zeitungen haben im Lauf der Zeit zu einer Mischung vieler Kulturen in Tamil Nadu geführt. Im Prozeß der Globalisierungsversuche will man seine eigene Identität, die mit einem auserwählten Tempel, der Dorfgemeinschaft, dem Kastenverband und mit der Großfamilie zusammenhängt, bewahren und festigen. Tradition und Moderne treffen nicht immer ohne Spannung aufeinander. Amerikanische und englische Spielfilme beeinflussen das Fernsehpublikum in Tamil Nadu. Aber die fremden kulturellen Werte und Lebensweisen lassen sich in einem Dorf oder in einer kleinen Stadt nicht verwirklichen. Die Diskrepanz zwischen der Schein- und Realwelt führt zu Konflikten. Dazu kommen viele kulturell unsensible Touristen, die dem Fischervolk an der Küste, den Bergbewohnern und den kleinen Hotelwirten in der Stadt ihr Lebensrecht streitig machen. Sie kommen und gehen; aber die Spuren ihres materiellen Konsums, der hohen Mieten, der enorm gestiegenen Kosten für Eßwaren, des Sextourismus, der Drogensucht und der Aids-Gefährdung bleiben lange und haben schwerwiegende Folgen für die Tamilen.

---

19 Charles E. Ryerson, Regionalism and Religion: The Tamil Renaissance and Popular Hinduism, Madras 1988, 60: „For the first time the four southern Indian languages [Tamil, Telugu, Malayalam and Kanada] were viewed as a related group and the term ‚Dravidian' was used to describe a family of languages and the people who spoke them. From this time on, the surge of literary activity moved swiftly forward."

20 Vgl. Ryerson, 66–75.

B. Koexistenz der Religionsgemeinschaften

Religion, ob sie zu Hause gelebt und weiter vermittelt oder in einem Tempel öffentlich dargestellt wird, basiert auf überlieferten Riten und Lehren, die alle Lebensbereiche von der Wiege bis zur Bahre umfassen. Die traditionelle indische Gesellschaft kennt keine Trennung zwischen dem Sakralen und Profanen. Seitdem Indien 1947 unabhängig geworden ist, funktioniert dieses Land als die größte Demokratie der Welt. Außerdem gilt Indien nicht mehr als theokratischer, sondern als säkularer Staat. Nach der indischen Verfassung bedeutet der Säkularismus eine bewußte Förderung der Religionsgleichheit. In der Realität wird er aber oft so verstanden, daß er die Gültigkeit der Religionen negiert.[21] Viele religiöse Fanatiker akzeptierten diese Sachlage jedoch nicht. Nach der Meinung einiger Hindus sollte der Staat die Hindu-Identität als Nationalismus fördern. Zahlreiche Muslime wollen dies jedoch nicht akzeptieren. Sie würden sich verletzt fühlen, wenn zum Beispiel das oberste Gericht (Supreme Court) in Neu Delhi die Eheangelegenheiten und die Scheidungsrechte der Muslime nach dem säkularen Gesetz zu regeln versuchte.

Die Spannung zwischen Hindus und Muslimen erreichte am 6. Dezember 1992 ihren Höhepunkt. An diesem Tag zerstörten fanatische Anhänger der *Bharatiya-Janata-Party* (Volkspartei Indiens), der *Rashtriya-Swayamsevak-Sangh* (sich selbst helfende Versammlung des [hinduistischen] Reiches), der *Visha-Hindu-Parishads* (Versammlung der [weltweiten] Hindus) und der *Shiva-Shena* (das Heer Shivas) die *Babri-Masjit* Moschee in Ayodhya. Seitdem hat sich die Beziehung zwischen Muslimen und Hindus in Tamil Nadu verschlechtert. Während die nordindischen Kastenleute, die zu den genannten Parteien gehören, ein „*Hindutva*-(kultur-religiöses)-Reich“[22] wünschen und darauf zielstrebig hinarbeiten[23], sind die tamilischen Hindus als einflußreiche Minderheit in der *Hindu-*

---

[21] Säkulare Gesetze, die an und für sich für alle Inder gelten, werden durch religionsspezifische Gesetze ergänzt.

[22] Vgl. Santeshree D. N. B. Pandit, Hindutva as a Political Ideology, in: Fundamentalism and Secularism – The Indian Predicament, Ed. Andreas Nehring, Madras 1994, 152–172.

[23] Vgl. ein Interview mit dem Präsidenten der Bharatiya-Janata-Party, L. K. Advain, unter dem Titel: „Hindutva will remain the BJP's Central Focus“, in: Frontline, February 7, 1997,11–15.

Munnani (führende Partei der Hindus) vertreten. Sie haben die hinduistischen Organisationen *Vivekananda-Mandram* und *Hindu-Merchants'-Association* in den Orten eingeführt, in denen zahlreiche Muslime wohnen. Muslime in Tamil Nadu haben eigene Organisationen gegründet, die sie vor den „Hindu-Angriffen" schützen sollen, zum Beispiel die *All-Umma* und das *Jihad-Committee* in der Stadt Coimbatore, das *Students-Islamic-Movement-of-India* und die *Islamic-Peace-Organization*. Fatale Konfrontationen zwischen Muslimen und Hindus haben sich in Tamil Nadu ereignet. Am 28. Januar 1997 wurde der Leiter des *Jihad-Committees*, Palani Baba (mit eigentlichem Namen Ahmed Ali), in der Stadt Pollachi ermordet. Die Muslime reagierten scharf. Viele Menschen aus beiden Parteien kamen ums Leben. Der Ministerpräsident von Tamil Nadu, M. Karunanidi, hat beide Gruppen zum Frieden und zum Dialog aufgerufen: „Murders do not solve problems; only viewpoints must match viewpoints. There are extremists on both sides. If vengence were to beget vengence, there will only be killing field and blood-letting." [24]

Normalerweise werden solche Konfrontationen als Folge verschiedener Gegebenheiten betrachtet: Die traditionelle Denk- und Lebensweise ist den Erfordernissen der Moderne nicht gewachsen. Man versucht, die Identität einer Glaubensrichtung nicht neben, sondern über die Identität der anderen Religionsgemeinschaft zu stellen. Die Mehrheit spricht der Minderheit ihre Rechte und Privilegien ab. Sie reagiert mit Angst, wenn ihre Mitglieder zu einer anderen Religion übertreten. In dieser schwierigen Situation müssen dringend praktische Wege gefunden werden, wie die Menschen unterschiedlicher Glaubensrichtungen in Frieden miteinander und füreinander leben und die scheinbar gegensätzlichen Welten der Tradition und der Moderne kreativ und realistisch zusammenbringen können. Eine erfreuliche Entwicklung ist das Zusammenkommen von Hindus und Muslimen in Konfliktzonen wie der Stadt Coimbatore. Sie versuchen, die gegenseitige Isolation nachhaltig zu überwinden, indem sie Frieden stiften, sich ihrer gemeinsamen tamilischen Identität besinnen und einander die Arbeitsplätze nicht streitig machen.[25] Die Minderheiten, die weder Hindus

---

[24] T.S. Subramanian, Revenge Murders Spurt in Communal Violence in Tamil Nadu, in: Frontline, February 21, 1997, 124-125.

[25] Vgl. Suresh Nambath, Feeling of Insecurity among Muslims, in: The Hindu (Madurai), April 2, 1997, 1.

noch Muslime sind, aber unter den Tamilen leben, wie z. B. die Sikhs, Bhais, Bhatts und andere Einwanderer aus Nordindien, sind ein gutes Beispiel der Anpassung. Die Journalistin M. Sundar hat ihre Beobachtung in Madras treffend beschrieben: „What is surprising about an average Chennai vasi (Bewohner von Madras) reciting verses from 'Tirukkural'? The fact that he is a Sikh who hails from Lahore, which is now in Pakistan. (...) One then can say that unity in diversity is more relevant in common households of Chennai (Madras) and it does not require any canvassing or propagation to reinforce it. Leave the people to themselves and they can take care of unity, as the non-Tamils of Chennai have proved."[26]

C. Umwälzung der Politik

Die hoch komplizierte und immer wechselnde Politik in Tamil Nadu bedarf an und für sich einer gesonderten Behandlung. In diesem Aufsatz wird nur eine kurze Darstellung angestrebt. Nicht Religion, sondern Aufklärung und Atheismus waren die Triebkräfte der Politik in Tamil Nadu. Während der 30er Jahre dieses Jahrhunderts war das Tamil-Volk aufs neue erwacht. Es schätzte seine Muttersprache und Literatur hoch. Fremde Einflüsse durch nordindische Sprachen und brahmanische Riten wurden entschieden abgelehnt, sogar bekämpft. Der Wortführer dieser *Dravida-Kalaham* (Föderation der Tamilen) war der Rationalist und Atheist E.V. Ramasamy Naicker (1879–1973), der die *Justice-Party* (Partei der Gerechtigkeit) gründete und dadurch das „Herz" der Tamilen gegen Gott, Religion, Gandhi, die Kongreßpartei und die Brahmanen wendete.[27] Sein begabter Mitarbeiter und ein Meister der Tamilsprache war der spätere Ministerpräsident Tamil Nadus, C. N. Annadurai (1909–1969). Dieser konnte die Aufforderung Naickers, daß Tamil Nadu ein für allemal vom Mutterland Indien getrennt werden solle, nicht akzeptieren und gründete 1949 die *Dravida-Munnetra-Kalaham* (Föderation zur Entwicklung der Tamilen). Er ging von drei Grundprinzipien aus: *Kadamai, Kanniam, Kattupadu* (Pflichtbewußtsein, Diginität und Disziplin). Er ent-

---

[26] Mythili Sundar, Here to stay forever. Express Week von Indian Express (Madras). Tamil Culture, Language and People in the 50th year of Independece, April 12, 1997, 4.

[27] Vgl. Ryerson (s. Anm. 19) 87.

wickelte die Liebe der Tamilen zu ihrem Land, zu ihrer Muttersprache und Literatur. Die Illustrierten *Kudi-Arasu* (Regierung durch das Volk) und *Viduthalai* (Freiheit) und seine Kinofilme *Velaikari* (Dienerin), *Sorga-Vasal* (Tor zum Himmel) und andere kritisierten die sozialen Mißstände und stellten religiöse Ausbeutung bloß. Außerdem befreiten diese Medien die gesprochene kastenspezifische Tamilsprache vom brahmanischen Einfluß.[28] Drei Jahre nach dem Tod Annadurais spaltete der berühmte Schauspieler Marathur Gopala Ramachandran (1917–1987, allgemein bekannt als MGR) die DMK und gründete seine *Anna*-DMK und etwas später die *All-India-Anna*-DMK. Viele Tamilen unterstützten ihn, insbesondere Frauen, die ihn in seinen Kinofilmen als Verteidiger der Gerechten und der Schwachen kennengelernt hatten. Es entstanden zahlreiche „Kinogesellschaften" mit dem Namen des Schauspielers (z. B.: *MGR-Mandram* – Soziale Gesellschaft im Namen MGRs usw.). Nach dem Tod MGRs wurde seine Heldin, wiederum eine Schauspielerin namens Jeyalalitha, als Nachfolgerin bestimmt. Innerhalb von fünf Jahren brachte sie durch Korruption und Bestechung, Gewalt und Tyrannei das schöne ruhige Tamil Nadu an den Rand des Ruins. Die Armut verschlimmerte sich. Fast alle Regierungsbeamten nahmen hohe Bestechungsgelder, um einen Anteil des Gesamtbetrags an die Ministerpräsidentin weiterzuleiten. Ehrlichkeit und Gerechtigkeit waren zu Fremdworten geworden. 1996 wurde Jeyalalitha durch Wahl gestürzt und im Dezember 1996 festgenommen.[29] Seitdem regiert Muthuvel Karunanidhi, ein ausgesprochener Atheist und Rationalist. Er ist ein

---

[28] Vgl. Ryerson (s. Anm. 19) 108-144. Ryerson beschreibt Annadurai als „Hero of Romantic Nationalism".

[29] In den Zeitungen erschienen zahlreiche Berichte über den Reichtum und die Brutalität der Ministerpräsidentin. So schrieb z. B. N. Sudhakaran in *India Today* am 31.1.1997: „Jayalalitha's fall from grace should serve as a lesson to everyone not to treat mortals as demigods. Real life is often different from reel life." (8) Vgl. T.S. Subramanian, Battles in Court – After the arrest of Jayalalitha, in: Frontline, Jan. 10, 1997, 29–32. Jayalalitha besaß 26.76 kg Goldschmuck, 800 kg Silberschmuck, 10 500 teuere Saris, 350 Sandalen, 96 Armbanduhren, 19 Privatfahrzeuge, 131 leere Reisekoffer und viel Bargeld. Allgemein wird ihre Regierungsperiode als ein Schandfleck in der Geschichte Tamil Nadus betrachtet.

Freund der Minderheiten wie der Christen und Muslime, fördert die Schulbildung und die praktische Ausbildung.[30] Es bleibt allerdings abzuwarten, welchen Beitrag die Politik in der Zukunft zu einer besseren Wahrnehmung der Weltverantwortung leisten wird.

D. Frauen- und Kinderangelegenheiten

In allen Kulturen spielen Frauen als Trägerinnen und Vermittlerinnen kultureller Werte die wichtigste Rolle. Im alten Tamil Nadu genossen sie eine vorrangige Stellung, wie die Tamilliteratur belegt. Heute ist ihr Wirkungskreis weitgehend auf den häuslichen Bereich beschränkt. Seit der Sanskritisierung ihrer Sprache haben die Tamilen keine geschlechtergerechte Anrede für die Frau mehr. Die Ausbildung der Frauen wurde nicht gefördert. Nur die *Devadasis* (Tempeltänzerinnen, auch Tempeldirnen und *Nityasumangali* – die ewig Glücklichen) durften ein wenig lesen und schreiben lernen, weil ihr Beruf dies erforderte. Lange war es ein Prinzip, daß kein „anständiges Mädchen" lesen und schreiben lernen sollte.[31] Dieses Prinzip hat die Frauen Jahrhunderte lang in einer von außen auferlegten Unterwürfigkeit festgehalten.[32] Eine Änderung trat erst ein, als die deutschen Missionare B. Ziegenbalg und H. Plütschau 1710 die erste öffentliche Schule für Mädchen in Tranquebar gründeten. Die englischen Kolonialherren betonten die Wichtigkeit der Frauenausbildung, indem sie 1854 durch Sir Charles Woods *Educational-Dispatch* das englische Ausbildungssystem einführten und englischsprachige Schulen gründeten. Damit begann eine neue Ära für die Frauen. Tamilische Reformatoren, wie der oben genannte E.V. Naicker und Namakkal Ramalingam Pillai (1888–1944) und die Dichter Subramania Bharati (1882–1921) und Bharatidasan (1891–1964), wandten sich vehe-

---

30 Vgl. Ryerson (s. Anm. 19) 145–193. Ryerson analysiert die erste Amtsperiode Karunanidhis unter der Überschrift „Champion of Resurgent Regionalism".

31 Subramanian (s. Anm. 6) 296: „Except the dancing girls, the other girls did not normally join these [native] schools. It was believed that education would spoil their modesty and all other feminine virtues which were deemed to be essential for a chaste and good lady." Vgl. ebd. 343.

32 Daß es unter den *Bhakti*-Dichtern einflußreiche Frauen wie Karraikal Ammaiar und Andal gab, ist wohl eine Ausnahme. Allgemein war die soziale Stellung der Frauen sehr schlecht.

ment gegen Armut und Leid in der Gesellschaft, gegen Kastenunterschiede, Kinderehe und Fremdherrschaft. Entschieden beförderten sie die Ausbildung der Frauen und die Wiederheirat von Witwen.[33] Heutzutage gibt es zahlreiche Frauenbewegungen in Tamil Nadu, die sich für Gleichberechtigung, Emanzipation und die Rechte der Frauen einsetzen.[34] Die DMK-Regierung in Tamil Nadu will die Frauenbeteiligung sowohl im Bereich der Ausbildung als auch der Verwaltung fördern.

Was die Kinder betrifft, ist nicht alles erfreulich. Viele Familien wollen aus religiösen Gründen unbedingt einen Sohn haben. Die Ausbildung der Mädchen, ihre Heirat, Mitgift, die Betreuung bei der ersten Entbindung im Haus der Eltern und andere Begleitzeremonien kosten viel Geld. Ein Sprichwort sagt: Sollte ein König fünf Töchter haben, wird sogar er bald zum Bettler. Die medizinische Technologie ermöglicht es heute, Mädchen schon im Mutterleib abzutreiben. Nach der Volkszählung von 1991 kommen 972 Frauen auf 1000 Männer. Während 52% der Frauen lesen und schreiben können, genießen 75% der Männer diese Privilegien. Die Zahl der Straßenkinder nimmt stark zu; Kinderarbeit ist gang und gäbe – insbesondere in der Bauindustrie und in kleinen Fabriken (Cottage-industries). Die Prostitution von Kindern greift um sich. In den Dörfern und in Berggebieten bietet die Schulbildung keinen Anreiz, da sie keine brauchbaren Zukunftsperspektiven zu bieten scheint.[35] Laut Gesetz ist die Schuldknechtschaft der Kinder abgeschafft. Sozialarbeiter kennen aber genügend Fälle, wo es sie noch gibt. Die exemplarische Arbeit der protestantischen und katholischen Ausbildungszentren, die ein großes Angebot an Ausbildungsmöglichkeiten mit der Möglichkeit zum sozialen Aufstieg bereitstellen, hat die Stellung der Kinder nachhaltig gefördert. Heutzutage beschäftigen sich auch die Ausbildungseinrichtungen anderer Glaubensrichtungen (Islam, Hinduismus, vor allem die *Ramakrishna-Mission* u.a.) mit der Verbesserung der Lebensum-

---

33 Vgl. Subramanian (Anm. 6) 388–446.

34 Vgl. Encylopaedia of Indian Women – Emancipation through Legislative Reform. 20 Volumes, New Delhi 1990; Contemporary Indian Women – Collected Works. Ed. Dharam Vir and Kamlesh Mahajan. 6 Volumes, Delhi 1996; Manushi – A Journal about Women and Society.

35 Vgl. Veena Kulkarni, Why they drop out – Reasons for Lower Literacy among Girls, in: Manushi No 97, Dec. 1996, 32–38.

stände von Kindern. Die jetzige Regierung in Tamil Nadu will besondere Maßnahmen treffen, um die Kinderarbeit auszurotten.[36]

E. Umgang mit der Kaste

Der Begriff *Kaste* geht auf ein portugiesisches Wort zurück, das die Idee der Rasse und Reinheit beinhaltet.[37] Traditionell werden vier Hauptkasten genannt: *Brahmanen* (Priester und Lehrer), *Kshatriyas* (Herrscher und Soldaten), *Vaishyas* (Händler und Künstler) und *Shudras* (Landbesitzer, Bauern usw.). Diejenigen, die nicht zu einer dieser vier Kasten gehören, werden als sozial und kultisch unberührbare Unmenschen betrachtet. Buddhismus und Jainismus waren die ersten Bewegungen gegen das Kastensystem. Am Anfang hatten sie ein wenig Erfolg, aber später paßten sie sich an das Kastenmodell an. In der Neuzeit bekämpften Islam und Christentum das Kastensystem, insbesondere seine kultisch verunreinigenden Aspekte; aber im Laufe der Zeit bildeten sich auch innerhalb dieser Religionen die Kastenverbände, was heute in der *Dalit*-Bewegung zu beobachten ist. Hinduistische Reformatoren und Rationalisten wollten das Kastenwesen besiegen; als Reaktion darauf gründete aber fast jede große Kaste ihren eigenen Verband, um ihre Identität zu schützen.

In der Tamilsprache gibt es kein Wort für *Kaste*. Das Kastenwesen ist ein von den *Brahmanen* und ihrem Sanskrit importiertes und auferlegtes System. Von daher kennen die Tamilen keine Aufteilung in die bereits erwähnten klassischen vier Kasten. In Tamil Nadu findet man eine kleine, aber maßlos einflußreiche Minder-

---

[36] Vgl. Tamil Nadu Government to complete survey on child labour in state soon, in: Indian Express (Madras), April 17, 1997, 7. Die „District Collectors" arbeiten an der Überwindung der Kinderarbeit . Besondere Schulen, Wohnheime und Bildungseinrichtungen für Kinder sind im ganzen Bundesstaat geplant.

[37] Es gibt fast in allen wichtigen Weltsprachen zahlreiche Abhandlungen über das Kastenwesen. Vgl. S.V., Caste, Religion – A view of Ancient and Medieval India, London 1993; Woomesh Chandra Deb, Crime Against Humanity, New Delhi 1993; Thiruchandran Selvy, The ideological factor in the subordination of Women – A comparative Analysis of the Tamil Women of Madras across caste and class, Amsterdam 1993; Brian K. Smith, Classifying the Universe – The Ancient Indian Varna System and the Origins of Caste, Oxford 1994.

heit von Brahmanen und die große Mehrheit von Nicht-Brahmanen, die entweder als Shudras oder als Kastenlose gelten. Allgemein betrachtet, bestimmt das Kastenwesen die Mentalität sowie das soziale Verhalten der Tamilen. Die Zugehörigkeit zur Kaste bietet sozialen Schutz für die, die ihr angehören. Außenstehende werden auf keinen Fall hineingelassen, vor allem dann nicht, wenn es um Tischgemeinschaften, Hochzeiten und andere religiöse Angelegenheiten geht. Im Bereich des kastenmäßig ererbten Berufs ist allerdings eine Änderung eingetreten. Aufgrund der Umwälzungen, die durch das Ausbildungssystem, durch Industrialisierung und Auswanderungsbewegungen auftraten, arbeiten viele Kastenlose jetzt als Lehrer, Ärzte, Richter und Staatsminister. Viele Religionen (Buddhismus, Jainismus, Islam, Christentum u. a.) und Reformatoren haben das Kastensystem kritisiert und versucht, es zu beseitigen. Keine von ihnen – die Kirche in Indien eingeschlossen – ist jedoch in der Lage gewesen, eine funktionierende Alternative zu entwickeln. Dies ist eine bleibende Herausforderung für alle Religionsgemeinschaften.

F. Umweltschutz

Die meisten Menschen in Indien leben auf dem Land. Die enge Verbundenheit mit der Natur ist lebensnotwendig. Seit etwa 50 Jahren hat sich das Leben der ländlichen Bevölkerung drastisch verändert. Die Bevölkerungsexplosion, die neue Landwirtschaftstechnik, chemische Düngemittel und Schädlingsbekämpfung, das Absinken des Grundwassers und die Einleitung verseuchter Abwässer durch die (Textil-)Industrie haben zur Verschlechterung des menschlichen Lebens auf dem Land und in der Stadt beigetragen.

Die traditionelle Methode des Herdfeuers mit Stroh und getrockneten Kuhfladen ist kaum mehr in Gebrauch. In der Folge wurden zur Brennholzgewinnung die Berge und Täler radikal abgeholzt. Schuld daran ist aber nicht primär die Bevölkerung, sondern die Regierung, die keine Energiealternativen bietet. Wenn man eine Propangasflasche zum Kochen beantragt, muß man in der Regel sieben Jahre auf einen Anschluß warten. Energiegewinnung durch biologische Methoden oder Sonnen- und Windenergie sind für einen Durchschnittsbürger unbezahlbar. Wo man ums

Überleben kämpfen muß, denkt man normalerweise nicht an den Umweltschutz.

Auch die Großindustrie achtet nicht auf die ökologischen Folgen ihrer Produktion. Was man sich vor etwa zehn Jahren nicht vorstellen konnte, ist heute Wirklichkeit geworden: Man muß in Indien Trinkwasser in Plastikflaschen kaufen. Vergangen sind die Tage, wo man unbekümmert Wasser aus einem Bach oder einem Teich trinken konnte. Die Umweltverschmutzung ist so verheerend, daß man sie kaum zu beschreiben vermag. Der heilige Fluß *Kaveri* z. B., der in und um Tanjore die Reisfelder bewässern soll, ist von Industrieabfall und -abwässern so vergiftet, daß die Landwirte das Flußwasser meiden müssen, um ihr Land und seinen Ertrag nicht zu gefährden.[38] Viele europäische Firmen bauen ihre Fabriken in Indien, zunehmend auch in und um Madras; und dies nicht nur wegen der billigen Arbeitskräfte, sondern vor allem auch wegen des Fehlens von Umweltschutzkontrollen. Die Endprodukte gelangen nach Europa; aber das Herstellerland trägt die schwere Last der Umweltschäden und leidet unter ihnen.

Die religiöse Orientierung der *Advaita*-Lehre, daß die Welt *Maya* (Illusion) sei und keinen (geistlichen) Wert habe, hatte die fatale Folge, daß die Menschen gegenüber ihrer Umwelt gleichgültig sind, anstatt sich für sie einzusetzen. Auch die anderen *Bhakti*-Schulen, sei es die von Ramanuja oder Madavah, haben eine negative Einstellung zur Materie und zur Welt. Abkehr von der Welt gilt als das höchste Ethos. Dies ist ein wichtiger Grund dafür, daß die *Bhakti*-Frömmigkeit keine umfassende Schöpfungstheologie entwickelt hat. Hier könnte die christliche Schöpfungstheologie etwas Konkretes beitragen.[39] Die Welt ist der Handlungsort Gottes und das Lebensgebiet der Menschen. Die Schöpfung ist Geschenk Gottes, das den Menschen zur Verwaltung und zur Bewahrung anvertraut wurde. So sehr man die Erforschung der Naturphänomene vorantreibt und neue wissenschaftliche und technische

---

[38] Vgl. Samar Halarnkar, The Rivers of Death, in: India Today, Jan. 15, 1997, 118-119: „Today in the lush paddy fields of the Southern Kaveri delta, the farmers of Karur are fighting to preserve the purity of their land and sustain their lives – by keeping away the river water“, especially during the Summer of 1996.

[39] Hier muß aber zugleich erwähnt werden, daß auch der Westen, der sich christlich nennt, die christliche Schöpfungslehre und die menschliche Verantwortung für die Schöpfung zum großen Teil nicht wahrnimmt.

Erkenntnisse zu gewinnen versucht, so sorgfältig muß man auch darauf achten, daß die Natur weder zerstört noch ausgebeutet wird. Dies ist für das psycho-physische Gleichgewicht der Menschen und für ihr Überleben wichtig.

Zusammenfassung

Es ging in diesem Aufsatz darum, die Bedeutung des Glaubenspluralismus in Indien für die Weltverantwortung des Menschen zu erörtern. In der Beschäftigung mit den tamilischen *Bhakti*-Religionen und ihrer mannigfachen Auseinandersetzung mit Buddhismus, Jainismus, Islam und Christentum wurde, ebenso wie im Blick auf die tamilische Ethik, die sich meistens mit dem einzelnen, mit der Familie und dem Kastenverband beschäftigt, deutlich, daß das Interesse für das allgemeine Wohl aller Menschen zwar keimhaft vorhanden ist, daß es aber nur in den seltensten Fällen weiterentwickelt wurde.

Tamilische Wahrnehmung der Weltverantwortung hat nicht viel mit der *Bhakti*-Frömmigkeit zu tun. Es waren vielmehr die christlichen Missionen, die den Weg zur Weltverantwortung gebahnt haben. Ihre Lehre und ihr Leben wirkten wie Salz und Licht. Durch die englische Herrschaft und die englische Literatur gewannen die Tamilen viel pragmatisches Wissen über die Notwendigkeit der Ausbildung, die Überwindung der Armut und der Kastenunterschiede, Gerechtigkeit für Frauen und Kinder. Die Arbeit der tamilischen Reformatoren hat die Identität der Tamilen kulturell und geistig gefestigt. Ihre Beiträge zur Problematik der Weltverantwortung wirken heute noch fort.

In der Weltverantwortung geht es um Frieden, Gerechtigkeit und Bewahrung der Schöpfung. Eine Schlüsselrolle kommt hierbei den Christen zu, aber die Christen können die großen Herausforderungen nicht alleine meistern. Wir brauchen das Gespräch und den lebendigen Austausch mit anderen. Die Weltverantwortung ist eine Herausforderung, die jede Glaubensrichtung anspricht. Unser Glaube kann uns beim Einsatz für diese Welt stärken; er muß aber bereit sein, von den Erkenntnissen anderer Religionen, von der Aufklärung und der Wissenschaft zu lernen und gemeinsam mit allen Geschöpfen Gottes für das Wohl der ganzen Schöpfung einzutreten.

Die Autoren

Hans-Martin BARTH, Professor für Systematische Theologie am Fachbereich Evangelische Theologie der Universität Marburg

Reinhold BERNHARDT, Habilitationsstipendiat der Deutschen Forschungsgemeinschaft, Mitarbeiter am Ökumenischen Institut der Universität Heidelberg

Johannes BROSSEDER, Professor für Systematische Theologie an der Erziehungswissenschaftlichen Fakultät der Universität Köln

William S. BURROWS, Verlagsleiter Orbis Books, Maryknoll/N.Y. (USA)

Gavin D'COSTA, Professor am Department of Theology and Religious Studies der University of Bristol (England)

Francis X. D'SA SJ, Professor für Systematische Theologie und Indische Religionen an der Universität Pune (Indien) und Direktor des Institute for the Study of Religion

Daniel JEYARAJ, Professor für Kirchengeschichte am Gurukul Lutheran Theological College, Madras (Indien)

Paul F. KNITTER, Professor für Systematische Theologie und Religionswissenschaften an der Xavier University Cincinnati/Ohio (USA)

Klaus OTTE, Professor für Fundamental- und Religionstheologie an den Universitäten Basel und Frankfurt/M., Pfarrer in Mehren/Westerwald

Perry SCHMIDT-LEUKEL, Wissenschaftlicher Oberassistent am Institut für Fundamentaltheologie und Ökumenische Theologie der Universität München

Hans-Gerd SCHWANDT, Dozent an der Katholischen Akademie Hamburg